古代歷史文化 研究輯刊

四 編

王明蓀 主編

第 32 冊

北京政府外交部組織與人事之研究
（1912～1928）

張齊顯 著

國家圖書館出版品預行編目資料

北京政府外交部組織與人事之研究（1912～1928）／張齊顯
著 — 初版 — 台北縣永和市：花木蘭文化出版社，2010〔民
99〕
目 2+216 面；19×26 公分
（古代歷史文化研究輯刊 四編；第 32 冊）
ISBN：978-986-254-252-1（精裝）
1. 外交機構 2. 人事行政 3. 民國史
578.812　　　　　　　　　　　　　　　　　99013204

ISBN - 978-986-254-252-1

古代歷史文化研究輯刊
四　編　第三二冊　　　　　　ISBN：978-986-254-252-1

北京政府外交部組織與人事之研究（1912～1928）

作　　者	張齊顯
主　　編	王明蓀
總 編 輯	杜潔祥
印　　刷	普羅文化出版廣告事業
出　　版	花木蘭文化出版社
發 行 所	花木蘭文化出版社
發 行 人	高小娟
聯絡地址	台北縣永和市中正路五九五號七樓之三
	電話：02-2923-1455／傳眞：02-2923-1452
電子信箱	sut81518@ms59.hinet.net
初　　版	2010 年 9 月
定　　價	四編 35 冊（精裝）新台幣 55,000 元

北京政府外交部組織與人事之研究

（1912～1928）

張齊顯　著

作者簡介

張齊顯，台灣省嘉義縣人，東海大學歷史系畢業，國立中興大學歷史研究所碩士，目前就讀於中國文化大學史學研究所博士班。現任教於南開科技大學、亞洲大學、中華大學、朝陽科技大學、僑光科技大學等校；並曾參與南投縣文化局委任南開科大通識中心辦理「南投縣傳統聚落調查報告」主持人工作，撰寫「竹山鎮」、「埔里鎮」兩鎮報告；著有〈中國「職業外交家的崛起與確立——北京政府外交部人事之研究」〉、〈北京政府外交部對廣州政府外交部之影響〉等文。

提　要

　　北洋軍閥統治時期，中國內戰不斷，國際地位低落，列強對中國的影響極為深遠。在此時期，北京政府外交部建立一個極具現代化的部會組織，崛起一批「職業外交官」，不管在部會運作及在國際舞台上與各列強交涉，都有相當傑出的表現。使中國在國家混亂、國事衰微之時，並沒有進一步喪失權力，反而能收回部分國家主權。本文透過現代行政組織學理論對北京政府外交部的建立過程、組織結構加以檢驗，並對北京外交部人事的籍貫、教育背景、辦理外交上表現加以分析，發現北京政府外交部是一個相當具有現代化且專業化的部會組織，且在人事上與清末外務部人事具有相當的延續關係，並於統一之後，深深的影響著南京國民政府外交部。也就是說，北京政府外交部不僅為外交部會現代化奠立基礎，也是中國「職業外交官」崛起與確立的一個時期；此外，鑑於過去學者們在對北京外交部人事的整理上，在部內人員方面，至多整理至司長層級，並且在地方交涉員方面，甚少有人處理，使得在研究北京政府外交部的人事上，產生不少的不便，筆者便以「政府公報」及「外交公報」為主，加以職員錄、傳記、回憶錄及其它二手資料為輔，將整個外交部人事加以重新爬梳整理。在外交部部內方面，整理至科長層級；並對駐外使領及地方交涉員重新整理，而將之置於附錄當中，以期對往後從事研究北京政府外交上能有所貢獻。

目次

第一章　緒　論

　　美國外交史學名家戴康德（Alexander Deconde）曾說：「外交是本國政治的反映，而各以其本國的國家利益爲基本動機。所以，外交史的研究，實與內政的研究，息息相關，爲一體之兩面。」〔註1〕這對於近代中國外交史的研究，也絕不例外。民國成立之初，共和政府亟需列強的承認及經濟援助，因此當時的對外關係，可說是相當的重要。再加上袁世凱及其後執政的軍閥們，不管是政治上、經濟上面，多依賴列強的支持而生存；甚至南方的廣州政府，爲了與北京政府競爭各國承認合法政府地位，亦不斷的與外國進行交流。因此，對外關係對於民國初年中國史的研究，可以說是相當重要的一環。

　　然而過去，對近代外交史的研究，由於深受民族主義的影響，大都只站在中國的立場去非議外國人，不探討外交成敗的國際背景，不重視中國外交機構的機能，也不重視外交人員的素養和外交術，結論常爲外人不講公理正義，外國欺壓中國，此種結論不免有所偏頗〔註2〕。尤其在對頗受國外學者肯定的北洋外交方面，更是受到黨派觀點的影響，而常常被冠上是列強的走狗，北京政府的許多措施都是爲外國利益服務，其外交是所謂的「賣國外交」。筆者認爲這些看法不甚公允，所以如欲想眞正窺視整個民初的歷史變動，應必

〔註1〕 Alexander DeConde, *A History of American Foreign Policy*, New York, Charles Scrifner's Sons, 1963, pp.1~2.轉引自李恩涵《中國外交史之研究》，收入於六十年來的中國近代史研究編輯委員會編《六十年來的中國近代史研究》（臺北：中央研究研院近代史研究所，1989 年），頁 47。

〔註2〕 張玉法，《現代中國史研究的趨勢》，《歷史學的新領域》（臺北：聯經出版社，1978 年），頁 52。

須先對民初外交重新審視〔註3〕；而欲重新審視民初外交，如不先對當時的中國外交機構——北京政府外交部做一認清，將無法瞭解整個外交人才的選擇與外交策略的演變與實施過程。因此筆者選擇此一研究議題，希能建構一北洋外交的基本雛形。

1912 年，民國成立，中國進入一個新的共和政治體制中，傳統的專制政體崩解，在對外的交涉方面亦面臨一種新的局勢。而當時共和政府體制下，現代的外交體制已逐漸形成。雖然外交部是延續著清末外務部而來，但兩者「宗旨各殊，性質相異，沿而不相沿也，裘而不相裘也，實專制制與共和制之代嬗也，實法定制與隨意制之遞變也，實責任制與無責任制之相為轉移也。」〔註4〕

民國成立之初，北京政府即面臨到許多外交問題，首先是要求各國對於共和政府的承認，西藏、蒙古問題與英、俄的交涉，以及善後大借款等問題。加上日本利用第一次大戰時期，西方列強們忙於歐戰，無暇東顧之際，對袁世凱政府提出「二十一條要求」，企圖使中國成為其稱霸遠東的附庸。另在國內政治局勢方面，繼袁世凱掌權的「北洋軍閥」們，為爭奪政治、經濟利益，多與列強相結；在南方，更有廣州政府與之相抗衡。過去史家多認為北京政府的外交是腐敗的、失敗的，事實上，如果對於整個北京政府的外交政策作一檢視的話，我們可以發現，它不但一改過去清末的妥協而轉變力爭主權，並且對於後來不平等條約的廢除及主權的收回，也奠下了一個相當的基礎。

北京政府外交部在對外交涉，已無天朝觀念，以合於國際法的平和方式，追求平等的國際地位；而一批受英、美高等教育的職業外交家興起，取代留日外交家，以國內輿論為後盾，堅定的以各種方式爭取國家權益。此所謂「北洋外交」表現傑出，使中國在南北分裂內戰不已的狀況下，對外沒有喪失權利，甚至能收回部份國權。對於此時期的外交，近年來已逐漸受到中外學者的肯定，給予高度的的評價。〔註5〕

〔註3〕 參見唐啓華，《北京政府與國際聯盟（1919～1928）》（臺北：東大書局，1998年），頁2。

〔註4〕 吳成章，《外交部沿革記略》乙編（影印版）（臺北：文海出版社，1985年），頁55。

〔註5〕 西方學者對「北洋外交」評價頗高，如 Robert Pollard, *China's Foreign Relation, 1917-1931*, New York, 1933, p.406；及 Andrew Nathan, *Peking Politics,*

　　北京政府外交部在如此惡劣環境中，爲何還會有如此的成就出現？到底
當時所謂的現代化外交，是一個怎麼樣的組織？裡面又有那些優秀的成員？
它的選拔外交人才又是一個怎樣的方向？它的經費來源與分配又是如何？另
在眞正實行方面，遇到哪些困難？而它又是如何的摒除困難？而它對往後的
國民政府外交部的影響又有多少？這些都是值得我們進一步加以探討的課
題。

　　過去的外交史的研究，對北京政府外交部的研究十分薄弱。這是由於以
往強烈的民族主義，以及正統觀念的影響，相較於國民政府的外交，北京政
府的外交就顯得不受重視。另外，由於研究北京外交制度及人事關係，必須
面對大量的外交部檔案，出使外交官的日記、回憶錄，當時的報章、雜誌，
以及各國的外交文件、使領報告等，浩繁史料的研讀及整理需要相當得時間
與精力，特別在面對外國檔案方面，亦需有相當的外文能力。加上研究制度
史亦較爲枯燥艱辛，讓學者望之卻步。

　　以往中國近代外交史的研究，在三〇年代，已有多部學術著作出現，其
中蔣廷黻、張忠紱先生對近代中國外交史研究的貢獻頗大，並且培養出許多
的外交史人才，更爲中國外交史研究的方向奠下基礎〔註6〕。然而後來受到民

1918-1923: *Factionalism and the Failure of Constitutionalism*, Berkeley, 1976,
p.237. 此外 Lucian Pye 讚譽北京外交家"were the most success-ful civilian
leader in China and through their adroit exploiting of the international balance of
power and current world sympathies, they were able to achieve results completely
out of proportion to the power of China." 見 Lucian Pye, *Warlord Politics: Conflict
and Coalition in the Modernization of Republican China*, New York, 1971,p.152；
中國學者如張忠紱在〈讀姚譯顏惠慶英文自傳感言〉中亦稱：「北京外交界水
準反較 1927 年以後爲優」，見姚崧齡譯，《顏惠慶自傳》（臺北：傳記文學出
版社，1982 年再版），頁 279；唐啓華，〈北伐時期的北洋外交——北洋外交
部與奉系軍閥處理外交事務的互動關係初探〉，《中華民國史專題論文集（第
一屆討論會）》（臺北：國史館，1992 年），頁 321～336.〈北京政府與國民政
府對外交涉的互動關係，1925～1928〉，《興大歷史學報》第四期（臺中：國
立中興大學歷史系，1993 年），頁 77～103，對「北洋外交」亦有不少的佳
評。

〔註 6〕蔣氏於 1923 年回國任教，致力於將外交史研究學術化，撰成〈耆善與鴉片戰
爭〉（1931 年），《中國近代史大綱》（1940 年）等名著。並編輯《近代中國近
代外交史資料輯要》上卷（1931 年）、中卷（1934 年）。又培養出一批優秀的
學生從事外交史嚴謹的研究。同時期尚有張忠紱著有《中華民國外交史》
（1943 年）。對中國外交史研究可謂頗大。參見唐啓華，〈近代中外關係史教
學與研究的省思——「外交史」與「國際關係史」〉，《近代史教學研討會》（1996
年）。

族主義的影響，使得北京政府外交的研究不受重視。直至最近幾年，由於檔案資料的公開，加上社會風氣的改變，對於北京政府時期的外交研究，漸漸的稍受重視，因而有許多學者始投入其中。當中，唐啓華運用大量的外交檔案、英國 F.O.檔案、其他國家檔案及各國駐外使節的日記回憶錄等，從各方面重建並肯定北京政府「修約外交」的貢獻，並試圖與南京國民政府的「革命外交」相互映證〔註7〕；另日本學者川島眞亦運用中研院近史所保存之外交檔案，加以大陸、日本方面的檔案資料，對於北京政府外交史的研究亦有不少的研究成果〔註8〕。然而這些研究大多偏向外交個案或策略上，至於整個北京外交部組織及人事上的研究，仍可說是一塊尚未開發的處女地。

　　過去對近代中國外交機構的研究，多偏重於清季總理衙門及外務部。在總理衙門方面，有大陸學者吳福環的《清季總理衙門研究》〔註9〕，作者運用歷史與邏輯相結合的方式，將整個研究分為三大部份研究，從總理衙門的機構、職能和人員，進入分析整個總理衙門四十年的內政外交政策，而最後則對總理衙門中的中國傳統文化與西方文化的關係作一解釋。對我們瞭解整個總理衙門有著莫大的幫助。可惜的是，其所用的資料大多是二手史料，較少一手的外交檔案；另王曾才〈自強運動時期中國外交制度的發展〉〔註10〕和〈中國外交制度的近代化〉〔註11〕兩文中，對總理衙門的設立與發展及其優缺點作評介。

〔註 7〕 唐啓華，目前為國立政治大學歷史系教授。其著作有《北京政府與國際聯盟（1919～1928 年）》（1997 年）、〈1927 年天津英租界歸還談判——兼論北伐時期的英國對華政策〉（1997 年 5 月）、〈北伐時期的北洋外交——北洋外交部與奉系軍閥處理外交事務的互動關係初探〉（1992 年 8 月）、〈北京政府與國民政府對外交涉的互動關係〉（1994 年）、〈北洋政府時期中國在國際聯盟行政院席位的爭取（1919～1928 年）〉（1996 年）、〈英國與北伐期間的南北議和（1928～1928 年）〉（1993 年 4 月）等論文。

〔註 8〕 川島眞，日本北海道大學法學部教授，著有〈中華民國北京政府の外交官試驗〉，《中國——社會與文化》第十一號，（東京，東京大學文學部，1996 年）；〈華盛頓會議與北京政府的籌備——以對外"統一"為中心〉，《民國研究》第二輯（南京：南京大學出版社，1995 年 7 月）；〈北京政府の外交政策と中國統一問題——1921 年華盛頓會議への參加をめぐつて〉（東京：東京大學大學院人文科學研究科修士論文，1993 年）等文。

〔註 9〕 吳福環，《清季總理衙門研究》（臺灣：文津出版社，1995 年）。

〔註10〕 王曾才，〈自強運動時期中國外交制度的發展〉，《清季自強運動研究會論文集》（臺北：中央研究院近代史研究所，1987 年）。

〔註11〕 王曾才，〈中國對西方外交制度的反應〉，收錄於《清季外交史論集》（臺北：臺灣商務印書館，1971 年）。

　　在外務部方面，東海大學歷史研究所陳森霖的碩士論文〈中國外交制度現代化──1901～1911 年之外務部〉〔註12〕，則對滿清最後幾年的外交制度改革作一整理，並且使用部份行政學理論加以驗證其制度現代化。此篇論文在史料上並沒有運用外交檔案，對於個案的研究及人事背景的分析上亦較缺乏，使得在驗證外務部組織現代化及人事的專業化方面，僅能引用許多行政理論，並沒有提出有力的例證，這是此研究較令人覺得遺憾之處；此外，還有大陸學者高超群的〈外務部的設立及清末外交制度的改革〉〔註13〕一文中，對外務部的改革做了較精闢的檢討，他從新政的角度去看待外務部改革，是不錯的方向，但是此篇研究重點在於新政對外務部的影響，對於整個組織架構或人事的任用方面並沒有作全面性的分析。

　　在整個近代中國外交機構的研究上，有陳體強《中國外交行政》〔註14〕和張秀哲日文著作《國民政府の外交及外交行政》〔註15〕，但這些著作都偏重國民政府外交制度的發展，而對於北京政府外交部僅是藉以帶出國民政府外交部的背景而已。並且由於當時外交檔案的尚未開放，因此其在史料的使用上稍嫌不夠豐富；大陸學者王立誠《中國近代外交制度史》〔註16〕是一本研究近代中國外交的力作，對中國外交制度的發展有較深入的探討。尤其對民國成立後的外交制度，極具參考價值。但是其重點在制度面，對於人事面的分析較欠缺。並且仍有民族主義的影子存在，對北京政府職業外交家的評論，稍欠公允。而其在史料的運用上，在北京政府這時期偏重以東方雜誌為主，對於外交檔案或政府公報並未全面使用，且未使用外國檔案或論著來加以驗證，是這篇研究較為不足的地方。

　　專門針對北京外交部的專著方面，僅有吳成章《外交部沿革記略》〔註17〕，但此書為民國二年出版，因此對於北京政府外交部的介紹，也僅止於民國元年而已。因此到目前為止，尚未有對北京外交部的組織及人事上的全面研究，是筆者覺得應當補足之處。

〔註12〕 陳森霖，〈中國外交制度現代化──1901～1911 年之外務部〉，東海大學歷史系碩士論文（臺中：東海大學歷史系，1994 年 5 月）。
〔註13〕 高超群，〈外務部的設立及清末外交制度的改革〉，收錄於王曉秋、尚小明編《戊戌維新與清末新政》（北京：北京大學出版社，1998 年）。
〔註14〕 陳體強，《中國外交行政》（上海：商務印書館，1943 年）。
〔註15〕 張秀哲，《國民政府の外交及外交行政》（東京：日支問題研究會，1935 年）。
〔註16〕 王立誠，《中國近代外交制度史》（甘肅：甘肅人民出版社，1991 年）。
〔註17〕 吳成章，《外交部沿革記略》（影印版）（臺北：文海出版社，1985 年）。

　　蔣廷黻曾說：「撰外交史者必須搜羅有關各國的文件，根據一方面的文件來撰外交史，等於專聽一面之詞來判訟」。他又提倡研究外交史當首先追求「眞實」、「研究外交史，不是辦外交，不是做宣傳，是研究歷史，是追求學問。」〔註18〕所以說，從事外交史研究不可僅單從一國檔案作驗證，必須以一種客觀的方向，加上多國檔案的驗證，盡量做到客觀爲目的，必可得到相當的見解。

　　由於傳統對北京政府外交的錯覺觀念的影響，以及需要大量史料的運用，對筆者去建構整個北洋外交有著重重的阻礙。幸而，在唐啓華老師的指導下，使得筆者對北洋時期的外交活動的觀念頗多啓示。因此，在建構整個研究方向上，也就較有系統。本研究利用北京政府外交檔案，加上過去國內研究外交史學者還甚少利用的「美國國務院有關中國內政檔」（*Records of the Department of State Relating to Internal Affairs of China*, 1910~1929, N. A. 329）〔註19〕，以達到多元檔案互證的研究取向。而在外交部人事的整理上，則利用過去學者尚未使用的「職員錄」〔註20〕，並配合當時的公報、雜誌，等以及各國駐華使節的回憶錄、傳記，和中國外交官的口述歷史，作爲史料的基礎。如此應該可以看出較爲完整的北京政府外交部的原貌及其運作。

　　筆者將對北京政府外交部的研究採用歷史與邏輯相結合的方法，將此研究分爲三個層面進行研究。第一個層次是屬於制度的層面，這裡面包括外交部的機構、職能和人員，當然亦對人員的招考、經費的來源作一整理。第二個層面將爲北京政府外交部現代化與專業畫作一分析，透過基礎的行政學理論，來驗證其現代化與專業化之程度。第三個層面將對北京政府外交部對國民政府外交部的影響做一研究，來審查南京國民政府外交部是否是延續北京政府外交部，亦或是從廣州國民政府外交部而來。

　　本研究計畫分爲五章，首章緒論。本章將對研究動機、前人的研究成果與分析和對於筆者所運用的研究理論和方法作一說明；第二章北京政府外交部的淵源與成立。將先從對中國辦理對外交涉的機關沿革作一整理，次探討

〔註18〕蔣廷黻，〈外交史及外交史料〉，收錄於《中國近代史論集》（臺北：大西洋書店，1960 年），頁 63～66。

〔註19〕United States, Department of State, National Archives No.329 esp. *Records of the Department of State Relating to Internal Affairs of China*, 1910~1929 (Washington, D. C. 1960), 893.021 Foreign Office in China. (Here after cited *N.A.329*).

〔註20〕印鑄局編，《職員錄》縮影資料（北京：印鑄局，1913～1925 年），笈藏於臺北南港中央研究院近代史研究所郭廷以圖書館。

在辛亥革命時期，革命政府外交部的組織運作情形，而最後將探討北京政府外交部成立以及前清外務部對其的影響；第三章，北京政府外交部的組織。本章所探討的是整個北京外交部的組織架構，並且透過行政學理論的驗證，見其現代化與合理化之處；第四章，北京政府外交部的人事。本章是對於其任用人才的方式作一說明。在此我們將可以看出，北京政府外交部的成功，是有著良好的分工，以及審核用人制度，與以往清代傳統的官僚體制大不相同，並透過外交部的經費與薪俸的短缺，視其對外交涉的侷限性；第五章，北京政府外交部對國民政府外交部的影響。首先將透過北伐前，南北兩政府在組織及人事上的互動。次討論北伐期間，國民政府外交人事的變動及北京政府外交部的人才向南京國民政府的投效。最後將討論北伐成功後，南京國民政府外交部接收北京政府外交部的工作後，沿用多少北京政府外交部的原法令或人才作分析，以期能檢視到北京政府外交部對南京國民外交部的影響有多少；第六章，結論。

　　並且鑑於過去學者們在對北京外交部人事的整理上。在外交部內人員方面，至多僅僅整理至司長層級；並且在地方交涉員方面，甚少有人處理。這使得在研究北京政府外交部的人事上，產生不少的不便。筆者鑑於此，便以政府公報及外交公報為主，加以職員錄、傳記、回憶錄及其它二手資料為輔，將整個外交部人事加以重新整理。在外交部部內方面，整理至科長層級；並對駐外使領及地方交涉員重新整理，而將之置於附錄當中，以期對往後從事研究北京政府外交上能有所貢獻。

第二章　北京政府外交部的淵源與成立

　　1911 年 10 月 10 日（辛亥年八月十九日），武昌起義成功，從此中國進入了歷史的嶄新一頁。短短的一個月，湖北、湖南、陝西，山西、江西、雲南、浙江、江蘇、貴州、安徽、廣西、福建、廣東以及全國最大的城市上海等先後宣佈脫離清廷〔註1〕，中國續存千年的封建制度逐進入歷史，而進入一個新的境界。

　　然而一個由革命而成立的一個新政體，其必須面臨許多的問題。當中，不管在外交上面臨各國的承認問題，或內政的延續問題上，都是相當複雜解重要的。首先是承認方面，新政府一旦爲世界各國所承認，不但是宣佈已取代原有政府的權力外，亦是宣佈新政府已爲國際社會的一份子，也就是說其已具有國際份子所應負的權利與義務了〔註2〕。因此取得承認是新政體所欲追求的主要目標；再者是內政的延續方面，當一個革命成功時，其所面臨的最大問題，是如何將其革命的成果延續下去，因此如何使龐大的行政機器繼續運行，就變成另一個重要的問題。

　　在革命成功後，爲了延續革命的成果以及獲得世界列強的承認，革命黨馬上成立武漢軍政府，以及隨後的南京臨時政府，然而這兩個政府卻都無法

〔註 1〕　許愼師，《國父當選臨時大總實錄》上冊（臺北：國史館，1967 年），頁 3。
〔註 2〕　雖然說脫離或取代舊國而另建一新政權，皆有加入國際，及取得國際人格之權，承認手續只不過是藉以證明這事實的成立。但在實際上，如未獲得其它國家的承認，其無法與其它國家發生正式的關係，也就無法正式成爲國際份子的資格。因此，國家如要取得成爲國際人或國際法主體者，以承認爲其唯一之途徑。參見奧本海著，岑德彰譯，《奧本海國際法》（平時）上冊（臺北：臺灣商務印書館，1977 年），頁 116～117。

眞正的獲得承認。一直到袁世凱執政的北京政府成立後，中華民國才完全取代滿清政府，獲得世界列強的承認。但在整個轉換的過程中，外交單位一直扮演著相當重要的且複雜角色，首先是在外交承認上，不管是武漢政府「交戰團體」的取得，或南京臨時政府追求承認方面，都急需外交單位的配合；再者是新政府行政機關的接收或延續問題上。南北統一後，中央需要許多的人才治理建設新中國。而眾多機關中，以外交部最爲複雜，除了必須考量人員的專業性外，亦必須考量駐外人員對前清外交工作能否能延續。因此，民國初年的北京政府外交部的成立是相當值得注意的一個問題。

　　本章分爲四節，首先將從民國成立前的外交單位作一簡略回顧；再者針對武漢軍政府的對外交涉來探討革命團體如何取得列強維持中立；第三節則對南京臨時政府的外交部做研究，從其建置、人事及外交工作方面，探討它在追求承認方面所做的努力；最後從北京政府外交部的成立經過、外交部的改革、以及從人事方面來對其延續或替代問題作一檢視。希望透過這四方節的探討，能對整個民國初年外交部的成立能更有完整的認知。

第一節　清末外交機構的演變

　　外交，係指獨立國家間（有時爲獨立國家與非獨立國家間），站在平等的原則下，所進行的交涉行爲，是各國政府對外情報（intelligence）與權謀（tact）的實施。或者更簡單的說，是國家間以和平的方式處理事務〔註3〕。以往，所謂「國際外交」的觀念，在中國是並不存在的。中國由於地處於東亞的優越地位，加上遠離其他世界的主要文化的中心，因此孕育出獨特且優越的歷史和文化背景，因此中國傳統的封建統治者始終是以「天朝上國」自居，其餘外國人皆爲蠻夷之輩。明清之際，外人若想與中國進行商業行爲，則必須先成爲藩屬國，然後於朝貢時期，才能進行商業行爲，此種關係稱之爲「朝貢制度」（Tributary State System）〔註4〕。中國除了朝貢體系之外，並不承認其

〔註3〕關於「外交」的定義，有很多的不同定義。然而都不出下列兩種必要條件：一是應用之智慧權謀，即科學技術，二是獨立國家間（有時亦展及非獨立國家間）正式往來之事務。參見周子亞，《外交監督與外交機關》（上海：正中書局，1944年），頁1～5；張道行、陳劍橫合編，《外交研究》（臺北：臺灣商務印書館，1983年三版），頁3～7；袁道豐，《外交叢談》上冊（臺北：臺灣商務印書館，1985年二版），頁2～3。
〔註4〕雖然明會典、欽定禮部則例和大清會典對於朝貢的通例、貢使的接待和頒賞

他形式的中外關係，更談不上以平等方式來處理雙邊關係了。雖在政府組織中有禮部和理藩院處理對外事務，但所司理的，是朝貢國和藩屬的業務，專責的「外交機關」並不存在。

朝貢關係有著它政治上、文化上和經濟上的意義，因爲中國的經濟，就以東亞的經濟而言，是最發達的，中國一向是自給自足不恃外求，加上中國傳統的觀念是賤商的，中國之所以允許對外貿易的存在，其主要的目的也是由於政治上的需要，是中國大皇帝用以來羈縻朝貢國，無人希望藉由對外貿易來增加國富；相反地，對於外國而言，其經濟上的意義遠大於其它，因爲中國有著許多的豐富物產，是他們所欲需求的，因而他們是以朝貢爲幌子，以貿易爲目的，所以每當貢使團來中國時，皆有其本國商人隨行在中國邊境貿易。因此，商業關係和朝貢關係是不可分的，中國所重視者爲朝貢的精神價值，外國所重視者爲通商的實質意義〔註5〕。即使在十六世紀，葡萄牙人初抵廣州時，因爲已從印度洋沿岸的民族獲悉中國此種特殊的情形，而佯稱貢使並表示遵守中國的定制，這造成中國在對往後的西方國家貿易的觀點，仍是以朝貢關係視之。而當時的西方國家，更是由於商業利潤龐大，外國商人仍甘心忍受。同時早期的中西貿易，中國方面一直是處於出超狀態，使中國認爲西方依賴中國的程度遠勝過中國需要西方。再加上如有問題出現，只要「封艙」——斷絕貿易，外人即會遵守此制度。因此在衝突未發生之前，中國是無法瞭解眞正的世界變局，而繼續生存在「朝貢體制」的中華文化圈中。

然而傳統的天朝體制，到了道光年間，受到了嚴重的挑戰。從未對天朝制度提出疑問的西方國家，在工業革命後，有了很大的轉變，尤其以英國爲

等都有規定。不過中國向視此種安排爲當然的中外關係，而不是一種「制度」。所謂「朝貢制度」是外國學者所倡導的名稱。參閱王曾才，〈中國對西方外交制度的反應〉註14，《清季外交史論集》（臺北：臺灣商務印書館，1972年），頁27。關於「朝貢制度」的研究，可參考濱下武志著，朱蔭貴、歐陽菲譯，《近代中國的國際契機：朝貢貿易體系與近代亞洲經濟圈》（北京：中國社會科學出版社，1999年），頁29～51；張啓雄，〈「中華世界帝國」與近代中日紛爭——中華世界秩序原理之一〉，《近百年中日關係論文集》（臺灣：中華民國史料研究中心，1992年）；費正清在《費正清集》（天津：天津人民出版社，1992年）的〈中國的世界秩序：一個初步的構想〉和〈朝貢與貿易的發展〉；梁伯華，《近代中國外交的巨變》（臺灣：臺灣商務印書館，1991年）等都有對當時形成中華帝國的「朝貢外交」多作說明。

〔註5〕王曾才，〈中國對西方外交制度的反應〉，《清季外交史論集》，頁3～8。

最。英國在工業革命後，在十九世紀無非是世界最強的國家，急需開發海外市場，因此對於各種貿易的限制和阻礙，將其視爲落後野蠻，必須加以打破。加上以東印度公司與華貿易的通商專利取消，過去以商人爲主的談判，也轉變成是英國政府的事情了。既然由英國政府負責，英國就必須派任常駐代表。而代表的派任即是意味著中英雙方的平等，這個觀念在當時的中國是不允許的。換句話說，在道光年間，中國的通商制度及邦交觀念在十九世紀的世界是所不能容許的。加上同時，當時英國人的鴉片買賣也是中國所覺得不應該的。就這樣，衝突就不可避免的發生了。〔註6〕

在江寧條約簽訂（1842 年，道光二十二年）以前，中國對外通商口岸限廣州一口，雖然對外交涉交由兩廣總督及粵海關監督處理，但此工作卻一直由中國行商代理，中國官員從不直接與外國商人打交道。鴉片戰爭後，中國的「天朝上國」的觀念受到嚴重的打擊，但當時的朝中大臣們並不瞭解這是一個世界趨勢的轉變，反而將錯誤歸因於當時用兵的錯誤，因而對於朝貢制度的不適，並沒有強烈的認知〔註7〕。當世界列強要求以平等的關係進行雙方接觸時，中國仍採取一種敷衍的態度應付。江寧條約簽訂後，爲因應事實需要，清廷命令耆英以兩廣總督兼欽差大臣的方式至廣州處理一切的通商事宜。這種欽差制度並且置於廣州辦理的方式，滿清政府覺得甚爲滿意，一方面是因爲廣東地方與外人接觸較多，以如此的設置，有著成例可循，另一方面，則可將外人事務處於遠離京師之處，免生麻煩。〔註8〕

但就對外人而言，這種制度仍然有許多的令人覺得不方便之處，因爲兩廣總督不是最高的負責單位，事事都需請示朝廷，而京粵之間的距離又是如此之遙，因此公文的往返動輒數月，外人往往不耐久待。加上繼任耆英後的兩位總督——徐廣縉和葉名琛都是頑固守舊份子，他們對於外人的要求一律拒絕，並且以拖延和敷衍的態度對之〔註9〕。並且由於中國地方遼闊，朝廷鞭長莫及，邊遠的疆吏每每歪曲事實，而使得外人的意見更是無法上達朝廷。在這種情形之下，外國人無法求的他們認爲較爲合理的交涉方式。於是，他

〔註 6〕 蔣廷黻，〈中國與近代世界的大變局〉，《中國通史論文選集》（下）（臺北：南
　　　　天書局，1977 年），頁 401～403。

〔註 7〕 參見蔣廷黻，〈琦善與鴉片戰爭〉，《中國近代史研究》（臺北：里仁書局，1982
　　　　年），頁 35～57。

〔註 8〕 陳體強，《中國外交行政》，頁 11。

〔註 9〕 同上書，頁 11。

們謀求另一個的外交途徑，英法兩國開始將交涉的觸角指向中央官員，直接往天津加以交涉。但是接觸後的結果確是令人沮喪的，中央仍是派以欽差大臣與其交涉，並且更以奉旨行事爲由，而對英法的要求無法給予肯定的答案，而更無權力答應他們的要求〔註10〕。因此，衝突於是無可避免的再度發生了，而英法列強對於中國外交制度的改革企圖也就愈加的迫切。

　　1858 年（咸豐八年）英法聯軍攻入天津後，英法趁勝利之餘，對於中國外交制度不滿的地方自然要首先解除。因此在中英天津條約便有許多改革外交制度的要求出現〔註 11〕。在這個條約後，法美俄各國也在條約中提出類似的條款，或是援用英國待遇之條款。在如此的狀況之下，外交制度的改革似乎已刻不容緩。

　　就在 1859 年 1 月（咸豐八年十二月），清廷發表了由兩江總督何桂清爲欽差大臣，辦理各國交涉。清廷希望藉此執行中英天津條約第五條的規定〔註 12〕。至此，清廷仍認爲通商與外交是一回事，何桂清的職責仍是辦理各國的通商事務。然而自天津條約簽訂後，西方列強的使節們拒絕再與任何省級的，在名義上負責商務的官員辦理交涉，他們要求直接駐使京師與軍機處接觸。同年 6 月（咸豐九年五月）英法使臣北上換約，因繞道北塘問題，而又產生衝突。清廷先後派任大學士桂良、吏部尚書花沙納、直隸總督恒福、怡親王載垣、兵部尚書穆蔭等爲欽差大臣，赴天津辦理交涉與和議。1860 年 9 月 21 日（咸豐九年八月七日），談判破裂，英法聯軍再度向北京急進，咸豐皇帝出走熱河，而授命恭親王奕訢爲「欽差便宜行事全權大臣，督辦和局」。並命令桂良、文祥協助奕訢在北京辦理「撫局」〔註 13〕。在北京條約簽訂後，各國公使相繼駐京，外輪行使長江，外人進入內地遊歷及傳教，外交事務日益紛雜，因此在中央政府另外設立一個主管外交事務的機關，亦實有迫

〔註10〕同上書，頁 12。

〔註11〕中英天津條約其中的第三款：「大英欽差等大員及各眷屬可在京師或常行居住，或能隨時往來，總候本國諭旨遵行。」第五款：「大清皇上特簡內閣大學士尚書中一員與大英欽差大臣文宜會晤各等事務商辦儀式皆照平儀相待。」跟第七款：「大英君主酌通商各口之要設立領事官，與中國官員相待諸國領事官最優者，英國亦一律無異。領事官、署領事官，與道臺同品，副領事官及翻譯官與知府同品，視公務應需衙署相見，會晤文移皆用平禮。」這些都是爲了追求京師駐使、與中央和地方的交涉等的平等外交而所做的要求。陳體強，《中國外交行政》，頁 12～頁 13。

〔註12〕陳體強，《中國外交行政》，頁 12～13。

〔註13〕吳福環，《清季總理衙門研究》，頁 8。

切的需要。

1861 年 1 月（咸豐十年十二月），恭親王奕訢和桂良等聯合向咸豐皇帝提出一個綜合討論外交形勢的奏摺。在此奏摺中，他們簡略的回顧和總結了自「南京條約」以來，對外關係的劇烈改變及政府應變的措施不當，在這些經驗下，他們擬定了通籌大局章程六條，奏請施行。其內容主要如下：

「京師請設立總理各國事務衙門，以專責成」

「南北口岸請分設大臣，以期易顧」

「新添各口關稅，請分餉各省，就近揀派公正廉明之地方官管理，以期裕課」

「各省辦理國外事件，請飭該將軍督撫互相知照，以免歧誤」

「認識外國文字通解外國語言之人，請飭廣東、上海各派兩人來京差委，以備詢問」

「各海口內外商情並各國新聞紙，請飭按月咨報總理處，以憑核辦」〔註14〕

尤其對於在京師設立總理各國事務衙門一事，特別重視。他們希望它能成為一個主管外交事務的中央官署。所以說在其具體的理由和設想是：

「查各國事件，向由外省督撫奏報，彙總於軍機處。近年各路軍報絡繹，外國事務頭緒紛繁。駐京之後，若不悉心經理，專一其事，必至辦理延緩，未能悉協機宜。請設總理各國事務衙門以大臣領之。軍機大臣承書諭旨，非兼領其事，恐有其誤，請一併兼管。並請另給公所以便辦公，兼備與各國接見。其應設司員，擬於內閣部院軍機處各司員章京漢滿各挑八員輪班入職。一切均做軍機處辦理，以專責成，俟軍務肅清，外國事務較簡，即行裁撤，仍歸軍機處辦理，以符舊制。」〔註15〕

咸豐皇帝將奏摺批交惠親王、總理行營大臣、御前大臣、軍機大臣等議奏。朝臣討論結果，眾議僉同，請准原議辦理。咸豐雖然批准了成立總理衙門及其他建議，但是與原先計畫卻有所出入。首先是名稱問題，原先建議的是「總理各國事務衙門」〔註16〕。但是咸豐上諭中卻加上了「通商」二字，成為「總

〔註14〕咸豐 10 年 12 月 3 日（1861 年 1 月 13 日）奕訢等奏。詳見《咸豐朝籌辦夷務始末》卷七十一（臺北：臺聯國風出版社，1972 年），頁 17～26。

〔註15〕《咸豐朝籌辦夷務始末》卷七十一，頁 17。

〔註16〕同上書，頁 19。

理各國通商事務衙門」〔註17〕。這顯示出清廷仍將外交與通商視為一事。恭親王奕訢等卻認為加上「通商」兩字，西方使節可能會發生誤會而拒絕接受此一立場，但要求皇帝修改已頒佈的上諭又為不敬，因此他們所能做到的便是請求將來在頒發關防時，以及總署對外行文時略去「通商」此兩字，咸豐硃批「依議」〔註18〕。因此往後的檔卷中，對外行文時，就把「通商」兩字略去。

其次，總理衙門與其他政府機關的法定關係上，也較原先設計的情形為弱。當時，軍機處仍為最具權力的機構，恭親王為了使總署與軍機處有著密不可分的關係，因而建議總理衙門的成員中應包括全部的軍機大臣，但是此點卻未為皇帝所接受。在批准的上諭中，指派恭親王奕訢、大學士桂良和戶部左侍郎文祥來「管理」，其中僅文祥一人具有軍機大臣的身份〔註19〕。因此其法定基礎就無法獲得較高的支持了。

此外，總理衙門本來在設計上是主管外交事務的最高機關，各將軍督撫（包括南北洋大臣）應將有關外務事件經常的直接咨會總理衙門〔註20〕。但是皇帝卻不同意，他主張由各將軍督撫咨照禮部，再由禮部轉咨總理衙門。〔註21〕這方法顯示出總理衙門的權限仍低於禮部，但是禮部是處理朝貢國事務的機構，恭親王等認為頗為不妥，於是建議尋常事件由禮部轉咨，惟重要和機密事件則由各各省一面具奏及一面逕咨總理衙門。但此點建議皇帝始終沒有同意，他認為一切應該遵照體制，重大的機密事件應該直接奏聞，而不咨會其他機構。最後決定，一般事件由禮部轉咨總理衙門，而重要和機密的事件則由軍機處將有關奏摺及文件隨時向總理衙門抄送副本〔註22〕。這種安排對日後總理衙門的職權發生極不利的影響，總理衙門始終都不能成為主管外交事務最高官署。

在這些與原先計畫有所出入的狀況下，中國第一個專責的對外交涉機關「總理各國事務衙門」成立了。總理衙門的設立，雖為中國對外關係的一個轉捩點，但是最初清廷設立總理衙門的最初目的，主要是種「羈縻」外人的

〔註17〕《咸豐朝籌辦夷務始末》卷七十二，頁1。
〔註18〕同上書，頁22。
〔註19〕同上書，頁1。
〔註20〕《咸豐朝籌辦夷務始末》卷七十一，頁21～23。
〔註21〕《咸豐朝籌辦夷務始末》卷七十二，頁2。
〔註22〕同上書，頁20、35。

計策，屬於權宜性質，起初並無設立一永久涉外機關之意〔註 23〕。但是，客觀歷史發展的現實是，外國事務越來越多，並且愈加的繁重，這就使得裁撤總署的設想，終究無法實現。並且由於外國公使駐京的關係，交涉愈加變爲頻繁，因此總理衙門的人員也就逐漸增加，組織也變的更爲擴大了。總署也就這樣的運行四十年一直到外務部的改革爲止。

　　由於總理衙門所獲得的職權比原先計畫的出入太多，無法獲得對整個外交事務的執行具體控制權，因此在整個清廷的體制中，有許多的機關限制了總理衙門的權限，成爲監督或抵制總理衙門的機關，如皇帝、御史、內閣、軍機處、禮部等。如此已經讓總署行事遇上諸多的困難了，再加上許多原本是屬於總署管轄的單位，如南北洋欽差大臣、各省將軍督撫、駐外使節等，由於大多具有欽差大臣頭銜，遇到緊急事件時可以隨時奏報皇帝，僅尋常事件始函咨總理衙門轉奏〔註 24〕。這對總理衙門的職權，更無疑是一種侵犯。尤其北洋大臣，自從 1870 年（同治九年）由直隸督兼欽差大臣李鴻章擔任後，他的聲勢更是在於總理衙門之上，成爲當時外國使節交涉的首要對象〔註 25〕。這對整個滿清對外交涉，造成職權的劃分不清，使得外人難以適從。

　　另就總理衙門的人員組織和工作情形而言，總理衙門的領導階級是由皇帝指派王大臣組成，通常是由一位親王總其成。在總署成立之初，僅由恭親王奕訢、大學士桂良和戶部左侍郎文祥來管理，後來有所增加許多，最多曾達到十人〔註 26〕。但是由於這些組成的王大臣皆爲兼職，在運作上也採委員會的方式，共同行事，共同負責。他們上奏皇帝時必須採取聯名方式，不可單獨上奏。至於工作同仁，則是由選自京師其他各機關的章京擔任，名額沒有固定。最初，各章京均從其他的外務有關的機關召集而來，而且仍各自擔任其原屬單位的工作，如海關事務由戶部調來，收受文移則由禮部帶來的負責。但由於是兼差性質，加上並無額外薪資，因此大部份人員不能專精於總署工作上。加上總理衙門法定的權力不足，其影響力的大小全賴管理者王大

〔註23〕　當初奕訢等奏請設立總理衙門時，說的很清楚：「一切仿照軍機處辦理、以專責成。俟軍務肅清，外國事務較簡，即行裁撤，仍歸軍機處辦理，以符舊制。」出自《咸豐朝籌辦夷務始末》卷七十一，頁 17。

〔註24〕　陳體強，《中國外交行政》，頁 20～29。

〔註25〕　吳福環，《清季總理衙門研究》，頁 35～44。

〔註26〕　陳體強，《中國外交行政》，頁 16。但在最多人數上，吳福環在其《清季總理衙門研究》一文中，提出爲十四人，吳福環，《清季總理衙門研究》，頁 60。

臣而定，起初在恭親王爲首的時期，由於恭親王望隆權大，乃能發揮很大的作用，但後期的王大臣則趨於衰微。由於總理大臣們是兼差性質，且大部份的人還必須去負責其他的行政事務，對於總理衙門的事物往往置之不理。後來的大臣們不是虛掛頭銜的，就是忙得無法兼顧總署事務。但最主要的因素是當時清廷的一些大臣們仍然是保有著守舊的心理，因之除了恭親王能對外交的重要性重視外，其餘的接掌人選則是對外交都相當排斥。而採取聯名上奏的方式，人一多，對內對外都有推卸責任之虞地，對於不負責之人更是毫無強制負責之方法。因此總署的重要性亦就愈加的不受重視。〔註27〕

　　在職務分配上，總理衙門剛成立時，僅有著簡單的內部分工。首先設總幫辦辦理奏摺、照會、文移等事，其次則按文件的類別分爲機密要件、關稅事件、台站譯遞等，分別派內閣、戶部、兵部司員經理。但不久之後，即分股辦事，初僅設英法俄三股，最後變成五股。其主要工作如下：（一）英國股：掌管有關英國、奧匈、商約、稅則等業務；（二）法國股：負責法國、荷蘭、西班牙、巴西、在華傳教、華工出國等事務；（三）俄國股：負責俄國、日本、陸上貿易、邊界問題、外使覲見、推薦使才、選考章京和派遣留學等事宜。（四）美國股：負責美國、德國、秘魯、意大利、瑞典、挪威、比利時、丹麥、葡萄牙、華工保護及譴員參加國際會議等事宜；（五）海防股：主管南北洋海防事務，如長江水師、沿海砲台、船廠、購造輪船、槍炮、但要、機械、架設電線、修築鐵路，以及各省開礦等。另有司務廳處理一般性行政，清檔房負責編纂、謄錄、校訂、保管文件。〔註28〕

　　然而這種分股辦法極不合理，既無地理學上的意涵，更無職務性質上的意義〔註29〕。另外，當時派駐使節往往一人兼使數國，例如美日秘曾共一使，

〔註27〕陳體強，《中國外交行政》，頁34。
〔註28〕同上書，頁18～19。
〔註29〕總署分股，英法俄美各成一股是合乎原則，但是比利時，葡萄牙何以不附於法國股？德意志、義大利、挪威、瑞典等何以不附於英國股或法國股？而獨附於美國股？無論從地理、經濟、或政治各方面看，德義挪比丹葡等國沒有任何一點同美國的共同性比同法國的共同性更大，可是總理衙門卻把它們與美國劃分在一起而不與法國劃分在一起。其次，各股依地理劃分外，復就各種主要職務，視其與英法美俄那國關係最密，即分屬於各該股。通商權稅之附於英國股確實很適當的，保護民教的事項之附於法國股係因法國以全世界天主教徒的保護者自居，也不無道理，不過當時似乎還不知有新舊教之分，而法國所要保護者僅天主教而已。這種分股方式極爲不合時宜及不合理。參見吳福環，《清季總理衙門研究》，頁 26～27；陳體強《中國外交行政》，頁

俄德、英法、英俄、德法在不同時期皆曾共有一使。這種情形時常會使使館的轄區與各股的轄區發生不一致的現象，在管理上困難自然是很多的。

不過，從另一個角度看，總理衙門的成立仍有其貢獻。首先，總理衙門的設立是晚清中央政府機構的一次改革，這次改革不但適應了形式的需要，而且其具體的措施也確實提高了這個衙門的辦事效率。總署所實行的機構精簡、人員精鍊、辦事迅速、開支節儉的原則，在逐漸衰微的王朝政體中，是難得的〔註 30〕。再者，同文館的設立，對於各學科、各科目、各課程的教學內容和進度都有明確的要求，遵循由淺入深、由簡而繁、由分而合、循序漸進的教學原則，課程安排符合近代教育學合教學法原理。而同文館的翻譯西洋書籍，帶給中國新的觀念極新的視野，並且對外文人才的培養，更是一大助益。〔註 31〕

雖然總理衙門的設立爲中國近代化的里程邁向了一大步，但由於有著上述不少的弊端與傳統舊官僚的陋習。並且總理衙門的職掌由原先所設計的專門處理外交及通商方面，擴充到涵蓋一切的洋務範圍，甚至於國防採購事宜，乃至與六部中的每一部均有重疊的現象，甚至到最後，總理衙門對於洋務的工作重視性，甚至有超越其本身辦理外交工作。加上總署後期的總署大臣素質太低，對於外人多採鄙視態度，外人到總署辦事常遭推託。於是外人逐漸將其要求轉移至其他單位，處理外交工作的重點於是就轉移到其他的單位，如北洋大臣或各省督撫。清廷的對外交涉又漸漸回復到總署成立之前由欽差代辦的情形之中。因爲如此，外人對於總署漸行失望，認爲總署已無法適當的達到，其外交功能遂再有對中國外交制度加以改革之聲出現。〔註 32〕

1900 年（光緒二十六年），庚子拳亂發生，八國聯軍攻入北京，次年清廷被迫簽訂辛丑和約。然而在辛丑和約簽訂之前，列強即組織一個委員會，專研究總理衙門的改組事宜，趁機向中國提出聯合照會，其中第十二條提出具體的改革方案：「總理各國事務衙門必須革故鼎新，……其如何變通之處，由諸國大臣酌定，中國照允施行。」〔註 33〕1901 年 4 月 22 日（光緒二十七年三

30～31。

〔註 30〕 吳福環，《清季總理衙門研究》，頁 231。

〔註 31〕 同上書，頁 33。

〔註 32〕 His Excellency Hu Wei-te, Acting Minister for Foreign Affairs to Minister Calhoun,December 21, 1911, *N. A. 329,* 893.021 Foreign Office in China / 1.。

〔註 33〕 高超群，〈外務部的設立及清末外交制度的改革〉，頁 206。

月四日）復牒促使中國政府注意照會中改革總理衙門之條款。清廷迫不得已，於是於 7 月 24 日（六月九日）上諭宣佈改總理衙門為外務部：

> 「從來設官分職，惟在因時至宜。現當重定合約之時，首以邦交為重；一切講信修睦，尤賴得人而理。從前設立總理各國事務衙門辦理交涉，雖歷有年所，為所派王大臣等多係兼差，未能殫心職守，自應特設員缺以責專成，總理各國事務衙門著改為外務部，班列六部之前，簡派和碩親王奕劻總理外務部事務，體仁閣大學士王文韶著授為會辦外務部大臣，工部尚書瞿鴻機著調補外務部尚書，授為會辦大臣，太僕寺卿徐壽朋，候補三四品京堂聯芳著補授外務部左右侍郎。所有該部應設司員額缺，選補章程，各堂司各官應如何優給俸糈之處，著政務處大臣會同吏部妥速覆議具奏。」〔註34〕

但是，這時的外務部僅具其名。8 月 13 日，奕劻等奏定外務部應設司員配額、俸給章程 12 條，規定了外務部的內部組織結構、人員配備以及薪資制度等等，並要求所任用的官員都是專職。外務部即按照此一章程組織。但是，當時北京正為八國聯軍所控制，許多大臣隨著慈禧太后逃亡西安，不能到北京就職，因此，外務部的組織工作一直到 1902 年初才告完成。〔註35〕

雖然在許多史料上發現當時清朝許多官員已對總理衙門的問題有所認識，並且已有提出改革總理衙門之建議。但是由於統治者的固執迂腐心態之下，改革一直無法實行。在八國列強的強大壓迫下，清政府只好遵照行使，所以說總理衙門之改革及外務部之地位均為中國的國際負擔。由此可看出中國對外交機關的改革缺乏興趣，恰跟各國對改革之希望成烈對比。然而雖外務部的改革是列強脅迫下所做的改革，但畢竟已比總理衙門再進一步。

在外務部運作十年中（1901～1911 年），其組織結構曾做了部份的修改。其中最高指揮機構的首腦部份，在 1901 年的上諭即加以確定：設總理外務部事宜一人，會辦外務部大臣一人，是為管制部。尚書一人，左右侍郎各一人，皆特簡，謂之主任制。尚書兼會辦大臣。這樣的方式使得管部制主任制似乎有疊床架屋之嫌，並且多少還遺留一些總理衙門的殘跡。而高級人員特多，實際上卻不能收專一之效。1911 年 5 月（宣統三年四月）新內閣成立，撤銷

〔註34〕見《清季外交史料》，卷一四七，頁 2。轉引自陳體強，《中國外交行政》，頁 45～46。
〔註35〕高超群，〈外務部的設立及清末外交制度的改革〉，頁 207。

管制部，尚書免去會辦大臣兼職，改為外務大臣。11 月撤左右侍郎，改為外務部副大臣一人〔註 36〕。雖然這次之改革將此種毛病始行廓清，但清廷也已至尾聲。

在首腦部份以下有所謂「承政官制」，光緒二十七年的上諭中，奕劻即對於外務部首腦部份以次之組織有詳細的規定。承政官制，設左右丞各一員正三品，左右參議各一員正四品，職務與前總辦章京相同。左右丞參皆被出使之選，出使時毋庸開缺，請旨派員署理。後來增加參事四員，又仿各司行走之例，增置丞參上行走，丞參上學習行走與參議上行走等名目。承政官承上起下是外務部堂官和下級官員之間溝通的橋樑，為有經驗、有才幹的低級官僚榮升堂官寶座提供了晉升之階。〔註 37〕

再就對外務部的各司執掌來看，外務部原來是沿襲總署的分股辦事，又參酌各部通制，而成為各司制。外務部分為和會、考工、庶務、權算四司：（一）和會司掌各國使臣覲見、晤會，奏派使臣，更換領事，文武學堂，本部員司升調，各項保獎；（二）考工司掌鐵路，礦務，電線，機器，製造軍火，船政，聘用洋將洋員，招工，出洋學生；（三）權算司掌關稅，商務，行船，華洋借款，財幣，郵政，本部經費，使臣支銷經費；（四）庶務司掌界務，防務，傳教，遊歷，保護，償恤，禁令，警巡，詞訟〔註 38〕。這些職掌反映出外務部所管轄的事務仍然過於龐雜，仍然未脫離總理衙門那種幾乎無所不管的特色，幾乎只要跟洋務有關之事項，多會被歸類為外交事項而交由外務部管轄，使外務部無法成為單純的處理外交的機關。加上四司的職掌劃分，亦未能建立一個合理的的區域性劃分方法，如考工司專掌實業、營造，卻又負責管理出洋學生，兩者性質似乎相差很大。

但總括而言，外務部是總理衙門向現代化外交機關過渡的中間形式，它雖未能改變中國在外交上的悲慘處境，但外交工作的成敗，取決於掌政者對外交機關自主權的支持與否，與國力之強弱等眾多因素。因此我們不能因此而對外務部全部加以否認，更不能因此而否認外務部改革而取得的成就。

從制度上來看，外務部在清末屬於最先進的部會，其組織制度是比較合乎當時歷史環境的。1906 年（光緒三十二年）清末新政時頒佈的〈各部官制

〔註36〕 吳成章，《外交部沿革記略》甲編，頁 12。
〔註37〕 同上書，頁 13。
〔註38〕 陳體強，《中國外交行政》，頁 47。

通則〉，與外務部的組織制度十分相近，因此可以說新政的行政改革使發生於外務部的設立。此外外務部在對外交涉取消了若干封建禮儀手續，建立了領事制度，釐定了派外使節職制而有所謂的出使大臣、領事、副領事等，並且制訂了外交規章。這些都爲民國初年的外交部打下了許多的基礎。〔註39〕

從人事上來看，外務部改變了以往總理衙門人員兼差的性質，大量重用受國內西式教育與留學西洋的人才；重視職業外交官的培養，在選拔官吏時較爲強調專業知識。從前駐外使館人員大多是由出使大臣自己選帶，漸有一二係由外務部司員充當。1902 年（光緒二十八年）袁世凱主張嗣後隨使人員應由部中揀選，當時外務部通西學者太少，實無法應命。至 1906 年（光緒三十二年）外務部乃奏設儲才館，爲將來使館人員取給之地，並主張以後使館人員應專用外務部所調人員。這些改革都使得清末外交人員的素質大爲提高，改變了中國外交官員對於世界形勢、外交慣例懵懂無知的難堪境況，大大的提昇了外務部的工作效率。民國時期中國政治處於一團混亂，但是當時的外交卻能正常運轉，並且外交家有著傑出的表現，這不能說是沒有清末外務部培養外交人才的功勞。〔註40〕

外務部雖然列於清末六部之首，並且有了許多的改革，但是其在整個清廷政制中的地位卻和從前總理衙門沒有多大的分別。皇帝、疆吏對外交的干涉依舊。但是到了清代末期，清政府一點一滴的向改革路線前進，許多新的機關逐漸產生，外務部本身的組織以及內部的運行也於這股潮流中而有所修改。1911 年（宣統三年）設立新內閣，設總理大臣一人，協理兩人，下分置十部均爲國務大臣。此時外務部的地位亦同於各國之外交部，比起總理衙門，是一相當大的進步。但此新制未及實行，清廷即告崩潰。而中國外交制度欲走向近代化和較健全的發展，係在辛亥革命以後於民國元年 3 月 10 日改外務部爲外交部之後了。

第二節　武漢軍政府的外交機構

1911 年武昌起義，革命黨人倉促起事，獲得了佔領省城的空前勝利。此時，革命黨所面臨最重要的任務，就是如何將此勝利延續下去。爲了不使革

〔註39〕高超群，〈外務部的設立及清末外交制度的改革〉，頁 224。
〔註40〕同上書，頁 224。

命從此中斷，革命黨憑著對同盟會的宗旨的衷心信仰和首創精神，建立了中國的第一個具有比較完全意義的民主共和國性質的政權——中華民國軍政府鄂軍都督府。

　　辛亥革命發源地漢口設有英、日、法、俄、德五國租界和十一國領事館，是列強在華勢力的集中之處。早在武昌起義前夕，英國駐漢口領事館就根據革命黨可能會起義的情報，要求增派英艦來漢口〔註41〕。起義爆發後，各國遠東艦隊集結漢口，一時間氣氛頗爲緊張。之前，由於義和團事件受到外人高度注意，因此滿清政府欲引用外交方法，尋求外國的的協助，以期平定革命勢力。武昌起義隔日，清政府湖廣都督瑞澂一面照會五國領事亂事經過，一面要求各國派艦在武漢三鎮巡邏以阻止革命軍渡江攻擊漢口，並謂此事件爲義和團事件再起，嚴重影響五國租界安危，希望五國能加以協助平亂。

　　爲了避免列強干預而使得革命成果毀於一旦，如何趕緊加強對列強的溝通，是迫不容緩的事情。因之，在武漢軍政府成立後，與列強展開交涉即爲首要工作。起初，最早辦理軍政府外交的是楊霆垣、周龍驤、鄒笠漁三人，名曰軍事外交科，或稱作部。另外陶德琨和時象晉雖列名外交科，但實際上並未任事，在翻譯人員方面，則由夏維崧、劉鳴書和胡朝宗擔任〔註42〕。政事部成立後，黃中凱任外交局長，正式辦理對外交涉〔註43〕。不管外交科、外交局及有關人士都用軍政府名義作外交活動。爲了統一事權，取信於外人，始合而爲外交部，而由剛剛出獄的胡瑛擔任部長，王正廷爲副部長；後胡瑛轉任煙台都督，才由王正廷繼之。胡朝宗、夏維崧、石龍川，劉風書、江華本、姚勉之和陶宗漢等分別任秘書、科長、參議等職。〔註44〕

　　由於當時，滿清照會各國，宣稱革命軍爲庚子事變之重演，爲了避免嚴重誤會，革命黨因而決定暫時採取排滿不排外政策。就在軍政府鄂軍都督府成立隔日（12 日），都督黎元洪即佈告各國領事團，宣示革命毫無排外性質，並以保護租界自任。並推胡瑛、夏維崧相偕至漢口，以軍政府名義正式行文照會各國領事。其文要略如下：

〔註41〕王曾才，〈英國與辛亥革命〉，收錄於《中英外交史論集》（臺北：聯經出版公司，1979 年），頁 233。
〔註42〕熊守暉編，《辛亥武昌首義史編》（上）（臺灣：中華書局，1971 年），頁 446。
〔註43〕同上書，頁 438。
〔註44〕賀覺非、馮天瑜著，《辛亥武昌首義史》（湖北：湖北人民出版社，1985 年），頁 262。

中華民國軍政府鄂軍都督爲照會事：我軍政府自廣東之役，民軍潰後，乃轉而向西，遂得志于四川。在昔各友邦未遽認我爲與國者，以唯有人民主權而無土地故耳。今既取得四川所屬之土地，國家之三要素，於是乎備矣，軍政府復祖國之情切，憤滿奴之無狀，復命本都督起兵武昌，共圖討滿，推倒滿清政府，建立民國，同時對於各友邦益敦睦誼，以期維持世界和平，增進人類之幸福，所有民軍對外之行動，特先知照，免至誤會。

一、所有清帝國前此與各國締造之條約，皆繼續有效。

二、賠款外債，照舊擔任，仍由各省按期如數攤還。

三、居留軍政府佔領地域內之各國人民生命財產，均一律保護。

四、所有各國之既得權利，亦一體保護。

五、清政府與各國所立條約，所許之權利，所借之國債，其事件成立於此次知照後者，軍政府概不承認。

六、各國如有助清政府以妨害軍政府者，概以敵人視之。

七、各國如有接濟清政府以可爲戰事用之物品者，搜獲一律沒收。

以上七條，特行通告友邦，係知師以義動，並無絲毫排外之性質參雜其間也。〔註45〕

17 日，各國駐漢口領事團復照軍政府，表示「現值中國政府與中國國民軍互起戰爭」，各國將「嚴守中立」〔註46〕。軍政府聞訊，視之爲外交上取得勝利。

　　武漢軍政府的外交方針，明確的保護在華外人的生命財產，表達了與各國建立和睦關係的願望，成功的避免了給予各列強干涉中國革命的口實，也爭取了國際輿論的同情。而漢口五國領事既明白宣佈嚴守中立，一致行動，乃及全力以保護租借，一日其僑民之生命、財產安全無虞，其原定之中立態度即一日不致改變。

　　由於革命軍經獲各國擔保嚴守中立，其聲勢更爲振奮，各省聞風繼而響應。軍政府外交決策與運用之成功，可說是軍政府照會各國領事之七項外交

〔註45〕見陳國權譯述，《新譯英國政府刊布中國革命藍皮書》，收錄於中國史學會編《辛亥革命（八）》（上海：人民出版社，1957 年），頁 308～309。

〔註46〕陳三井，〈法國與辛亥革命〉，《近代中外關係史論》（臺北：三民書局，1993年），頁 90。

方針，這些方針乃遵照國際公法原則，除承認列強在中國既得權益，並且明確的保障在華外人生命財產，以安服各國人心，並亦警告列強應採取中立。這些聲明相當符合取得「交戰團體」的資格〔註 47〕，因而獲得列強默認其為「交戰團體」的地位〔註 48〕。所以武昌革命的種子能夠延續下去，武漢軍政府之對外交涉，可謂算是相當成功。

　　11 月下旬，為了使各省革命勢力事權統一，革命各省代表決議承認武昌為民國中央軍政府，推舉鄂省都督黎元洪被推為中央大都督，並照會各國駐漢領事，表示鄂省為暫時民國中央政府，凡與各國交涉有關民國全體大局者，均由鄂省都督代表一切。此時武漢軍政府的外交部便暫時行使民國外交部的職權，由伍廷芳和溫宗堯為處理外交事務官員〔註 49〕。不久，南京臨時政府成立，政治重心東移，武漢軍政府外交部就僅限於處理地方外交事物的交涉。12 月中旬，外交部編制縮小，部改為司，由伍朝樞擔任司長。〔註 50〕

第三節　南京臨時政府外交部

　　1911 年 12 月 29 日（辛亥年十一月十日），革命各省代表於南京召開大會，選舉孫中山先生為南京臨時政府大總統。隔年元月 1 日（辛亥年十一月三十一日），孫中山由上海抵達南京就職，申令頒佈國號為中華民國，南京臨時政府即宣告成立。

　　臨時政府成立後，首先要面對的即是法定地位問題。然而如何獲得世界各國對於南京臨時政府的承認，建立一個良好的對外交涉單位就顯的相當重要。按照〈修正中華民國臨時政府組織大綱〉，南京臨時政府時期的外交權由臨時大總統執掌，其有對外宣戰、媾和、締結條約、制訂官制官規及任免國務各員及派遣外交專使之權，但這些權力都必須受參議院制約〔註 51〕。並且

〔註 47〕　奧本海國際法（74）「……凡內戰中之叛黨，如能佔領土地，設立政府，及遵照戰時法規作戰者，他國皆可承認其為交戰團體，毫無疑義。……」參見奧本海著，岑德彰譯，《奧本海國際法》（平時）上冊，頁 119。

〔註 48〕　雖然五國領事的中立佈告中並未有語及「交戰團體」字樣出現，但當黎元洪照會英領事謝其承認革命軍為交戰團體時，亦未有任何的正式而公開的反對出現。參見王曾才，〈英國與辛亥革命〉，頁 238～239。

〔註 49〕　許愼師，《國父當選臨時大總實錄》（上），頁 11。

〔註 50〕　賀覺非、馮天瑜著，《辛亥武昌首義史》，頁 265。

〔註 51〕　〈修正中華民國臨時政府組織大綱〉，1912 年 1 月 2 日。參見《臨時政府公報》第一號，民國元年元月 29 日，（臺北市：中國國民黨中央委員會黨史史料編

總統府設秘書處，下設外交組，有秘書三人，協助總統處理外交事務。另設外交部，外交總長直接受總統領導。在就任臨時大總統的次日，孫中山即提出各部會部長名單，請求各省代表的同意，當中外交總長由王寵惠任之，魏宸組任次長。

　　根據臨時政府頒佈的〈中華民國臨時政府中央行政及其權限〉中，規定中央各部會的權限及基本成員〔註52〕，其中央設定陸軍、海軍、外交、司法、財政、內務、教育、實業、交通等九部。而各部設總長、次長各一人，由大總統簡任。當中第四條對各部長管理事務條項中規定外交總長負責的是：「管理外國交涉，及關於外人事務、並在外僑民事務、保護在外商業，監督外交官及領事。」〔註53〕爾後，復訂〈中華民國各部官職令通則〉二十七條，當中詳細規定各部會的工作性質組織。其中於外交部組織方面則採接近法國制，其設有秘書處、外政司、通商司、庶務司等。其工作性質如下：

外政司：1.關於國際交涉事項。

　　　　2.關於界務、鐵路、礦務、電線等交涉事項。

通商司：1.關於保護僑寓外國人民事項。

　　　　2.關於外國商業事項。

　　　　3.關於外人通商船事項。

　　　　4.關於稅務、郵政、外債等交涉事項。

　　　　5.關於通商口岸會審事項。

庶務司：1.辦理國書及國際禮儀事項。

　　　　2.接待外賓事項。

　　　　3.關於監理外人傳教事項。

　　　　4.關於外人遊歷保護事項。

　　　　5.其他不屬他司事項。〔註54〕

後來將通商司改名為商務司，並且增加編譯司保管條約和編譯文書等工作。

　　臨時政府的行政各部首長，均任命於總統就職之後，惟外交部有所波折。最主要的原因，是自上海由革命軍控制以來，滬軍都督陳其美意請伍廷芳主

　　纂委員會，1968年），頁1～3。

〔註52〕〈中華民國臨時政府中央行政及其權限〉，1912年1月3日。《臨時政府公報》第二號，民國元年元月30日。

〔註53〕許慎師，《國父當選臨時大總實錄》（上），頁107～108。

〔註54〕同上書，頁118～119。

持外交，得各省之贊同。當時各省代表皆認爲應該推請伍廷芳、溫宗堯爲全
國外交總次長。而伍氏亦曾以外交總長的名義，致電各國，希望承認中華共
和國。所以當臨時總統提出由王寵惠爲外交總長，魏宸組任次長，向代表大
會請求同意時，即遭到相當大的討論〔註55〕。當時，王寵惠曾向大總統謙辭
〔註56〕，但未爲大總統所接受。並且伍廷芳正於上海忙於南北議和的交涉，
因之新舊任外交部長之交接問題，遲至 11 日才爲辦理〔註57〕。王氏在就任
後，隨即提出外交部人員名單，其當時的外交部職員名單則如下：

參事	王景春			
秘書長	關　齎			
秘書	羅文莊	李景忠	周詒春	萬聲揚
外政司司長	馬　良			
主事	尹起鳳			
商務司司長	馮自由			
僉事	王治輝			
編譯司司長	徐　田			
僉事	陳治安			
庶務司司長	梁鋸屏			
主事	許傳音	王斯林	李裕鍾	
錄事	汪　錚	張士藩	戴翊文〔註58〕	

從這些人員的名單中，我們可見到不乏各式的人才置於其中，除了有原本的
革命黨員外，另外還有來自不同團體的人才，甚至有前清朝官員。如馮自由，
爲旅日華僑，年幼時即加入革命行列。革命成功後，即任臨時政府外交部商
務司司長〔註59〕；馬良，爲前清朝官員，並且爲清之有名外交大臣馬建忠之
兄，擁有良好的外交素養，曾做過韓國皇室顧問。後因爲對於清末政治感到
失望，而投身於教育之中。在聽到革命成功後，即挺身擔任南京首任府尹，

〔註55〕許愼師，《國父當選臨時大總實錄》（上），頁 133。
〔註56〕王寵惠，〈辭臨時政府外交總長呈文〉，《王寵惠先生文集》（臺北：中國國民
　　　　黨中央委員會黨史史料編纂委員會，1981 年），頁 631。
〔註57〕《中華民國史事記要》中華民國元年（臺北：中華民國史料研究中心，1971
　　　　年），頁 76～77。
〔註58〕《臨時政府公報》第二十四號，民國元年 2 月 28 日。
〔註59〕吳文星，〈革命史家馮自由〉，《近代中國》第二十七期（1982 年 2 月），頁 74
　　　　～80。

並任外交部外政司司長〔註60〕；王景春，爲留美歸國學人，回國後即加入南京臨時政府行列，擔任外交部參事工作〔註61〕。從這些名單上可以看出，臨時政府在成立之初，爲獲各界的支持與認同，在任用人才方面，並不會刻意使用革命黨員；相反地，許多的前清官員，只要是認同革命事業，即會獲得臨時政府的任用。

在外交部的經費方面，由於南京臨時政府運作的時間並不長，所以在這方面並沒有充足的資料給予分析。但我們從臨時政府財政部呈送的 3 月份之初總概算冊及表中，可以看到，外交部是所有部會中，支出最少的部會，支出洋四千五百九十元，比起陸軍部的洋八百九十三萬五千八百九十二元六角二分而言〔註62〕，簡直是小巫見大巫。但這也不能就代表說外交部的經費短缺，但是如果從整個連時政府的財政狀況來看，原本就已經相當拮据的財政，又將大部份的經費歸於軍費上，使得行政費用上顯得短缺，而外交部的經費更是顯得困難。

除此之外，南京臨時政府尚有一套選拔外交人才的法令〈外交官及領事官考試令草案〉〔註63〕，從其內容來看，可以瞭解到南京臨時政府對於「職業外交官」的任用已有一相當的認知。其報名的資格相當寬鬆，只要是年滿二十五歲的中國男子，具有完全公權者，即可報名。而其考試分爲兩場，第一場通過者，才能參加第二場考試，而第二場通過者，則發合格證書。從其報名須附外文翻譯的論文以及第一場考試的必考外國語來看，這測試相當重視外交官之語言能力。而第二場考試科目，更是包括國際公法、國際私法、殖民政策等「職業外交官」所必須擁有的外交知識。這是中國從「總理衙門」以至於「外務部」以來，所未有的外交官任用方式，然由於臨時政府所在的時間過短，因而並沒有實際實行過。

2 月 12 日，清廷頒發皇帝退位詔令〔註64〕。隔日，孫中山辭去臨時大總

〔註60〕王培堯，〈中興人瑞馬相伯〉，《中外雜誌》第十二卷第六期（1972 年），頁 78 ～84。

〔註61〕劉紹唐主編〈民國人物小傳〉（52），《傳記文學》第三十三卷第四期（1978 年 10 月），頁 142～148。

〔註62〕《臨時政府公報》第四十五號，民國元年 3 月 22 日。

〔註63〕〈外交官及領事官考試革令〉，許愼師《國父當選臨時大總實錄》（上），頁 282 ～284。

〔註64〕《臨時公報》辛亥年 12 月 26 日（民國元年二月十三日）（臺北：中國國民黨中央委員會黨史史料編纂委員會，1968 年）。

統職。15 日，南京參議院選舉袁世凱爲臨時大總統。3 月 10 日，袁世凱在北京就任中華民國臨時大總統。4 月 2 日，臨時參議院決議將臨時政府遷往北京。至此，南京臨時政府即宣告解散。

　　南京臨時政府成立雖然只有短短的三個月期間，但在其外交方面，卻辦理了許多的工作。在南京臨時政府成立後，其首要的工作即爲爭取各國的承認。在臨時政府成立之初，伍廷芳即曾以外交總長的名義，致電各國，希望承認中華共和國〔註65〕。元月 5 日，孫中山發表〈布告友邦書〉，詳盡的闡述中國革命的起因及目標，並且公佈新政府的八大綱領，其中前四條即爲對外政綱，內容與武漢軍政府 1911 年的對外照會極爲雷同，當中即明確的宣佈願與各國建立友好關係〔註66〕。17 日，外交總長王寵惠致電美國國務卿，通報中華民國政府已經成立，希望獲得美國承認〔註67〕。19 日，王寵惠又致電英國外交大臣葛雷（Edward Grey），說明清廷將退位，盼即早承認民國政府〔註68〕。並於 2 月 2 日，孫中山正式照會各國，聲明以後與中國交涉事，宜向南京政府磋商辦理。但是各國基於國際公法，不能同時接受兩個號稱元首之代表〔註69〕。又加上大都畏懼於袁世凱權勢，不敢得罪於任何一方，因此對於南京臨時政府這些活動，都未爲各國政府理睬。就在元月 13 日，各國駐華外交團在北京開會，相約在中國統一政府未成立前，不作承認的表示。〔註70〕

　　南京政府在成立之初，需費浩繁，各省地丁雜稅，即未能應時解集，濟中央之急需。而在海關收入稅金方面，外人又以賠款爲理由，暫時不與繳付。於是舉借外債對於南京臨時政府而言，自然而然的成爲對外事務上的另一個重要工作。孫中山的借債原則是：一不失主權，二不用抵押，三利息甚輕。然而，由於當時南北對峙，各國嚴守中立，借款相當困難，交涉成果並不理

〔註65〕《中華民國史事記要》中華民國元年，頁 76～77。
〔註66〕《中華民國建國文獻——革命開國文獻》第一輯，史料三（臺北：國史館，1998 年），頁 546。
〔註67〕石源華，《中華民國外交史》（上海：上海人民出版社，1994 年），頁 19。
〔註68〕郭廷以，《中華民國史事日誌》冊一（臺北：中央研究院近代史研究所，1979 年），頁 11。
〔註69〕根據奧本海國際法（362）規定：「……有時因革命風潮，至不知何人爲眞正元首，則區別之權，各國應自操之。但不能同時接受兩個號稱元首之代表，亦不能同時派代表制雙方。一旦承認革命領袖爲新元首，則與舊元首之邦交，即須截斷。……」參見奧本海著，岑德彰譯，《奧本海國際法》（平時）下冊，頁 453。
〔註70〕石源華，《中華民國外交史》，頁 20。

想。首先是蘇路借款，民國元年元月底，臨時政府以蘇路公司的名義，與日本大倉洋行簽訂合同，承借日金三百萬元，以公司產業爲擔保，年息八釐。自訂約後，第六年起，按年償還，至第十年還清。即於此日金三百萬元中，以二百五十萬借與臨時政府，由財政總長與蘇路公司訂立合同，以兩淮已抵從前賠款借款外之鹽課鹽釐作抵，由鹽政總理會同簽字蓋章。其餘五十萬，借與蘇省政府。此項借款，於元月28日簽訂，但其中曾受英使抗議，在日方回應以個人公司名義借與鐵路公司，無援助南京政府之意，而得以平息英方之抗議〔註71〕。此外還有漢冶萍借款，以漢冶萍公司名義向日商三井洋行訂約借款二百萬日圓，充作南京臨時政府軍費，年息八釐，以漢冶萍公司所屬漢陽鐵工廠及大冶鐵礦之財產爲抵押，期限一年。另有南京臨時政府與俄國華俄道勝銀行及由招商局出面與日本郵船株式會社及日清公司商訂的借款，或因列強各國的抗議，或因國內輿論的反對而未能實現〔註72〕。南京臨時政府的外債，不僅數額很小，而且條件苛刻，孫中山提出的借款三原則則由於內外因素並未能實行。

另在維護華僑權力方面，由於孫中山長期居留海外，深知僑胞疾苦，因此維護華僑的利益，也是臨時政府外交方面的一項重要活動。除了宣佈「禁絕販賣豬仔」的命令出現外〔註73〕，另在元年2月19日，荷蘭殖民地爪哇島泗水市華僑集會慶賀中華民國建立，竟遭荷蘭警察武力干涉，並撕毀國旗，致使三人死亡，十多人受傷，百餘人被捕。華界全體罷市表示抗議，荷蘭當局出動軍隊鎮壓，逮捕人數高達千餘人。南京臨時政府接到報告後，隨即做出強烈的反應。但由於臨時政府仍不爲世界列強的承認，因此於26日，除了由外交總長王寵惠對荷提出強烈不滿外，並至電袁世凱，尋求更強烈的外交抗議〔註74〕。28日，南京臨時政府更令沿海各省都督禁止華工赴荷屬地，表示抗議〔註75〕。經過交涉後，荷蘭政府答應懲罰殺害華僑的荷蘭人，優禮埋

〔註71〕中國史學會，《辛亥革命》第八冊，頁562～563。

〔註72〕同上書，頁562～572。

〔註73〕十九世紀，西方殖民主義者爲了開發南洋殖民地，迫切需要中國廉價勞動力，華工因此被大量掠奪拐騙賣出國，這種掠賣形式被稱做「販豬仔」。參閱王立誠，《中國外交制度史》，頁132～133；而販豬仔的行爲一直到民國初年，仍不斷的出現，因此南京政府爲保護華僑、華工的安全，而提出「禁絕販賣豬仔」的命令。

〔註74〕《臨時政府公報》第二十三號，民國元年2月27日。

〔註75〕《臨時政府公報》第二十五號，民國元年2月29日。

葬被害華僑，撫卹家屬，賠償華僑的損失，華僑和荷蘭人享有同等的待遇等。這事件的交涉成功，顯示出南京臨時政府對於力謀改善海外華僑待遇的強烈意願。

雖然說，南京臨時政府的外交雖然在處理泗水華僑事件方面，表現出強硬的態度，但為了不與列強的友善關係改變，在有些事件的處理仍表現出其妥協的態度。元年元月下旬，山東青島附近的即墨縣為革命黨人光復，膠濟租借地的德國當局立即借口該地為 1898 年《中德條約》規定的德軍設防地區，要求革命黨人退出，並致電山東巡撫胡廷樞，告知即墨近況。清政府聞訊，立即調遣軍隊突擊即墨，殺死革命黨人三十餘人，並燒光了附近村莊。當地革命黨人請求南京臨時政府就此對德國政府提出交涉，然而南京臨時政府卻因承認舊約，無法干預，於 2 月 10 日下令革命軍自即墨撤退〔註76〕。南京臨時政府外交部除了上述的對外交涉工作，亦有些對內的工作。在南北議和期間，由於清軍與革命軍之間仍有些戰鬥，因此，外交部必須致電對袁世凱加以抗議。而對於各省都督挪用鹽稅抵洋債方面，亦必須透過外交部發文加以制止。〔註77〕

雖然於這期間，南京臨時政府在於外交方面作了如此之多建設，但亦有不少值得令人商榷的地方。就以當時外交部對於整個臨時政府而言，孫中山先生似乎是要將他成為其私人的外交機構。在元月 2 日孫中山先生向各省代表會提出各部部長名單時，當中外交、內務和外交三位部長的同意出現爭論。但當時孫中山對代表發言說：「內教兩部可依議。外交問題，我欲直接處理，伍廷芳者，諸多不便，故用王寵惠，可以隨時指示。」〔註78〕可見孫中山先生在當時即相當重視外交，但此舉是否會造成外交部對外交涉時無法擁有獨立的外交處理權力，是相當令人值的懷疑的。至於財政問題是否亦是當時為對外交涉上的一大阻礙，我們並沒有明確的例證可以看出，但當時在對外交涉上，對外借款是一項重要的工作。而整個南京臨時政府外交工作最大的挫折，是南京臨時政府尋求列強的承認，並未獲得各國的認同。由於未受到承認，使得在辦理各項對外交涉時，其法定的地位不強，各國在面對不利於他們的事件時，都不加以理睬臨時政府。甚至臨時政府派駐他國的駐外代表，

〔註76〕《臨時政府公報》第十二號，民國元年 2 月 10 日。
〔註77〕《臨時政府公報》第十二號，民國元年 2 月 10 日。
〔註78〕許慎師，《國父當選臨時大總實錄》（上），頁 133。

亦不受到所在地國家的重視〔註79〕。所以筆者認為，不受到各國重視的最主要原因，還是因為沒有獲得任何的承認，法定地位不強的關係吧。

第四節　北京政府外交部的成立與改革

　　經過長期的南北和議談判後，民國元年2月12日，清廷終於宣佈退位。3月10日，袁世凱在北京就任中華民國臨時大總統。4月2日，臨時參議院決議將臨時政府遷往北京，南北即宣告統一。袁世凱表面上雖然風風光光的上台，但上台後面臨的內外局勢確是十分嚴峻。在南方仍為革命軍的武裝勢力所控制著，並且在臨時參議院中佔有強大的優勢。因此，由孫中山先生所發起的〈臨時約法〉更是限制著袁世凱的行動；外交上，列強更是趁著中國混亂之局，在西南、西北和東北邊境製造混亂，中國正面臨被分裂的危機。在這個狀況下，如何建立一個穩定的政局，和爭取各國的承認，便變成北京政府的當務之急。

　　袁世凱就任臨時大總統後，即依〈臨時約法〉的規定，向參議院提名唐紹儀出任內閣總理，並徵求同意。3月13日，參議院順利通過同意案〔註80〕，唐紹儀遂成為臨時約法公佈實施後的首任國務總理。同日，臨時參議院通過臨時政府各部暫行官制通則，規定臨時政府中設外交、財政、陸軍、海軍、司法、教育、農林、工商、交通十部〔註81〕。29日，唐紹儀為組閣之事列席南京臨時參議院發表政見，他於席中提出裁兵、恢復秩序、要求各國承認、整頓財政等問題。並在提出政見後，提出閣員名單，請求同意。閣員名單如下：外交總長陸徵祥、內務總長趙秉鈞、財總部長熊希齡、教育總長蔡元培、陸軍總長段祺瑞、海軍總長劉冠雄、司法總長王寵惠、農林總長宋教仁、工商總長陳其美、交通總長梁如浩。當中，除梁如浩外，其餘皆受多數決同意〔註82〕。

〔註79〕　元月11日，中山先生電告法國政府，以張亦舟為南京臨時政府駐法代表。同日，總長王寵惠亦兩次電告法國外長，要求承認民國政府以及南京臨時政府派駐巴黎之張亦舟代表全權。但法國均不予答覆。元月17日、19日，王寵惠再電法國外交部，聲言清廷可能退位，要求承認南京臨時政府，仍無反應。另一方面，張亦舟在巴黎積極活動，希望晉見法國政府要員，同樣一無結果。詳見陳三井，〈法國與辛亥革命〉，頁772～773。

〔註80〕　《臨時政府公報》第三十七號，民國元年3月13日。

〔註81〕　許師慎，《國父當選臨時大總統實錄》（下），頁409～411。

〔註82〕　居正，〈唐紹儀組閣〉，《中華民國建國文獻──民初時期文獻》第一輯，史料（二），頁307～311。

翌日，袁世凱正式發表任命各總長，唐內閣遂已大概決定。

由於當時各方都深切的認知外交對於中國的重要，所以在北京政府內閣當中，外交部位居各部之首。外長由國務總理提名，參議院行使同意，而大總統任命。如總理退職，則由外交總長兼代閣揆。唐紹儀內閣的首任外交部長是由陸徵祥所擔任。陸徵祥（1871～1949 年），爲京師同文館出身。1892年起，歷任俄、德、奧、荷國公使翻譯，駐俄公使參贊，駐荷、俄公使等職，對於近代國際外交知識極爲通曉。在南北和議時期，曾聯合各駐外公使電請清帝退位〔註 83〕。唐紹儀就任內閣總理後，陸徵祥即受命爲北京政府首任的外交總長。

北京政府外交部的前身爲外務部。在民國元年 2 月 12 日清帝遜位時，降旨所有官制一律仍舊，即以內閣名單照會英、法、美、德、俄、日本、瑞典、比、和、義、丹、巴西、奧、葡、日斯巴尼亞（西班牙）、古巴等十六國，改外務大臣爲首領，副大臣爲副首領，去君臣之義，而揭共和之實。3 月 10 日臨時大總統宣告就職，乃於三月間改外務部爲外交部，3 月 24 日令改首領爲總長，副首領爲次長。並任命總長、次長等官〔註 84〕。但在此時，整個外交部的組織體制尚未健全。因此當陸徵祥就任後的第一件任務，就是如何把外交部重新組織，將中國的外交機構一切都改頭換面。

首要的工作是如何按照西方國家外交部的模式來改組北京政府外交部，於是乎陸徵祥就釐定一部〈外交部組織章程〉，爲民國的外交奠立了一個根基。這部外交組織偏重於法國色彩，設總長一名主持部務，另設一名次長協助。日常事務則由一廳四司負責，即爲總務廳、外政司、通商司、交際司和庶政司。此外，還設有由四位秘書組成的秘書處和四位參事所組成的參事室。參事負責處理條約和有關外交部的法令、規章的實施等法律問題以及其他事務。〔註 85〕

其次，由於陸徵祥相當注意外交人才的培養，凡遇有志有才的青年，莫不盡力提攜。而且制訂了三項原則：第一、外交人員均要經過考試。第二、選擇標準要打破省界。第三、多選通外國語者〔註 86〕。根據這三個原則，陸徵祥把駐外使館和領事館改爲專業機構，從事外交的人員應爲職業外交官。

〔註 83〕《臨時公報》辛亥年十二月二十六日（民國元年 2 月 13 日）。
〔註 84〕參見吳成章，《外交部沿革記略》乙編，頁 57～59。
〔註 85〕陳體強，《中國外交行政》，頁 51。
〔註 86〕羅光，《陸徵祥傳》，（臺北市，臺灣商務印書館，1967 年），頁 84。

他認為駐外使團業務具有專業性質，需要由受過專門訓練的人來任職。這在當時的北京，是一個相當重大的改革。在過去滿清時期，政府各部人員的任用，一向是由高級官員推薦，候選人為數甚多。謀職的方法之一是請某一政府要員給有意想去的部門首腦寫一封介紹信，這種方式常常會使得各部門的首腦感到壓力。但陸徵祥表示，不管來自部內部外，只要推薦者沒有受過外交專業訓練，他絕不接受〔註87〕。一改清末將那些既不懂外交又不懂外語的人派往他國充任使領官員的作法，不僅大大提高了中國駐外使領館的工作效益，而且也提高了中國在國際舞臺的聲譽。

在陸徵祥改組外交部之前，中國駐外公使可以領到他駐外任期三年的全部經費，包括他自己的薪俸、使館經費以及館員的薪金。此外，他還可以領到其所屬領事館的經費和領事的薪俸。並且由於公使館館員的數目，駐外公使可以自行決定，攜帶多少的秘書、隨員以及其駐在國領事館工作的其他人員。而大部份出使歸國之人，都能受到升遷，因此有許多在京失意的官員甘願免薪資的加入公使館當館員或領事。這使得許多的中國駐外使節可以在其所管轄的範圍內的使領業務上獨攬大權。面對這些情形，陸徵祥採取了些措施，他不僅要求駐外使團的首腦，而且連所有公使館館員、領事、副領事以及領事館館員都要經北京外交部委任。另外，每個駐外使館都必須編造預算，報部批准，其中說明人員數目、級別、薪資及使館各項開支所需津貼。預算按年度編造，而經費則按月匯撥。最後，並建立駐外使館的定期匯報制度等，使外交部與各駐外使館間的關係建立在比較科學的現代化基礎上。〔註88〕

另外，在地方涉外機構方面，北京政府在各省設特派交涉員，在各重要商埠設交涉員。一改晚清地方交涉司為特派交涉員和交涉員，使他成為外交部的直屬機構，與地方政府合作但不相統屬，從而改變了晚清交涉司既為督撫屬官，又受外交指揮監督的雙重授命狀況，這使得外交事權更加集中於中央。〔註89〕

在陸徵祥的這一連串改革之下，中國的外交機構在北京政府時期，建立了現代化且合理的模式。而這種模式不僅只適用於當時的北京政府外交部，就是以後的南京國民政府外交部，也深受影響。除了這些改革以外，往後北

〔註87〕顧維鈞，《顧維鈞回憶錄》第一分冊（臺北：蒲公英出版社，1986年），頁99。
〔註88〕顧維鈞，《顧維鈞回憶錄》第一分冊，頁100。
〔註89〕陳體強，《中國外交行政》，頁103～105。

－33－

京政府外交部仍然有許多的改革，但是都不脫離這個架構下進行，因此在本章即不再多做解釋，留待往後章節再加以說明之。

當然在體制組織完成後，人事的任命亦是一項重要的課題。陸徵祥在回國就任外交總長之前，即向袁世凱提出三項要求，作為其就職的條件：（一）外交次長應為一長於英文者。因為陸徵祥所長的為法文，他並建議由顏惠慶擔任次長。（二）陸徵祥不向其他部會推薦人，當然他也希望其他部會不向外交部推薦人。（三）外交部應歸總長指揮，別人不得干涉。在袁世凱完全答應後，陸徵祥才回國就任其外交總長職務〔註90〕。在歸國後，為了破除過去舊官僚所沿襲的弊病，陸徵祥於 6 月 11 日將外務部舊員（一五五名）〔註91〕一律免職，僅留下六十五名人員留部辦事，另從他部調任多名具有對外交涉經驗人員到部任用，而凡有在本國高等學堂或留學他國畢業者，則分別記名聽候傳補（參見表 2-1）〔註92〕。並且為了去除清外務部兼差問題，並於 19 日發佈命令，要求所有留部人員，如有兼差者，於一星期內必須決定去留。〔註93〕

表 2-1：陸徵祥解散外交部後「留部辦事」人員名錄

留部辦事者 （65 名）	張煜全 程遵堯 蔣履福 管尚平 江華本 長　福 黃宗麟 陳海超 張肇棻	王承傳 祝惺元 于德瀋 沈成鵠 施履本 謝永炘 周　英 孫蔭蘭	胡振平 范緒良 稽　鏡 恆　晉 沈其昌 張　鴻 李　琛 趙沆年	伍　璜 王廷璋 周傳經 貴　和 黃豫鼎 王鴻年 緒　儒 葉可樑	郭家驥 陳治安 關　霽 岳昭燏 李殿璋 曾宗鑒 劉　鐸 恩　厚	王治輝 林葆恆 馬德潤 吳佩洸 傅仰賢 崇　鈺 士　魁 刁作謙	張　瑋 許同莘 許熊章 熊　垓 馮祥光 宗鶴年 張沛霖 程經世	林志鈞 孫昌烜 吳葆誠 恩　祐 傅　謙 崔書棻 朱應杓 柯鴻烈
他部調任者 （14 名）	翟青松 劉符誠	邵恆瀋 魏　渤	張慶桐 李毓華	夏詒霆 張嘉森	李世中 張承棨	劉迺蕃 李向澧	許同范	王曾思
未經留部而記名 存部另候傳補者 （25 名）	易迺觀 歐陽景東 徐乃謙 周榮光	趙憲曾 李廷斌 羅樹梧	王庚西 陳襄廷 陳錫璋	吳　台 陳　模 劉鈺琪	區　穗 郁　華 申壽慈	楊曾翶 岳秀華 張澤嘉	胡　襄 張　蘅 楊耀卿	田樹藩 朱寶琨 劉鏡清

參考資料：《政府公報》第五十號，民國元年 6 月 19 日，〈命令〉頁 24～25。

〔註90〕 羅光，《陸徵祥傳》，頁 80～81。
〔註91〕 內閣印鑄局，《宣統三年冬季職官錄》（臺北：文海，1966 年），頁 207～222。
〔註92〕 吳成章，《外交部沿革記略》乙編，頁 65～66。
〔註93〕 《政府公報》第五十號，民國元年 6 月 19 日，〈命令〉頁 24～25。

　　爲了使過往的工作能加以延續進行，民國成立後，各行政部門雖已改組革新，但在人事任用方面，則多沿用原來機構的就有人員。外交部的人事，亦不例外〔註94〕。從8月15日任首批任用僉事的名單來看，四十名僉事裡有三十九名僉事是留部辦事或他部調任的人員〔註95〕。若從民國元、二年所任命的科長來看，前後任命的二十一科科長，則全部都是留部辦事或他部調任之人員。由此可知，其延續性相當之高。但爲了減少國庫的負擔，陸徵祥在任命外交部人員時，除重要職務外，次要各職都不加任命，以免當時面臨短缺的國庫增加負擔〔註96〕。另外在駐外使節的任用上面，爲了使過去的在外交涉工作能夠延續，所以除了駐俄使節陸徵祥回國（由駐荷公使劉鏡人接任）就任總長與駐法使節劉式訓回國外，其餘皆沿用過去外務部之舊駐外使節，而空缺則分別由胡惟德（駐法）和魏宸組（駐荷）替補。

　　雖然外交部在5月3日通告啓用外交部印之日，已正式成立。但在這些建置及人事任命下，北京政府外交部更顯完備，它的運作也就越加的順利了。

小　結

　　外交之對於近代中國是相當重要的，中國自從清末與列強簽訂條約後，不管在政治、社會和經濟上的發展，都與列強息息相關。革命運動開始時，不管是在革命黨或清廷雙方，即認知到列強的態度，對於雙方的成敗有著重大的影響。因此，當辛亥革命成功後，武漢軍政府馬上照會各國駐漢口領事，希望革命能夠獲得列強的承認，而能使革命能夠延續完成。由於武漢軍政府是一臨時組織的革命政府，因此在外交機構的建置上也就顯得簡略。但是由於向列強提出的照會，能夠切於列強亟欲保持其中國利益的希望，因此能夠

〔註94〕參見顏惠慶著，姚崧齡譯，《顏惠慶自傳》（臺北：傳記文學出版社，1989年），頁74。

〔註95〕首次任用僉事名單爲張慶桐、恩厚、張鴻、吳葆誠、崇鈺、胡振平、林志鈞、許熊章、熊垓、長福、周傳經、關霽、朱應杓、陳海超、張肇棻、程遵堯、于德濬、王廷璋、稽鏡、孫昌炬、吳佩洸、傅仰賢、王鴻年、柯鴻烈、曾宗鑒、緒儒、施履本、沈其昌、唐恩桐、宗鶴年、王治輝、伍璜、祝惺元、陳治安、趙沅年、謝永炘、蔣履福、管尚平、張瑋。參自《政府公報》第一〇八號，民國元年8月16日，〈命令〉頁19。

〔註96〕羅光，《陸徵祥傳》，頁83。

引起共鳴，使列強處於中立的狀態中。民國元年（1912）南京臨時政府成立時，政治重心東移，武漢軍政府外交部就僅限於處理地方外交事物的交涉，因此將外交部縮編為司，整個革命軍的外交工作則轉為南京臨時政府外交部處理。

南京臨時政府外交部的設立，相對於中國的以往外交機構來說，是一個相當重大的轉變。它廢除了以往那種朝貢制度的外交，而採納了西洋外交組織的方法。並且在選用人才方面，有著一套先進的選拔方式，朝著培養外交專業人才的方向前進。但由於南京臨時政府的運作時間為時甚短，加上當時南北尚未統一，而各國直接交涉，仍在北方，對於臨時政府不予承認〔註97〕。因此南京臨時政府外交部的運作似乎並不順利，或甚至在某些方面僅有方法，而沒實際行動。但其建置的設立，對於往後北京政府外交部的改革似乎已建立一個良好的典範。

民國元年2月12日，清帝宣佈退位，北京政府於是成立。北京外交部的首任總長由陸徵祥擔任，陸徵祥由於長年出使國外，對於國際外交的關係和中國傳統外交的弊病，有著相當的認知。所以他一上任後，隨即對外交部進行改革。由於深懂法文的關係，加上當時世界外交制度以法國為典範，因此他選擇法國外交部的組織作為參考，建構了中國中央政府第一個正式的現代化外交部〔註98〕，這個機構簡單而合邏輯，責任確定而專一。而在使領館改革方面，一改過去濫用私人與使領人員獨攬大權的弊病，並且建立駐外使館的定期匯報制度，使外交部與各駐外使館間的關係建立在比較科學的現代化基礎上。任用人事方面，則要求專業與不接受私相授受，並且為了使外交工作順利，嚴格挑選沿用外務部的舊員與駐使節。而在這些改革和人事任用後，中國的外交機構可以說是已漸完備，甚至到後來的南京國民政府外交部，大體上沒有多大的更改〔註99〕。所以對於北京政府外交部的改革深具意義。

〔註97〕參見吳成章，《外交部沿革記略》乙編，頁56。
〔註98〕因為南京臨時政府並沒有受到列強的承認，所以不算為正式的中央政府。列強於1913年10月10日承認北京政府。
〔註99〕陳體強，《中國外交行政》，頁50～51。

第三章　北京政府外交部的組織

一個機構要運行順利，必須靠它擁有良好的組織以及運作能力。中國由於深受「天朝上國」觀念的影響，雖然有著處理外交的機關存在，但專門處理外交機關的成立，卻遲至清末外務部才始爲建立。然而外務部的成立由於還身於中國傳統官僚體制的秩序之下，因此雖有所改革，但卻非常緩慢。

民國建立，傳統中國的官僚制度瓦解，一切政治體制以現代化目標前進，外交部亦不例外。陸徵祥上任後即以現代化制度改革外交部，創立中國第一個現代化的正式外交單位——北京政府外交部。它是一個專門處理外交事務的機構，它擁有當時最現代化的組織，並且當中的辦事人員亦是當時一時之選。雖然當中由於經費的問題或因應時代的需要而有所變革，但仍不脫其原本的架構體系之中。

本章將就其外交權限的演變及各外交部門的演變作一探討，並透過行政學理論，將整個外交機構現代化的程度作概括的分析，試求其整個外交部現代化的原貌。

第一節　外交權限的演變

民國元年（1912）2月13日，孫中山對臨時大總統之職提出辭呈。15日，南京參議院選舉袁世凱爲臨時大總統。爲了防止袁世凱接管政權後實施獨裁統治，由當時的臨時參議會制訂了〈臨時約法〉，企圖以此限制袁世凱的專權。而北京政府最初的外交制度亦即根據〈臨時約法〉確定。

〈臨時約法〉是採不同於南京臨時政府總統制的責任內閣制，對於大總統的權力上做了多方面的限制，在外交方面也是如此。該約法對國會在外交

上的權力做了許多的提昇，〈臨時約法〉第 37 條雖然承認臨時大總統有：「代表全國接受外國之大使公使」之權，但在第 23 條：「臨時總統得制訂官制官規但須提交參議院議決」、第 34 條：「臨時大總統任免文武職員但任命國務員及外交大使公使須得參議院之同意」和第 35 條：「臨時大總統經參議院之同意得宣戰媾和及締結條約」，卻又規定在行使宣戰、媾和、締約、制訂官制官規及任免官吏之權時須得到國會同意〔註1〕。另外由於〈臨時約法〉是採用責任內閣制，內閣即是國務院，而國務院委員是由國務總理和各部總長所組成。約法第 44 條：「國務員輔佐臨時大總統負其責任」和第 45 條：「國務員於臨時大總統提出法律案公佈法律及發佈命令時須副署之」〔註2〕，也就是說關於宣戰、媾和、締約等外交案都必須經國務會議共同討論決定，即實際的外交決策亦須由國務院做出。

　　民國 2 年（1913）10 月 10 日，袁世凱就任第一任大總統，國會同時準備起草憲法。爲了避免再度採用內閣制而使得總統處於無權狀態，乃於 11 月下令解散國民黨，取消國民黨議員資格，國會因此而陷入癱瘓〔註3〕。隔年元月，袁世凱召集各地方富於學識經驗、聲望素著之人，特設造法機關，以改造約法。3 月 18 日，約法會議正式召開，此會議最主要的目的，在於議決約法增修案及附屬於約法之重要法案。3 月 20 日，袁世凱向約法會議提出增修約法案〔註4〕，其中對三條法條提出修正，另外再提出增加兩條。其中三項修正案爲：（一）大總統制定官規官制，無須經由參議院通過。（二）大總統得任免文武職員，及國務員與外交大使、公使，無須經參議院之同意。（三）外交大權應歸諸總統，凡宣戰、媾和及締結條約，無須在經由參議院同意之。增加的兩項爲：（一）大總統爲保持公安、防禦災患，於國會閉會時，得制定與法律同效力之教令，前項教令至次期國會開會十日內，須提出兩院求其承認。（二）大總統爲保持公安、防禦災患有緊急之需求，而不及召開國會時，得以教令爲臨時財政處分。前項處分至次期國會開會十日內，須提出眾議院求

〔註1〕　〈臨時約法〉，1912 年 3 月 11 日，《臨時政府公報》第三十五號，民國元年 3 月 11 日，頁 1～9。

〔註2〕　同註1。

〔註3〕　《國父年譜》上冊（臺北：中國國民黨中央委員會黨史史料編纂委員會，1965 年），頁 542。

〔註4〕　郭廷以，《中華民國史事日誌》冊一（臺北：中央研究院近代史研究所，1979 年），頁 137。

其承諾。〔註5〕

　　約法會議在袁的控制下，根據前述的增修法案制訂了一部袁世凱需要的「新約法」，內容共計十章68條，於民國3年（1914）5月1日公佈施行，稱為〈中華民國約法〉。但為有別於民國元年的〈臨時約法〉，故稱之為〈新約法〉或〈民三約法〉。〔註6〕

　　這部約法較之民國元年的「舊約法」，對於國會的權力有很大的毀壞。當然，在外交權上也不例外，給予大總統較多的權力。除了原有的接受外國大使公使之權外，另外原有的必須經參議院同意始能行使的宣戰媾和、任免大使公使和締結條約之權，也於新約法的第21條「大總統制訂官制官規；大總統任免文武職官」、第22條「大總統宣告開戰媾和」和第25條「大總統締結條約。但變更國土或增加人民負擔之條款，須經立法院之同意。」中給總統大大的提昇對外交權的控制〔註7〕。雖然說第25條中的特種條款須經立法院同意，然而作為立法機構的立法院根本沒有成立，而是由大總統的諮詢機構參政院代行其職權。因此，袁世凱在外交方面，仍享有極大的權力。此外，由於新約法廢除國務院官制，袁世凱把各部改為直屬大總統領導，而總長也失去國務員的身份。新約法第41條「各部總長，依法律命令執行主管行政事務。」〔註8〕明白的表示出，總長不負獨立行政責任，一切事情都要承大總統之命，向大總統負責。因此行政各部完全降為總統府的附屬機構，當然外交部亦不例外。

　　民國5年（1916），袁世凱改行帝制，稱為洪憲元年〔註9〕。袁稱帝之前，於政治制度方面，做出了些許的變更，然這些變動卻很有限。但是在袁世凱即位之前後，都受到相當大的反對。面對這些反對聲浪，袁世凱只好於3月23日下令取消帝制、恢復國號。當時袁還想保留其大總統職位，終因形勢所迫，戰爭失利，輿論指責，眾叛親離，袁世凱乃於6月6日因疾而死。袁世凱死後，黎元洪繼任總統，段祺瑞以國務總理身份而掌握北京軍權。在南方

〔註5〕袁世凱〈增修約法提案〉，參自《中華民國建國文獻——民初時期文獻》第一輯，史料二，頁85～90。

〔註6〕〈中華民國約法〉，1914年5月1日，《政府公報》（洪憲前）第七一二號，民國3年5月1日（臺北：文海出版社，1971年），（法令）頁1～10。

〔註7〕同註6。

〔註8〕同註6。

〔註9〕《政府公報》第二號，民國5年1月7日，（命令）頁1。

勢力的反對下〔註10〕，〈新約法〉的存在變爲不合法。因此在 6 月 29 日，黎元洪下令恢復〈中華民國臨時約法〉〔註11〕，8 月 1 日，國會恢復。而後雖有張勳復辟的事件發生，但畢竟只是曇花一現，影響不大。也就如此，外交權也就恢復到過去受到國會的監督了。

　　段祺瑞在驅離張勳控制北京政權後，利用其御用的政治團體「安福俱樂部」〔註12〕控制國會選舉，民國 7 年 8 月成立「安福國會」，並於 9 月 1 日選舉徐世昌爲傀儡總統。因此，雖然恢復了〈臨時約法〉與國會，但在段與安福國會的干涉與操縱下，外交權仍深受段氏所控制。民國 9 年（1920）直皖戰後，段祺瑞內閣垮台，奉系亦乘機入關，北京中央政權遂爲直、奉兩系控制。

　　直到民國 11 年（1922）直奉戰爭後，直系軍閥控制北京政府，北方的戰亂才恢復暫時平靜。黎元洪在直系軍閥的擁護下再次擔任總統，6 月 13 日，黎下令撤銷民國 6 年（1917）的解散國會令，舊國會於八月恢復召開〔註13〕。國會恢復後即召開之前所中斷的制憲工作。但此次會議，卻因曹錕爲了想當總統，而出錢賄使議員出席。民國 12 年 10 月，曹錕當選總統〔註14〕，同時也草草的通過並公佈〈中華民國憲法〉。〔註15〕

　　這部憲法對於外交權所規定的，似乎介於〈臨時約法〉與〈新約法〉之間。這部憲法採用的是內閣制，但對於總統的權力又給予適度的發揮。在第 81 條：「大總統任免文武百官」，給予大總統在任免大使、公使的這方面的自主權。另外在 84 條：「大總統經國會之同意得宣戰；但防禦外國攻擊時，得

〔註10〕梁啓超《飲冰室文集》專集之三十三，（出版地不詳：出版者不詳，民？），頁 64～66。

〔註11〕《政府公報》第一七四號，民國 5 年 6 月 30 日，（命令）頁 1。

〔註12〕段祺瑞爲了建立一個他能控制的國會，指使徐樹錚、王揖唐等在北京安福胡同設立招待處，拉攏收買臨時參議院議員，逐漸成立一個爲皖系所控制的政客團體。1918 年 3 月，這一集團正式成立。因爲他們開始活動的地點在北京安福胡同，便取名之爲「安福俱樂部」，而社會上則稱他們爲安福系。在 1918 年 8 月的國會選舉中，由於他們的操縱，致使被「選出」的國會議員絕大多數都是皖系的人，著名皖系幹將王揖唐還得以當上了眾議院議長。參見王永祥，《戊戌以來的中國政治制度》（天津：南開大學出版社，1991 年），頁 97。

〔註13〕《中華民國史事記要》民國 11 年（七月至十二月），頁 202。

〔註14〕〈中華民國憲法〉，1923 年 10 月 10 日，《外交公報》第二十九期，民國 12 年 12 月（臺北：文海，1985 年），（法令）頁 1～19。

〔註15〕《東方雜誌》第二十卷第二十一號，頁 131～143。

於宣戰後請求追認。」這條規定表面上是限制總統的宣戰權，但實際上此限制卻爲但書所打消了。除了給予總統相當的權力外，對於國會的監督權也是不容欺侮的，第 85 條：「大總統締結條約，但媾和及關係立法事項之條約，非經國會同意，不生效力。」〔註 16〕由於許多的條約需要由立法機關制訂法律，以規定人民對於條約所關事項行遵守之規律，因此在這方面，國會的權力似乎又過于總統。從字面上看，這部憲法對於國會、總統、內閣都給予權力，但由於這部憲法是由受賄議員所制訂，故立即遭到全國反對，沒有發生實際的效力，一切的條款，並沒眞正的實施。

　　雖然歷次的約法、憲法中，都是由大總統對外代表國家，但實際辦理外交仍有賴於總統的屬員，特別是外交總長及外交部。大致而言，民國 3 年的〈新約法〉下的外交部最不獨立，一切大權都在大總統，一切行事都必須秉承大總統的意思，且大總統可以隨意任免國務員及各部部長。而民國元年〈臨時約法〉和民國 12 年的〈中華民國憲法〉，外交部附屬於總統的程度較少。依據〈臨時約法〉，國務總理之任命須得眾議院同意，而所有國務員之任命也皆須參議院同意。另外雖然依規定國務員須向臨時大總統負責，然大總統的命令須有關的國務員副署，亦就是外交方面需要有外交總長的副署，故大總統在處理外交事務時，不能完全漠視外交總長的意見。而〈中華民國憲法〉的規定，國務員雖然由大總統任命，卻向眾議院負責。大總統的命令不經國務員副署不生效力，也就是說不得眾議院贊成的事項大總統不能有所行爲。眾議院成爲政治權力中心，國務員的行動必須同他一致，所以實際上任何外交措施必須得到該院的同意。

　　民國 13 年（1924）10 月，馮玉祥發動「北京政變」，推翻了曹錕政府，奉系軍閥張作霖率部進入華北。此時，北京正處於各軍閥的混亂時期，爲了平衡各方關係，因此推派已失去軍事實力的段祺瑞主持國事。11 月 24 日，段祺瑞於北京宣告就職，中華民國臨時執政政府宣告成立。段祺瑞在就職當日隨即公布〈中華民國臨時政府制〉〔註 17〕，規定臨時執政總攬軍民政務，統率陸海軍，對外代表中國。另外設有國務員，贊襄執政處理國事，臨時政府的命令和關於國務的文書，均須由國務員副署。臨時政府不設國務總理，總

〔註16〕〈中華民國憲法〉，1923 年 10 月 10 日，《外交公報》第二十九期，民國 12年 12 月，（法令）頁 1～19。

〔註17〕〈中華民國臨時政府制〉，1924 年 11 月 24 日，《外交公報》第四十三期，民國 14 年 1 月，（法令）頁 1。

理職務由執政兼管，執政召集國務員開國務會議，決議重要國務，國務員由執政任命。從表面上來看，臨時執政沒有總統或總理的頭銜，但是實際上卻擁有總統、總理和國會等的無限權力，不管在內政、外交、軍事等全部掌握的極端獨裁。而後雖然迫於情勢及各方壓力之下，在民國 14 年 12 月改組政府，增設國務總理及國務院，但是國務總理和國務員都還是直屬於臨時執政〔註18〕，所以段祺瑞仍掌握全權。

段祺瑞的攬權和獨裁，導致軍閥派系矛盾又起。民國 15 年 1 月，奉系張作霖和直系吳佩孚聯合擊退在北京的國民軍。段氏失去支持，只得於 4 月 20 日離開北京，臨時執政隨之垮台。6 月，由國務總理顏惠慶攝政，此臨時性的「攝政內閣」僅一過渡內閣，並無實質權力，實際上，北京中央政權仍完全處於軍事勢力宰制之下。12 月，張作霖借十五省推戴之名義，在天津就任安國軍總司令〔註19〕。隔年 6 月 18 日在北京懷仁堂成立軍政府，由大元帥總攬陸海軍全權，代表中華民國行使統治權。根據張作霖所公佈的〈軍政府組織令〉，軍政府下設國務院和外交、內務、軍事、財政、教育、司法、實業、農工、交通九部和禮制館。國務院由國務員組成，輔佐大元帥執行政務。國務員包括國務總理和各部總長，由大元帥任免。各部總長承大元帥之命掌握本部事務，大元帥直接操縱行政部門〔註20〕。如此可以說外交權直接受到張作霖的影響。

按照世界各國的通例而言，外交權力大都要受到議會的監督。然從中國這幾次的約法、憲法所給予國會的權力來看，與列國相較，並不遜色。雖然說當時的北京政府，一直都是由北洋軍閥們所控制著，而這些軍閥們的專橫，亦是非一紙憲法所能制裁的。國會時常遭受解散，以至於對於執政者的牽制，可以說是毫無建樹。另外執政者為了獨攬大權，一再的修改條款，以迎合自己的需要，要是無法得逞，即以賄賂議會或根本不管條款的方式，以達到自己的需要。另有不少控制北京的軍閥常有自己的外交代表，與列強交涉機密事務，或是另外成立「外交研究會」、「外交委員會」之類的組織，來決定其自己的外交政策〔註21〕。然而卻有許多研究指出北京政府外交部在處理外交

〔註18〕《中華民國史事記要》民國 14 年（七月～十二月），頁 885。
〔註19〕《東方雜誌》第二十四卷第三號，頁 109。
〔註20〕《中華民國史事記要》民國 16 年（一月～六月），頁 1270。
〔註21〕唐啟華〈北伐時期的北洋外交——北洋外交部與奉系軍閥處理外交事務的互動關係初探〉，參自《中華民國史專題第一屆討論會》（1992 年），頁 1。

關係時，有其自主性和一貫性，在相當程度上，是能免於軍閥的干預。這是因爲軍閥知道外國承認北京政府是基於良好的外交關係〔註22〕，同時他們亦有自知之明，對於外交界也是另眼相看，認爲那是對外交涉，有關國體，而且在私人方面，也無權力可爭〔註23〕。而民國初年，當政者均爲舊派人物，而在清末的五、六十年間，外交事務常常成爲絆腳石，甚至成爲許多高官顯貴倒台的原因，故視辦理外交爲畏途。他們害怕受牽連，因而寧願交給「外交專家」，即對外交及對外關係有專長的人去辦理〔註24〕。因此，雖然說袁世凱及其之後的執政軍閥們在權力的掌握上極爲積極，但大部份軍閥深知外交的重要性，而且由於缺乏自信，視與外人打交道爲畏途，因此將涉外事務一率交由外交部處理。與日後受國民黨黨意控制的國民政府相比，北京政府外交部比國民政府外交部擁有更大的外交決策權力。

第二節　外交部的機構與分工

　　1912年2月12日清帝退位，降旨所有官制一律仍舊，改外務大臣爲首領，副大臣爲副首領。是年3月，臨時大總統就職於北京，並改外務部爲外交部，而外交部之名，實自此始。3月24日臨時大總統命令，改首領爲總長，副首領爲次長〔註25〕。4月24日大總統發下各部官制通則及外交部官制。其實此通則及官制均爲草案，未經參議院核准，惟當時參議院尚未成立，各機關亟待組織，暫先以草案爲改制基礎。

　　依據官制通則及外交部官制草案，則前清廷外務部之丞參廳及各司、各股、各差制度，一律廢止〔註26〕。外交部設總長一人，次長一人，參事四人，秘書長一人，秘書六人，司長四人，分別掌管四司，爲外政司、通商司、編譯司及庶務司，另有科長科員若干人。秘書長總理承政廳，爲承接機關。參事掌審擬之事，司長分掌各司之事〔註27〕。7月18日官制通則正式公佈，廢秘書長，改承政廳爲總務司。各司權限有法律規定。科長科員改爲僉事主事。

〔註22〕Leong Sow-theng, *Sino-Soviet Diplomatic Relations,1917-1926* ,Canberra,1976, pp.290~291.

〔註23〕顏惠慶著、姚崧齡譯，《顏惠慶自傳》，頁279。

〔註24〕顧維鈞，《顧維鈞回憶錄》第一分冊，頁398。

〔註25〕吳成章，《外交部沿革記略》乙編，頁58～59。

〔註26〕同上書，頁59～60。

〔註27〕同上書，頁61～62。

設參事二至四人，司長五人，秘書四人，僉事每司不逾八人。各司之分科由總長爲之。〔註28〕

　　10月8日外交部官制正式頒佈，與之前的組織改變之處有下列三點：（一）廢編譯司而新設交際司。（二）編譯司原掌事務分屬各司，接待外賓歸交際司掌管，編譯事項歸總務廳及有關各司掌管。（三）改庶務司爲庶政司。其他組織雖有變動，但大致仍舊〔註29〕。其各司執掌如下：

　　總務廳：1. 掌管機密電本。

　　　　　　2. 收藏條約及國際互換條件。

　　　　　　3. 調查編纂交涉專案。

　　　　　　4. 翻譯文書傳達語言。

　　　　　　5. 公佈文件。

　　　　　　6. 管理本部部內官役工程及一切雜務。

　　交際司：1. 關於國書及國際禮儀事項。

　　　　　　2. 關於接待外賓事項。

　　　　　　3. 關於核准本國官民收受外國勳章及駐在本國之各國外交官領事官僑民等敘勳事項。

　　外政司：1. 關於地土國界交涉事項。

　　　　　　2. 關於禁令裁判獄訟交犯事項。

　　　　　　3. 關於公約及保和會紅十字會事項。

　　　　　　4. 關於外人保護及賞恤事項。

　　　　　　5. 關於本國人出籍外國人入籍事項。

　　通商司：1. 關於開埠設領事通商行船事項。

　　　　　　2. 關於保護在外僑民工商事項。

　　　　　　3. 關於路礦郵電交涉事項。

　　　　　　4. 關於關稅外債交涉事項。

　　　　　　5. 關於延聘外人及其他商務交涉專案事項。

　　庶政司：1. 關於傳教交涉事項。

　　　　　　2. 關於游歷游學事項。

　　　　　　3. 關於各使署領署專使及各種公會經費事項。

〔註28〕吳成章，《外交部沿革記略》乙編，頁73～98。

〔註29〕同上書，頁107～123。

　　4.關於在外之本國人關係民刑法律事項。

　　5.關於各國公會賽會事項。

　　6.其餘不屬他司之交涉事項。

當時尙未正式分科，參事僉事主事員額皆未定，惟主事員額最高不得逾八十人。〔註30〕

　　雖然外交部官制通則分爲四司，而在外交部官制爲頒布之前，各司職掌及其權限未能大定，故尙未明示分科。其庶務、會計、出納三科雖於 7 月設立，但其實因需整理本部一部份之財政，而有不得不設置，此與正式分科不同〔註31〕。其餘各科於 11 月 27 日始劃分成立。各司分科情形如下：

　　總務廳：機要、文書、統計、會計、庶務五科。

　　外政司：國界、詞訟、條約、禁令四科。

　　通商司：商約、保惠、實業、權算、商務五科。

　　交際司：國書、禮儀、接待、勳章四科。

　　庶政司：教務、護照、出納、法律四科。

另外有電報處附設於機要科；收掌處、圖書庫、印刷所、閱報室等附設於文書科；檔案房附設於統計科；繪圖處附設於國界科，監印專官以收掌處值日員兼任，大總統禮官由儀禮科兼任。〔註32〕

　　民國 2 年（1913）12 月 22 日曾修正一次各部官制，但實行時間較短，故並沒有太大的效益〔註33〕。隔年（民國 3 年）7 月 10 日大總統教令第九十七號修正外交官制〔註34〕，這修正令與民國 2 年的修正大概相同，其對於原來組織重要不同之點有下列二端：

　　（一）庶政司的裁撤

　　庶政司的職掌，不甚合理，其所掌的五個事項，可以說沒有任何兩類有共同之點，皆係強湊在一司。新官制將該司裁撤，職務歸併各司。

　　　　　　　　　　　　　　　　　　

〔註30〕〈外交部官制〉，1912 年 10 月 8 日，《政府公報》（洪憲前）第一六二號，民國元年 10 月 9 日，（法律）頁 205～207。

〔註31〕吳成章，《外交部沿革記略》乙編，頁 133。

〔註32〕〈外交部各廳司分科職掌〉，1912 年 11 月 27 日，《政府公報》（洪憲前）第二一三號，民國元年 11 月 30 日，（命令）頁 287～292。

〔註33〕〈修正外交部官制〉，1913 年 12 月 22 日，《政府公報》（洪憲前）第五八九號，民國 2 年 12 月 29 日，（命令）頁 236～238。

〔註34〕〈修正外交部官制〉，1914 年 7 月 10 日，《政府公報》（洪憲前）第七八三號，民國 3 年 7 月 11 日，（命令）頁 172～175。

（二）總務廳權限之擴大

外交部經費之管理，並各項收支之預算決算及會計事項均歸其辦理，各直轄官署之會計事項亦由其稽核，爲該部財務行政之總匯。記錄職員進退的職務亦爲新加於總務廳的工作。官產官物之保管，統計及報告之編制，文件之撰輯保存與收發，庶務之管理，及其他不屬各司之事務皆爲舊官制所未規定者，今悉納之於總務廳，總務廳遂成爲整個部內行政之唯一機關。

改組後的外交部共有政務，通商，交際三司。至於員額方面，參事以上人數仍舊，司長三人，秘書四人，僉事三十六人，主事六十人。〔註35〕

民國10年（1921）初，國務院原以當時官制官規多不適用，乃倡修訂，應先自中央官制始，由各部主管機關查明元年制訂官制辦法提出提出修正草案。當時正當歐戰告終，中國與各國交涉極爲紛繁，條約問題尤亟待整理，如按外交部舊有三司，實不足分配處理工作。故外交部接得國務院函之後，遂展開外交部官制改制的研究，於是有10年5月7日之改制。此次修正外交部官制增加條約司一司，其職掌如次：

（一）關於國際聯合會，盟約保和會，紅十字會事項。

（二）關於訂定及修改各種條約事項。

（三）關於收藏各種條約事項。

（四）關於解釋各種條約意義事項。

（五）關於翻譯各種條約各國法律書籍及交涉專書事項。

（六）關於編纂條約，統計報告及交涉專書事項。

（七）關於調查外交事件事項。

其他部份大致如前。外交部所屬清華學校及俄文學校向無專管機關，只是指定由總務廳負責管理。由於事務之增多，並因添設一司，部中職員不敷分配，故新官制僉事增爲四十人，主事八十人〔註36〕。新官制實行後外交部的分科情形與前亦有不同，除總務廳所屬部份冠以名稱外，其餘各科均稱某司第幾科。當時總務廳設有典職、文書、統計、會計、庶務、出納等六科，收掌、學務、圖書、閱報等四處。政務司設六科，交際司四科，條約司四科，通商

〔註35〕〈修正外交部官制〉，1914年7月10日，《政府公報》（洪憲前）第七八三號，民國3年7月11日，（命令）頁172～175。

〔註36〕〈修正外交部官制草案〉，1921年5月7日，《外交公報》第一期，民國10年7月，（法令）頁5～9。

司六科。〔註 37〕

　　民國 16 年（1927）5 月，為了節省經費，實行裁汰冗員，因而將各科室予以裁併。總務廳文書科即予裁撤，該科所辦事務歸典職科辦理，典職科改稱第一科。收掌室歸秘書處管理，圖書室歸編纂處管理。總務廳電報科改稱電報室歸參事廳管理。總務廳會計科改稱總務廳第二科。總務廳出納科改稱總務廳第三科，總務廳庶務科改稱總務廳第四科；政務司第四科及第五科裁撤。第四科併入第三科，第五科併入第六科。第六科改稱第四科；通商司第四科、第五科裁撤。第四科併入第二科，第五科併入第一科。原有第六科改稱第四科；交際司第二科及第四科裁撤。第二科併入第一科，第四科併入第三科。第三科改稱第二科；條約司第三及第四科裁撤，所辦事務歸編纂處辦理。〔註 38〕

　　6 月張作霖就任大元帥，改北京政府為「軍政府」。7 月 12 日，新公佈各部官制，外交部組織又有重大改變，裁撤交際司，設情報局。其主要變更如下：

　　（一）裁撤交際司設情報局

　　國際交涉日形頻繁，情報事務之重要，不可言喻。而交際司之工作，在中國並無專設一司之必要，故將其裁撤，而另設一情報單位。

　　（二）政務司執掌擴大

　　舊官制關於政務司執掌，規定雖已廣泛，但有數項重要事務，尚未包括在內，故新官制予以增加，如：(1)關於軍事、國界事項；(2)關於交犯事項；(3)關於外本國人關係民刑法律事項；(4)關於國際私法問題事項；(5)關於法權與租借地事項。

　　（三）通商司職權擴大

　　新官制除將舊官制通商執掌歸併數項外，並增加數項：(1)關於墾牧、水利、林業、漁業事項；(2)關於關稅、鹽務、外債及退還賠款事項；(3)關於煙酒、禁物、拒毒、防疫交涉事項；(4)其他關於商務交際事項。

　　（四）情報局執掌

　　除了將原屬條約司之執掌歸併一部份外，並增加兩項，其執掌如下：(1)

〔註 37〕　〈修正本部總務廳及各司分科職掌〉，1921 年 5 月 26 日，《外交公報》第一期，民國 10 年 7 月，（法令）頁 15～36。

〔註 38〕　〈裁併外交部廳司各科以節糜費令〉，1927 年 5 月 5 日，《外交公報》第七十二期，民國 16 年 6 月，（法令）頁 1。

關於調查、研究外交機密事項；(2)關於中外報紙所著社論及有關條約文件之翻譯、摘要事項；(3)關於電報及文件之宣佈事項；(4)關於部長特交事項。

新官制組織既已變更，其職員自當隨之變更。計廳長一人，司長三人，局長一人，秘書八人，僉事自四十人減爲三十六人，主事八十人減爲六人。〔註39〕

外交部的組織變更，以如上述；此外尚有外交附設之數機關，如：俄事委員會、條約研究會、和約研究會。分述如下：

（一）俄事委員會

依民國 9 年（1920）12 月 10 日公布之俄事委員會章程，本會附屬於外交部，設置會長一人，由部長聘任；會員若干人，由部長於本部簡、薦任職員中派充；事務員若干人，由會長商承部長就本部職員中調充。會長商承部長協同會員討論並應付對俄事件。

民國 10 年（1921）6 月 6 日，該項章程又加修正，其要點如下：「本會置會長一人，副會長一人，由部長聘任。會員若干人，由部長就本部簡、薦任職員中派充。事務主任一人，事務員若干人，由會長商請部長就本部職員中派充。」〔註40〕

至於俄事委員會之執掌，依民國 10 年 6 月 24 日所公布有如下各項：

1.關於俄事對外接洽事項。

2.關於會晤俄代表問答及書面交涉事項。

3.與俄代表議訂約章事項。

4.與俄代表商議處置中東鐵路及松、黑兩江航行事項。

5.關於俄人司法事項。

6.收文凡關涉俄事者，應由各該司隨時抄送本會存查，以資接洽。

〔註41〕

（二）條約研究會

民國元年即設有條約研究會，當初由伍朝樞主持〔註42〕。然而因爲財政

〔註39〕〈外交部官制〉，1927 年 7 月 12 日，《外交公報》第七十三期，民國 16 年 7 月，（命令）頁 2～6。

〔註40〕〈修正外交部俄事委員會章程第二條〉，1921 年 6 月 6 日，《外交公報》第二期，民國 10 年 8 月，（法令）頁 1。

〔註41〕〈俄事委員會職掌〉，1921 年 6 月 24 日，《外交公報》第二期，民國 10 年 8 月，（法令）頁 3～4。

〔註42〕《政府公報》（洪憲前）第二二一號，民國元年 12 月 8 日，（命令）頁 75。

短絀，民國 2 年 10 月 23 日而于以裁撤〔註43〕。民國 15 年（1926）11 月 3 日再度組織。依公布之外交部條約研究會章程，其組織如下：

1. 本會設於外交部，專為研究現行條約及籌議改訂新約各事項。
2. 本會置會長一人，由外交總長兼任，或由外交總長聘任。
3. 本會置副會長二人，由外交總長聘任。
4. 本會置會員四至六人，由外交總長就待命公使或富有經驗、學識者聘任。
5. 本會置事務主任一人，事務員二人至四人，均由外交總長指派部員兼充。〔註44〕

（三）和約研究會

民國 9 年 9 月 13 日設立。根據當年 9 月 25 日公布之〈和約研究會會章大綱〉，它的組織宗旨是：「茲為研究討論此次和平條約應辦事宜，及將來應在國際聯合會提議事項，以備本部及各機關採擇施行起見，特在本部設和約研究會。」其它分述如下：

1. 和約研究會專為研究討論之機關，議決之件仍由本部轉相關之各機關採則施行。其關係較大者，由本部提出國務會議議決施行。
2. 和約研究會設會長一人，副會長二人，由外交總長呈請大總統派任之。書記長一人，會員十二人，由外交總長聘任或委派之。書記員五人，由書記長遴選呈請外交總長委派之。書記長因事務之必要得酌用雇員。
3. 會長主持議席分配研究事項；副會長襄助會長，並於會長因事不能到會時，代行會長職權；會員列席會議擔任研究各項問題；書記官除會議參預討論外，秉承會長、副會長主辦一切事務，並有督察書記員、雇員之責；書記員襄助書記長分任撰擬編纂保管收發文件。〔註45〕

除了這些與外交有關的附屬機構之外，外交部還有清華學校和俄文專修館這兩個直接領導的附屬機構，它們對當時中國有著很大的影響，其詳述

〔註43〕《政府公報》（洪憲前）第五三一號，民國 2 年 10 月 26 日，（命令）頁 563。
〔註44〕〈外交部條約研究會章程〉，1926 年 11 月 3 日，《外交公報》第六十六期，民國 15 年 11 月，（法令）頁 2。
〔註45〕〈和約研究會會章大綱〉，1920 年 9 月 25 日，《政府公報》第一六〇號，民國 9 年 9 月 28 日，（命令）頁 689～690。

如下：

（一）清華學校

清華學校是於 1905 年時我國駐美公使梁誠的見機興作，力促美政府歸還超收的庚子賠款，以之用於教育。清華最初稱爲遊美肄業館，1909 年 9 月 28 日開辦。次年方更名爲清華學堂，因學校位於清華園而得名。1912 年改名爲清華學校，校長由外交部派任，受外交部領導。

至於外交部是如何管轄清華？在清華創辦的初年，外交總次長直接管理清華事務，民國 6 年（1917）爲了使經費的使用能有效率，使清華永久生存下去，因而成立「清華學校董事會」，管理基金及學校經費。民國 14 年，清華成立正式大學。一直到民國 18 年國民政府才將清華改隸爲教育部。〔註 46〕

（二）俄文專修館

光緒二十五年（1899）東省鐵路督辦大臣許景澄以奉、吉、黑等省俄人修築鐵路貫徹腹地，隨時動成交涉。爲了培訓俄文人才，因而在北京創設東省鐵路俄文學堂，經費取給俄華銀行之利息。該學堂於清末爲同文館以外專門訓練俄文人才的場所。民國元年後該校校長仍由外交部委派，旋與教育部商定以該學堂作爲高等專門學校，改名爲俄文專修館。此專修館爲外交部培訓俄文人才的專門地方。畢業成績優良者可入外交部研習，研習表現優異者，可列名爲外交部官員候補人選。〔註 47〕

綜觀北京政府外交部（民國 3 年爲例）的組織架構（圖 3-1），其已相當符合了政治的制度現代化中的結構階層化和組織分化與整合的目標。

在一個高度複雜的現代化組織中，高度分工與專業化乃是不可避免的需求。當組織越趨複雜時，這種分工的程度即越明顯。此種分工現象的具體表現，即是組織結構的職能分化（differentiation of functions）。所謂分化，乃是將組織結構系統分割爲若干分支系統的一種狀態，每一分支系皆與外在環境發生特定的關係。通常在組織中，分化表現於二方面：即平行的分化（horizontal differ-entiation）與垂直的分化（vertical differentiation），前者建立了組織的各部門，可以稱之分部化或部門化（departmentation or departmantal-ization）；後者又可稱之層級節制體系或層級化（hierarchy），因爲它建立了組

〔註 46〕蘇雲峰，《從清華學堂到清華大學（1911～1929 年）》（臺北：中央研究院近代史研究所，1996 年）。

〔註 47〕陳體強，《中國外交行政》，頁 81。

織的層級節制和階梯系統。兩者合起來，即成為組織的正式結構。〔註48〕

圖3-1　北京外交部組織架構圖

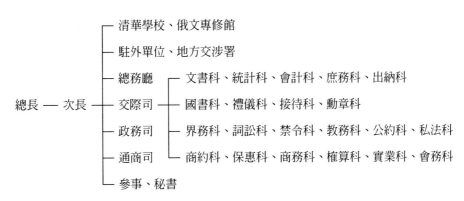

首先從結構上來看，現代化行政組織最基本的方式是層級或金字塔型（py-ramid）的。一個行政機關可能有不同的職權與責任。在其職權範圍內，責任主要是根據層級原則分配的，任務則按照互相配合的分工原則劃分。在原則上，全機關有一人負總責，他把責任分給幾個部屬，每人分擔工作的一部份。這幾位部屬又按目標原則把工作分給他們的部屬。每一分割部份的首長都對其頂頭上司負責，而每一位首長，則監督其直屬官員〔註49〕。就北京外交部而言，總長一名負起整個外交部的責任，他把工作交由其所屬的廳司，再由每個廳司將工作依屬性分給所屬的各科，由各科執行工作的運作。如此的功能架構，相當符合現代化組織結構中的層級化意義。

一個機關，其職權之劃分，是根據什麼原則呢？一般都是根據功能或依照地理區域劃分的〔註50〕。北京政府外交部的職權劃分，乃行之於各司制與各業務機關，其各司制比較偏向於法國制。過去總理衙門時期的分股辦事制是以「地」為劃分主體，功能性不明顯。而北京政府外交部的各司制，則是依功能性質或目的的不同而為其分科的依據。這種根據功能來化分部門，是最普遍的的分部化方式，這種分部化符合專業分工的原則，並且使得工作更亦協調，且事權統一、職責更為明確。而這種垂直與平行的分化都極為明顯的結構下，北京政府外交部的組織可以說是一個首長領導且完整的混和式組

〔註48〕張潤書，《行政學》（臺北：三民書局，1983年），頁160～161。
〔註49〕呂亞力，《政治學》，頁175。
〔註50〕同上書，頁175～176。

織（Line and Staff Type Organization）。此種型態的組織，可使首長免除爲事務性工作操心，而一切計畫性工作皆有專人負責，可收分工之效。而它的管理系統完整，隸屬系統分明，因指揮命令由上而下一如直線式，故任務與責任皆甚爲明確。且各級佐理人員不得直接發佈命令，其建議與指導必須透過首長使得爲之，是以紀律得以維持〔註51〕。現今政府行政部門亦大都採行用此

〔註51〕 行政組織的基本型態，主要分爲下列幾種：
（1）層級式制度（Hierarchical Organization），又稱爲直線式（Line Type Organization）組織，爲費堯（Henri Fayol）所創。其型態是自上而下層層節制，每層級所管理的各種業務性質均與下一層級相同，但每一種業務的管理範圍則隨層次降低而縮小，業務的性質亦隨層次降低而單純。
（2）職能式組織（Functional Type Organization），又名分職式或幕僚式（Staff Organization），爲泰勒（Frederick W. Taylor）所創。此種型態乃依工作性質劃分職能。也就是說在全才的主管人選難以物色的情形下，改將每一項工作，交與對該項工作有專長的人辦理，不過，僅是對該項專門性工作負責，並非對全部工作負責。職能式組織在行政組之內只是輔助性質，殊少獨立存在的價值。諸如行政機關的秘書處、參事處、法制室等。
（3）混合式組織（Line and Staff Type Organization），又名職級綜合式或直線幕僚式組織，此種型態是兼採直線式與職能式的優點組合而成的組織。亦即指揮系統如直線式，逐層節制，系統完整。至於首長所管的例行工作或專業技術性事項，則各按其任務分別由有關之幕僚人員負責，以其爲首長節時分勞，並爲業務單位服務。此種型態是德國軍隊於1860年首先採用，第一次世界大戰後，始爲一般組織所通用。
（4）首長制與委員制組織（Single head and Committee Org-anization），首長至亦稱獨任制或部長制，即指一個行政組織的事權或其它一切行政措施，如果是由一人綜理並單獨負其責任者稱爲首長制。反之，一切行政措施，係由委員會以會議、投票，取決於多數的方式，並由參加委員會之全體委員共同負責任者則稱爲委員制，亦曰合議制。
（5）完整式組織（Integrated Type of Organization）與分離式組織（Uncorrelated Type of Org-anization）凡一個行政機關或其構成的各工作單位，所受於上級的直接指揮與控制權，完全集中於一個行政首長或機關者爲完整式。若同層級的各機關或一個機關所構成的各工作單位，受之於上級的直接指揮與控制權，不完全集中於一個行政首長或機關，而分屬於兩個以上的或雙重的行政行政首長或組織者爲分離式。
（6）集權式與分權式組織（Centralized & Decentralized Type of Org-anization），集權式組織是指一個行政機關的一切事權，均集中於上級機關，下級機關的各種行政措施，皆需秉承上級的指示，或依據上級的法令規章辦理，不得有所踰越。分權式組織是指下級機關在其管轄範圍內的一切行政措施，能夠具有獨立自主的權力，不必凡是聽命於上級，而上級機關對於下級機關權責範圍內的事項，亦不加以干涉。
參見吳挽瀾，《行政學新論》（臺北：幼獅文化事業公司，1981年），頁130～132。

種類型組織系統。

　　一個完整的行政組織中，其中包含了若干任務不同的機構，如領導機構、幕僚機構、業務機關及分支機構〔註52〕。在北京政府外交部當中，則含括了這四種機構，總長及次長就列屬於領導機構，其不僅具有法定的領導地位，亦具有實際的影響力。其功能在於決定外交方針，統籌全局，並指揮監督下級單位和人員，使其各司所職，各盡所能；由於行政機關規模越來越大，業務日趨繁雜，行政首長的時間與能力，確已無法掌握全般的工作，而必須某些人員或單位的輔助。而幕僚機構是對業務機構而稱的，幕僚機構和業務機構的劃分，是以其工作是否直接牽涉該機關的主要任務而定。業務機關是負責主要任務的執行；而幕僚機關，是為該機關提供服務或協助其主管執行任務〔註53〕。在現代化行政組織中，行政首長有若干助理，協助處理種種事務，這些助理稱為幕僚人員（staff mem-bers），以別於在直接指揮線上的業務人員（line personnel）。若干幕僚人員的職掌為協助與顧問主管；他們閱讀與分析公文，承擔個別的研究調查工作、草擬演講稿或履行其它指派的特殊工作。北京政府政府外交部當中，總務廳、通商司、政務司、交際司等，皆屬業務單位，這些單位乃是外交部的工作機關。參事、秘書則為外交部的幕僚單位，他們輔佐外交部工作的便利，如從事翻譯、負責傳送消息至各國駐華公使等；至於分支機構則為各駐外使領館及各地方交涉署等。因此，北京政府外交部是一相當現代且具完整性結構的組織。

第三節　駐外使領館的組織及演變

　　中國本無派遣外交代表常駐異邦的慣例，由於「天朝」觀念的影響，中國在清末前認為這是種羞辱的行為。直到光緒二年，由於馬嘉理事件的發生，才有郭嵩燾開創駐使英國的先例〔註54〕。在經歷了「總理衙門」以及「外務部」的演變下，駐外單位才日趨成熟，不管在使領館的建置，或是出使大臣的職業化，甚至是對於派遣代表的態度方面，都是有別於創始初期的態度，但仍是有著許多不合理的制度存在著。在前一章即有提到陸徵祥上任後，即

〔註52〕吳挽瀾，《行政學新論》，頁139。
〔註53〕張潤書，《行政學》，頁201。
〔註54〕請參閱王曾才，〈中國駐英使館的建立〉，收錄於《清季外交史論集》，頁52～131。

針對這些弊病做出許多改革。包括駐外人員的選拔、使領館經費、以及定期匯報制度等。

　　民國初年的使領館是繼承了前清的使領館設置。清帝宣佈退位時，曾向各國發出照會：「現在本國正在組織臨時共和政府，所有現駐貴國出使大臣，暫改稱臨時外交代表，接續辦事。」〔註55〕直至次年各國陸續承認中華民國，這些臨時外交代表才相繼成為中華民國公使。民國元年11月27日公布的〈中華民國使領各館暫行組織章程〉中，對於當時中國於各地的使領館設官情形有著詳細的描述。當時中國共計設有使館十四個，當中除了葡萄牙使館外，皆設有公使。另外在領事館方面，則設有總領事館十二個，領事館十四個〔註56〕。至於使領館各級官員的名稱上，從上述的〈中華民國使領各館暫行組織章程〉以及民國2年1月6日公布的〈外交官領事官使領館主事官奉暫行章程〉〔註57〕可以推衍出，舊時的二等駐使改稱公使，頭等、二等、三等參贊改稱一等、二等、三等秘書，書記官改稱隨員，書記生改稱主事。

　　民國5年（洪憲元年）3月2日公布〈外交官領事官官制〉，對使領館的組織構成有所規定。當中將使館分為大使館及公使館兩級，其官制為：

　　大使館：設全權大使一人，參事一人，參贊一至三人，隨員兩人。

　　公使館：全權公使一人，參贊一至三人，隨員一至二人。〔註58〕

使館的館務負責人是為大使或公使，指揮辦理所駐國外交事務，並監督所屬的使館館員。民國6年12月15日公布的〈使館人員服務條例〉即規定：「公使對於館員有指揮監督之權，如館員違反職務或行為有虧，應切實規戒；經規戒而不聽者，由公使據實達部，輕則減俸，重責撤回。」〔註59〕而參事及參贊則在大使或公使的指揮下，負責掌理機要文書及調查報告，隨員則掌辦文書及調查報告事項。〔註60〕

〔註55〕《臨時公報》辛亥年12月27日。

〔註56〕〈中華民國使領各館暫行組織章程〉，1912年11月27日，《政府公報》（洪憲前）第二一四號，民國元年12月1日，（命令）頁15～20。

〔註57〕〈外交官領事官使領館主事官俸暫行章程〉，1913年1月6日，《政府公報》（洪憲前）第二四二號，民國2年1月8日，（命令）頁127～128。

〔註58〕〈外交官領事官官制〉，1916年3月2日，《政府公報》第五十七號，民國5年3月3日，（命令）頁92～94；《外交檔案》，03～12/17～(7)。

〔註59〕〈使館人員服務條例〉，1917年12月15日，《政府公報》第七〇五號，民國7年1月8日，（命令）頁95～96；《外交檔案》，03～12/17～(7)。

〔註60〕〈外交官領事官官制〉，1916年3月2日，《政府公報》第五十七號，民國5年3月3日，（命令）頁92～94；《外交檔案》，03～12/17～(7)。

而在領事館方面其官制為：總領事或領事或副領事一人（無總領事或領事則由副領事代理），副領事一人或不設，隨習領事一人或不設。

同樣的，領館的負責人為領事，他負責指揮館員處理館務，並負有監督館員之權。民國 6 年公布〈領館人員服務條理〉中規定：「總領事、領事或副領事對於館員有指揮監督之權，如館員違反條規，應切實規戒；經規戒而不聽者，由該總領事、領事或副領事據實呈部，輕則減俸，重則撤回。」〔註61〕

除這些官員外，使館還設主事一人至三人，領事館設主事一人或兩人，承長官指揮掌檔冊登載、繕寫及庶務。另外各使領館還必須依照規定由外交部分派學習員，學習外交官領事官事務。〔註62〕

然而值得注意的是，主管使館事務的官員，除了上述的大使、公使主掌館務外，尚有臨時代辦一職，在大使或公使未到任或因公事尚未派定時，外交部則會派遣臨時代辦處理使事，直到大使或公使到任。而在領事館方面，除了領事之外，在未設領事之地，則設通商事務員，或派名譽領事負責辦理，並且在總領事或領事未到任前，亦會酌派代理總領事、領事執行職務。在經過清末民初的人事變動後，外交官已極少數不通外語，因而不再把翻譯做為官員的專職公務，除非有所必須才設譯員，並且其只做為雇員，不再定為官職。〔註63〕

除此之外，整個北京政府時期的駐外使領館編制尚有幾項是值得注意的。

第一，北京政府政府時期儘管依然存在著前清那種一名公使兼任其它使館公使的情形，但是所佔的比例越來越少，如瑞典、葡萄牙、秘魯、墨西哥、古巴、丹麥都先後設立常駐公使，而僅剩挪威、巴拿馬一直是兼使。但其兼使的國家兼顧其距離與文化，如挪威為瑞典公使兼任，而巴拿馬則為古巴公使兼任。

第二，雖然組織章程上將使館分為大使館及公使館兩級，但終其北京政府，僅在蘇聯一地設有大使館，但最後大使亦未赴任〔註64〕。而擁有大使銜

〔註61〕〈領館人員服務條理〉，1917 年 12 月 15 日，《政府公報》第七○五號，民國 7 年 1 月 8 日，（命令）頁 95～96；《外交檔案》，03～12/17～(7)。
〔註62〕〈外交官領事官官制〉，1916 年 3 月 2 日，《政府公報》第五十七號，民國 5 年 3 月 3 日，（命令）頁 92～94；《外交檔案》，03～12/17～(7)。
〔註63〕同註 62。
〔註64〕〈裁併使領館說帖印件〉，1926 年，《外交檔案》03～10/11～(4)。

者，也僅僅有民國 10 年駐英公使顧維鈞、駐美公使施肇基，民國 14 年駐德公使黃郛（未就）、駐英公使顏惠慶（未就）。〔註65〕

第三，在官制中所述的參贊一職，事實上並非正式的官銜，這一級的正式官銜是秘書官。然而在北京政府早期，此官銜的名稱並不畫一，直到後半期才逐漸統一稱之為秘書。

至於使館的職掌方面，從許多的外交研究書籍中，可歸納出主要有四點：（一）辦理交涉；（二）觀察與報告；（三）保護僑民；（四）管理館務〔註66〕。除了管理館務一項在前面已有論述外，其餘的將一一的探討之。

對於大使或公使來說，做為中國駐在他國的代表，辦理交涉是他最基本的職責。而這種交涉必須依據本國的指令進行。在前清時代，駐外代表是欽差的身份，其地位與總理衙門或外務部幾乎相等，因此總署或外務部並不能直接的命令其做事。而到了北京政府，其規定大使或公使是「承外交部指揮」〔註67〕，將大使或公使劃歸外交部管轄，這對於事權的統一有著很大的進展。雖然說大使或公使是受外交部的監督，但他所受的待遇卻是跟外交總長同級。顧維鈞先生在《顧維鈞回憶錄》曾提到：「……北京政府中，公使們自前清時起，都自認為是與外交總長平起平坐的。外交總長對公使行文一項都用"咨"字。因為公使代表總統就像總長本人代表總統一樣。當然公使在對外

〔註65〕 民國 10 年 11 月 2 日，駐英公使顧維鈞、駐美公使施肇基均加全權大使銜。《外交公報》第七期，民國 11 年 1 月，（彙載）頁 2；民國 14 年 10 月 7 日，駐英公使顏惠慶加全權大使銜，《外交公報》第五十四期，民國 14 年 12 月，（彙載）頁 1。；民國 14 年 11 月 24 日，駐德公使黃郛加全權大使銜，《外交公報》第五十五期，民國 15 年 1 月，（彙載）頁 2。

〔註66〕 從《奧本海國際法》第 378 條規定：「……常川代表之職掌，尚待精密之研究。其固定之職掌有三，一曰交涉，二曰觀察，三曰保護。此外尚有若干職掌，姑不備錄。」參見臺灣商務《奧本海國際法》（下），頁 463；另外張道行、陳劍橫合編《外交研究》認為外交代表的職責有：觀察與報告、辦理交涉、保護僑民、管理館務等。參見張道行、陳劍橫合編，《外交研究》（臺灣：臺灣商務出版社，1968 年），頁 98；雷崧生《國際法研究》則依照 1961 年維也納外交關係公約第三條第一段的規定，列出使館的職務：(1)在接受國裏代表派遣國。(2)於國際法所許可的範圍以內，在接受國裏保護派遣國與其國民的利益。(3)與接受國的政府磋商。(4)以一切合法的方式，確知接受國裏的情形與發展，而向派遣國政府報告。(5)促進派遣國與接受國間的友好關係；發展他們的經濟、文化與科學等等關係。參見雷崧生，《國際法研究》，頁 47。

〔註67〕 〈外交官領事官官制〉，1916 年 3 月 2 日，《政府公報》第五十七號，民國 5 年 3 月 3 日，（命令）頁 92～94；《外交檔案》，03～12/17～(7)。

交部行文時，稱爲"咨陳"，即按用辭來說，他是受外交總長監督，但一般認爲是同級。……」〔註68〕

　　蒐集情報並向國內報告使使館的另一項館務。清季時期，派遣外交使節的主要目的，觀察及報告即是其中之一項重要的工作。當然到了民國以後亦不例外。陸徵祥在元年改組外交部時，建立了駐外使館定期匯報制度。其匯報的內容主要分成五門：外務門，子目爲所駐國與本國相關之事及所駐國與他國相關之事；政治門，子目爲所駐國關乎憲政隨時變更情形、現時政黨及政策、現實財政情形、政府用人、議院舉動及報館議論，關於司法部之事、新定法律、新頒命令；軍務門，子目爲陸軍和海軍；商務門，子目爲所駐國與本國之商務、所駐國與他國之商務、所駐國國內之商業及農工等業情形；學務門，與游學生監督報告同。此外也有專門的調查報告、交涉報告等〔註69〕。《顧維鈞回憶錄》提到：「……遇有問題，不論是有關戰爭形式的問題還是其它重要的問題，北京政府總要發電給各使館，在一些未設使館的國家，則發電給總領事館，要求就當地輿論和對華態度，以及對北京政府最終將做出的決定可能有何種反應提出報告，而且要在收到國外報告之後，方做最後決定，以便能夠了解外界主要國家的輿論趨勢，這樣對於如果做出某種決定會有什麼反應能有確實把握。」〔註70〕我們可以了解，北京政府對於駐外使館的報告，具有相當程度的重視。

　　中國在遣使之初其最主要的功用，除了觀察外國情形外，就是保護僑民。雖然說保護僑民主要是領館所負責工作，但遇到地方當局所不能勝任，或司法手續所不能解決者，則由駐使以外交的方式辦理。使節或與所駐國議立一般合作辦法保護僑民，或對於特殊事件向所駐國提起交涉。我國僑民因駐外使節之努力而獲得比較安全的保障，或於受害之後能得到充分的補償。在北京政府時期，駐外使節對於僑民的保護，一樣是有所貢獻。民國 3 年，歐戰爆發，外交部曾上請籌撥專款匯寄各公使，核實散發，以蘇僑困〔註71〕。另民國 5 年 12 月間，駐美公使顧維鈞發電：「在墨被難華僑，及宜保護賑濟，

〔註68〕參見顧維鈞，《顧維鈞回憶錄》第一分冊，頁397。
〔註69〕例如：駐丹麥公使顏惠慶，〈調查留德及丹、瑞兩國工人數〉；駐俄代表鄭延禧，〈報告聯軍國使團在俄情形〉等。見陳祜編，《駐外各使館星期報告》（影印版）（臺灣：文海出版社，1985 年），頁 1201～1209；頁 2191～2202。
〔註70〕顧維鈞，《顧維鈞回憶錄》第一分冊，頁 397。
〔註71〕《政府公報》（洪憲前）第八九〇號，民國 3 年 10 月 27 日，（命令）頁 300。

請撥款拯救。」而當時北京政府隨即迅速匯款帑銀折合美金 25000 元，匯交顧維鈞妥爲賑濟。〔註72〕

除了這些工作之外，使館還有許多其它的事情要做。留學生的管理依然是使館的職責；而如果當地沒有設領事館，領事事務亦是由使館兼辦。總之，隨著中國國際參與程度的擴大，使館的工作就日益擴大，其重要性也就日益增加。

而關於領事館的工作方面，領事是外交行政工作中最基層的幹部，他們直接與僑民發生關係，爲一切外交僑務事務的執行者，他們所處理的工作可以說是千頭萬緒、繁瑣，但不失其重要性。根據民國 4 年 1 月 21 日所公布之〈領事官職務條例〉中，我們可以歸納出以下幾點：

（一）發展商業

在條例中第一條即明白規定：「駐外總領事、領事、副領事在所駐國管轄區域內，以發展本國商業、撫綏僑商爲職務。」領事館的工作除了要針對在外僑商人數職業做統計外，還必須每年對本國與所駐國通商進出口貨物做統計造冊，以回報外交部及農商部。另外，關於所駐國的商業、工藝、農產、銀行、交通、公共衛生等各項工作，領事必須按季報告。而外交、農商兩部其有重要變更，如修改稅則、頒佈新律即有關於本國貨物之輸出、該國貨物之輸入等事，領事館都應隨即從速辦理。

（二）保護僑民

在前述條例第一條的規定中，即已明白的將「撫綏僑商」列爲領館負責的工作要項。而在這方面的工作，領事館必須根據本國或所駐國的法律，審核發給本國人在外出入國籍、生死婚娶等各項證明。另外，如有僑民在外身故，其所遺產業，如未留有遺囑或無親屬證明領取，將由領事證明暫爲接收，並詳報外交部轉行核辦。除此之外，如果有僑民發生法律糾紛，領館依然會將予以協助辦理。〔註73〕

隨著中國與外國的接觸愈加頻繁，領事事務也就愈加複雜，當然其所牽涉的層面也就愈加之多。不管是與外交、農商、內政甚至教育部都有相當的關連性。北京政府時期設有僑務局協助辦理僑務，但整個領事館與外交部的

〔註72〕《政府公報》第三四九號，民國 5 年 12 月 24 日，（命令）頁 198。
〔註73〕〈領事官職務條例〉，1915 年 1 月 21 日，《政府公報》（洪憲前）第九七五號，民國 4 年 1 月 25 日，（命令）頁 815～817；《外交檔案》，03～12/17～（7）。

關係仍是最爲密切的。爲了維護外交部與領事館的聯繫，領事職務條例訂定了下列的辦法：（一）駐外各領事各受所駐國之本國公使指揮監督。（二）各領事在所駐地遇有疑難事件，應隨時商承公使辦理，其有事關緊要而離公使所駐地較遠者，得直接請求外交部。外交部所發訓條，仍應隨時詳報公使接洽。（三）本國各部暨駐他國各使館有委託領事辦理或調查之事，應即遵辦。領事致各部公文除奉有特別訓條外，均詳由外交部轉達。惟委託事件，在領事有以爲礙難照辦者，得詳請外交部核示〔註 74〕。從這些規定可以看出，駐外使節對於領館有著指揮和監督的權力，但領事亦可以與外交部直接聯繫，同時也可直接接受其他各部的委託。

除了使領館之外，派駐國際組織的機構亦是一種特殊的駐外代表，1905年清政府派陸徵祥爲出使荷蘭大臣兼保和會專使，是中國最早國際組織常設代表的派遣。民國 9 年（1920）中國加入國際聯合會，每屆國際聯合會大會都派三名全權代表出席，首屆代表爲顧維鈞、唐在復以及伍朝樞（未到任）三人〔註 75〕。民國 11 年，北京政府決定在日內瓦設立國際聯合會全權代表辦事處，因而在 9 月 28 日訂定〈國際聯合會全權代表辦事處章程〉。章程中除了規定設代表三人外，並設一名一等秘書爲辦事處秘書長，負責處理處內一切事務。另外設二等秘書、三等秘書、隨員、主事各二人，分別處理各科事務，其中一半以下人員可由駐外使領館人員兼充〔註 76〕。但由於全權代表多由駐外各公使兼任，平常多在其本任任所，遇有開會期間，才會於辦事處指揮辦理。因此在北京政府時期，秘書長才是此辦事處事實上的負責者。

綜觀北京政府時期，對於駐外交涉機構的組織建構，已脫離以往前清時期派遣欽差大臣的模式，起而取代的是直屬外交部現代化使領館組織。它不僅在建置上更有組織性，並且與外交部的聯繫上更爲密切。而外交部對於駐外機構的重視，亦是前清時期所不能比擬的，甚至往後的國民政府，亦沒北京政府如此的重視〔註 77〕。雖然說，由於國勢的不振，使得在對外交涉方

〔註 74〕同註 73。
〔註 75〕唐啓華，《北京政府與國際聯盟（1919～1928 年）》，頁 22。
〔註 76〕〈國際聯合會全權代表辦事處章程〉，1922 年 9 月 28 日，《外交公報》第十七期，民國 11 年 11 月，（法令）頁 1。
〔註 77〕顧維鈞在其回憶錄中曾提到：「根據我在外國時的經驗，北京政府極願意徵求駐外使館的意見。……隨著國民黨政府在南京成立，一切就都大不一樣了。1928 年以後，南京政府非但不屑於徵求中國外交代表的意見，而且常常在做出決定時除通知那些駐在直接有關國家的外交代表外，對駐其他國家的代表

面，產生諸多的困難，如兼任公使問題依舊存在。但北京政府駐外單位已有相當的現代化雛形，往後國民政府駐外單位，即是延續這雛形而繼續發展的。

第四節　地方對外交涉機構

中國地方的對外交涉，始於洋務運動後各封疆大臣各自辦理外交。這造成中國外交格局的空前混亂。外務部設立後，為了將外交權力收歸中央，宣佈取消地方大吏兼銜總理衙門大臣。但是由於此時清廷已極為軟弱，想要從這些督撫手中收回外交權，似乎是不太可能之事。而到了庚子拳亂，「東南互保」的形成使地方大吏主持外交權，更是達到極點的地步。〔註78〕

民國成立後，為了補救過去的流弊，統一外交事權，一切外交事務收歸中央專辦，北京政府於民國2年1月8日公布了〈畫一現行中央直轄特別行政官廳組織令〉，其中第一條即規定：「各省縣設之外交外務交涉等司使，均改為外交部特派交涉員，其設置地方以通商巨埠為限」〔註79〕，將各地辦理交涉的機關，如交涉員、視察員、特派員等，均為中央外交部之直屬機構，與地方政府相合作而不相統屬。另在3月11日，外交部呈〈擬設各省特派交涉員及分設交涉員〉一文中，更是將地方交涉名稱確立為特派交涉員和交涉員。〔註80〕

根據上述的命令，北京政府外交部於5月21日頒佈了〈外交部特派各省交涉員及各埠交涉員職務通則〉，開始撤銷各省的外交司，建立直屬外交部的地方交涉機構。在這部令中，主要將這交涉員分為兩類，一是設在各省，負責辦理全省外交行政事務的特派交涉員；一是設在各通商巨埠，負責辦理各埠外交行政的交涉員。特派交涉員所在之機關，稱之為外交部某省交涉署；而各埠交涉員所在的機關，則稱之為某省某埠交涉分署。交涉員的地位略低於特派交涉員，就其職務所關事項來看，各埠交涉員除了要呈報外交部外，

甚至連通知都不給。」參見顧維鈞，《顧維鈞回憶錄》第一分冊，頁397。
〔註78〕　參見陳體強，《中國外交行政》，頁89～101。
〔註79〕　〈畫一現行中央直轄特別行政官廳組織令〉，1913年1月8日，《政府公報》（洪憲前）第二四三號，民國2年1月9日，（命令）153～154。
〔註80〕　〈擬設各省特派交涉員及分設交涉員〉，1913年3月11日，《政府公報》（洪憲前）第三〇五號，民國2年3月13日，（公文）489頁。

還兼須報告於該省特派交涉員。並且，關於統一全省外交行政事項，亦須商明特派交涉員辦理〔註81〕。但是，交涉員並不是特派交涉員的下屬，兩者是以平行的「公函」來往的，他們都是直接向外交部負責的〔註82〕。至於交涉員與地方政府的關係，前面已說明過，地方外交機關與地方政府的關係，已改成相合作而不相統屬的關係，因此這兩種交涉員皆受該省各行政長官的監督，並在某些職務範圍內，如遇有與軍事行政或地方行政相關事項必須經由都督或民政長者，得隨時商請該省都督或民政長辦理。〔註83〕

按照通則上規定，交涉署分設四科：第一科掌管總務事項，第二科掌管交際事項，第三科掌管外政事項，第四科掌管通商事項。而交涉分署則設三科，由該署長將上項職掌分配之。每科設科長、科員，科長每署不得逾四人，每分署不得逾三人。科員每署不得超過八人，而每分署不得超過七人。〔註84〕

在經過多次的增設與裁撤後，北京政府在民國13年共在二十個省區設置了交涉署，分別是：直隸（天津）、奉天（瀋陽）、熱河（承德）、吉林（吉林）、察哈爾（張北）、黑龍江（龍江）、山東（歷城）、河南（開封）、江蘇（上海）、安徽（蕪湖）、福建（閩侯）、浙江（杭縣）、湖北（武昌）、湖南（長沙）、陝西（長安）、新疆（迪化）、四川（成都）、廣東（番禺）、廣西（蒼梧）、雲南（昆明）。交涉分署設置二十四處。其分佈如下：營口、安東、遼源、煙台、重慶、汕頭、瓊州兼北海、九江、廈門、長春、哈爾濱、延吉、依蘭、寧波、溫州、宜昌兼沙市、璦琿、呼倫貝爾、江寧、蘇州、鎮江、阿山、依犁、喀什噶爾。〔註85〕

在前面的說明中，我們已知北京政府時期地方交涉機關是置於外交部的直接控制下，而其與地方政府的關係，是相合作而不相統屬。也就是說交涉署實際上是受外長和地方長官的雙重領導。並且在為了節省經費的考量上，

〔註81〕〈外交部特派各省交涉員及各埠交涉員職務通則〉，1913年5月21日，《政府公報》（洪憲前）第三七五號，民國2年5月23日，（命令）頁241～243；《外交檔案》，03~42/3~（3）。

〔註82〕〈外交部特派各省交涉員及各埠交涉員公文書程式〉，1913年5月21日，《政府公報》（洪憲前）第三七五號，民國2年5月23日，（命令）243。

〔註83〕〈外交部特派各省交涉員及各埠交涉員職務通則〉，1913年5月21日，《政府公報》（洪憲前）第三七五號，民國2年5月23日，（命令）頁241～243；《外交檔案》，03~42/3~（3）。

〔註84〕同註83。

〔註85〕陳體強，《中國外交行政》，頁104。

北京政府逐漸的將各埠交涉員，改爲海關監督或道尹兼充。最後唯有廈門一埠，因與台灣一水之隔，台籍人民往來頻繁，交涉事務繁重。外交部認爲若以海關監督兼任，恐怕難以兼顧。因此在民國 10 年 4 月 6 日，准予設立專署廈門交涉員〔註 86〕。而在特派交涉員方面，亦有湘、鄂、陝、桂四省是由當地海關監督或道尹兼充。而由於交涉員的任用，已非外交部所單純任用的，其任用必須考慮到財政部與地方政府的關係，因此許多地方交涉員最後變成地方軍閥對外交涉的工具。川島眞在「近代中外關係史研討會」第四次研討會中即對北京政府時期中央與地方的外交關係提出報告，當中提出民國 10 年的「雞公山避暑房屋案」和民國 12 年的「關東大震災案」這兩個個案的報告，從報告中很明確的看出，當一個外交案件所牽涉的利益，使得中央與地方有所衝突時，交涉署通常會偏袒地方的命令〔註 87〕。由於這樣的狀態，許多的交涉員大多成了地方的附庸，將外交權收回中央控制成了空言。尤其在軍閥混亂時期，各地軍閥更是自辦外交〔註 88〕，與列強勾結，其局面可說是相當混亂。有如王正廷所說的：「民國以來，因軍閥割據，政權破裂。列強往往利用吾國分裂局面，乘瑕抵隙，避免中樞，而直接與各省交涉，以便交涉。各省交涉員偶一不愼，便受其絀。迨及中央補救即已噬臍無及。」〔註 89〕

小　結

　　在 1901 年列強提出改革總理衙門爲外務部時，其最主要的原因就是當時的總署無法完全的行使其辦理外交工作的權力。所以當外務部成立時，列強要求除了要將外務部列於六部之首外，並且要求三名大臣中，必須有位親王或公爵列於其中，以提高它的法定地位。所以當清末外務部改革爲外交部時，

〔註 86〕〈擬設置廈門交涉署呈〉1921 年 4 月 6 日，《外交公報》第一期，民國 10 年 7 月，（法令）頁 2～3。

〔註 87〕參考川島眞於 1996 年 1 月 20 日在中研院「近代中外關係史研討會」第四次研討會中所發表的〈北京政府時期外交中的中央與地方〉。

〔註 88〕有時中央外交考量與地方不同，有有損地方利益時，地方軍閥會擅自成立自己的外交機構，如民國 13 年張作霖任鍾世銘爲東三省外交中央辦事處首長。Appointment of Chung Shih-ming as Chief of the Central Bureau of Foreign Affairs of the Three Eastern Provinces, November 28, 1924, *N. A. 329*, 893.021 Foreign Office in China / 22.

〔註 89〕王正廷《國民政府近三年來外交經過記要》（影印版）（臺北：文海出版社，1985 年），頁 13。

當年的簽約國家，會默認外交部沒依照當初簽約條款而進行改革，最主要的因素，是改革後的外交部更能自主行使外交權力。〔註90〕

　　綜觀整個北京政府外交部其外交權的演變中，我們可以瞭解，由於是軍閥更替政權的關係，雖然說在許多法令上賦予外交部權力，但外交權獲得的與否全在於為政者對於外交權力的掌控程度。袁世凱在位時期，由於袁本身於清時期辦理過外交的關係，本身深知外交對於國家的重要性，因此在他執政後，對於外交權的把持較為直接，但也因為如此，袁對於外交官的尊重，亦是往後執政者所無法比擬的〔註91〕。袁氏之後執政的軍閥，由於比較不喜與外國人打交道，因此他們多為借重外交部的能力來辦理外交，而僅在某一種程度上參與外交決策〔註92〕。因此，北京政府外交部在辦理對外交涉上，有著相當程度的一貫性和自主性。

　　北京政府外交部在民初經過陸徵祥改革後，擁有現代化的組織，當中雖然經過幾次的變革，但是仍然遵循著原本的架構。從它的改革過程中可以見到外交部組織彈性的一面。當它經費不足時，可以縮減工作單位；而工作量增加時，它又可以隨之而擴充部門；並且可以因應時代需求，增進新的工作部門。在駐外使領館方面，經過民初改革後，使領館制度更為明確，它脫離以往前清時期派遣欽差大臣的模式，起而取代的是直屬外交部現代化使領館組織，使得與外交部的聯繫上更為密切。雖然說，由於國勢的不振，使得在對外交涉方面，產生諸多的困難，如兼任公使及欠薪問題的存在。但北京外交部駐外單位已有一個雛形出現，日後南京國民政府駐外單位，即是延續這雛形而加以擴大。

　　至於地方交涉單位，由於過去地方外交權了的濫用，地方外交權的回歸中央，變成北京政府外交部改革時的一項重大工作。在袁世凱執政時，為達成外交一元化的原則，於各省及重大商埠設立各省交涉署或交涉分署，隸屬外交部指揮。然而由於經費的短缺，許多的交涉署改為由關監督或道尹兼充。由於如此，造成外交部並非交涉署的唯一上級，而使得地方與交涉署的關係日趨密切，交涉署因而日後各省省長、督軍自由發揮各自的外交權力的工具，

〔註90〕His Excellency Hu Wei-te, Acting Minister for Foreign Affairs to Minister Calhoun, December 21, 1911, *N. A. 329*, 893.021 Foreign Office in China / 1.

〔註91〕顧維鈞《顧維鈞回憶錄》第一分冊，頁107～110；顏惠慶著，姚崧齡譯，《顏惠慶自傳》，頁75～77。

〔註92〕王立誠，《中國近代外交制度史》，頁297。

中國的外交權而再爲分裂了。

　　總括來說，北京政府外交部的組織型態乃是呈現一個分工且高度專業化型態，其行政組織是根據明文規定的法令規章而組成，法令規章不變更，行政組織則固定不變。而機關的事權由總長一人單獨負責處理，而機關的業務則交由若干依照功能不同且不相統屬或平行的各廳司去處理，且外交部直接指揮的控制權，完全集中於一個上級組織。這樣的行政組織，呈現一副井然有序的完整權責體系，每個層級節制及職位的高低，都做有系統的劃分，任何層級內的每個職位，都有其明文規定的權利與義務。機關內的每一個成員都僅有一位上司，而且接受一位上司的命令，接受上司的指揮。至於工作人員的任用，則完全根據職務上的需求，公開考選，合格者方可任用，而使每一在位的人員都能適才適所。這樣的組織特性，具相當「官僚性」〔註93〕，而與韋伯（Max Weber, 1864～1920）的理想型組織形式——官僚組織體系（Bureaucration Model）〔註94〕相當吻合。由此可知，北京政府外交部在組織架構上，是一現代化的組織型態。〔註95〕

〔註93〕這裡所謂的「官僚」（Bureaucracy）是不帶任何褒貶的意謂，而是一種組織型態，爲了避免發生以辭害義的缺點，有人不同「官僚」一詞，而用「機關組織體系」或「科層體系」之名。張潤書，《行政學》，頁38～39。

〔註94〕韋伯心目中理想型之機關具有下列特性：(1)組織裡面的人員有固定和正式的職掌，依法行使職權；(2)機關的組織型態，係一層級節制的組織體系，在這個體系內，按照地位的高低，規定人員間命令與服從關係，除最高的領導者外，機關內的每一名人員僅有一位上司，而且須嚴格服從上司的命令，接受上司的指揮，除服從上司的命令外，不能接受任何人的命令；(3)人員的工作行爲和人員之間的工作關係，須遵循法規的規定，不得參與個人喜憎、愛惡的情感；(4)專業化的分工和技術訓練。爲了達到機關的目標所需座的各項職務，按照人員的專長作合理的分配，並且每位人員的工作範圍及其權責也須以法規明文規定；(5)永業化的傾向人員的選用，必須完全根據職務上的需求，公開考選，合格者方可任用，務求每一直位的人員均能適才適所；(6)薪資的給付，依人員的地位和年資，確立升遷和俸級制度。張潤書，《行政學》，頁40～41。

〔註95〕根據韋柏，官僚結構乃是最進步的組織型式，用來分析一切現代化的組織的。雖然說這一學派的行政組織理論各有其優缺點，時至近日，仍爲多數政府機構、軍隊、教會和政黨組織所採行。參見吳挽瀾，《行政學新論》，頁112；呂亞力，《政治學》，頁174。

第四章　北京政府外交部的人事

　　一個國家的外交任務最好交由一個曾受專業訓練的專家去執行，非職業外交官往往難以勝任愉快。一般而言，非職業外交官由於缺乏外交工作所必要的經驗，而且由於他們的任期短暫，虛榮心強，往往會急圖近功，以致欲速不達。非職業外交家往往沒有具備從事外交職業養成的判斷能力，因而容易流於靠熱心、衝動去處理外交工作的形式。他可能由於對外交習尙、外交形式的欠缺認識，而做出令人覺得冒犯的舉動。而在送交政府的報告中，他可能企圖表現他的聰明才智，而不是根據事實作謹愼分析，導致報導中有失客觀持平的態度。

　　職業外交官，由於他們職業的需求，往往他們能克服國籍或語言的差異，而能與他國外交官融爲一體。終身在外交界工作的人往往與同年齡的許多外國職業外交官熟識，並且由於長期接觸外交工作，對於外交禮儀、外交習尙多能知悉。這種經驗及友誼，常常會使他們在辦理外交工作時，能夠較爲順利。並且由於他們的專業，對於外交事件的報告，能夠較爲專業、冷靜的評析。而不致使外交工作受到延宕。〔註1〕

　　前清時期，由於對於外交工作的不熟悉，因而在處理外交工作上，都是臨時託以欽差大臣辦理。由於欽差大臣並非以外交見長，造成許多對外交涉上錯誤判斷，而使得國家利益受損。而這樣的外交官派署方式，一直要到外務部時期，才略有改善〔註2〕。但是要達到完全由職業外交家署理外交事務的

〔註1〕參見李其泰編著《外交學》（臺北：正中書局，1962 年），頁 100～101；張道行、陳劍橫合編《外交研究》，頁 63～64。

〔註2〕外務部在 1909 年以前，外務部的官員，大都是由別部推薦改授，沒有或者很

階段，仍是有一段差距。民國元年，新政府成立，許多的人事組織都朝向現代化而改革。外交部亦不例外，在首任總長陸徵祥的領導下，外交部亦朝著現代化外交前進。然而組織架構的變化是容易的，但人事上則需仍要舊部屬的經驗，予以傳承。在這種傳承與革新的衝擊下，北京政府外交部如何朝向職業外交家治理外交前進？而在完成職業外交家治理後，又是如何的發展？而這發展對於外交又有影響？這都是本章所欲以探討的重點。

　　本章將分成四節，首節將對整個北京政府外交部的人事任用制度作一整理，試圖對整個外交官任用職業外交家的脈絡釐清。第二節將對部內人員人事背景作一分析，以期能從部內高層人員的背景之中，找到許多任用人事的脈絡。第三節則透過駐外使節背景的分析，試著找出其出身背景與其駐使所在地的關係。第四節將對外交部的經費與其官員薪俸問題來說明外交部在辦理外交所面臨的問題及其侷限。

第一節　外交人事制度

　　外交人事行政問題本是整個人事行政問題的一部份，不過外交人員，因其工作的性質特殊，有些地方不能和一般政府人員相同，因此必須獨立訂出新的制度。嚴格的說，外交部所屬的人員，主要有三類：外交官、領事官以及外交部官員。近代歐美國家，一開始大都採用嚴格區分制度，但漸漸的發覺分工太細，會造成彼此間協調的困難，以及升遷管道的過於狹隘，因此就將此三類混合爲一種形式。其中以英國最爲典型，在 1918 年以前，外交部官員及駐外人員是爲兩種不同人事系統，候選人在參加考試時只能選擇其一。1918 年 7 月，此兩部份人員才納入一個制度，稱爲外務制度（the Foreign Service）。而在 1943 年以前，其駐外人員還分爲外交官（the Diplomatic Service）、領事官（the Consular Service）及外交商務官（the Diplomatic Commercial Service）三方面，各有其人員的補充來源、提名、考試及錄用方法。一般而言，是三種不同的制度。直到1943 年改組以後，才將這種區別廢

少從事外交方面工作，1909 年以後，這種情形逐漸改善。除了外務部大臣梁敦彥是由外務部系統出身的以外，其它官員也盡量由外務部系統提拔。在駐外使節方面，改變以往總署時代一概由大臣保舉的任命，許多外交部參丞、留學生亦都加入駐使的行列。參見高超群，〈外務部的設立及清末外交制度的改革〉。

止。由於此制度的廢除，不僅可以工作方面更能互爲協調，而且使領升遷的管道亦能獲得改善。〔註3〕

　　我國在進入民國時期後，外交部所屬的人員，也分成這三類，但並非很嚴格的區分。其中，外交部官員除了部內官員外，還包含地方交涉員。外交部官員和其它部會官員一樣，都被列爲文官。民國元年所列之〈文官保障法草案〉第一條即規定：「本法除特任官、公使、秘書及其它法律有特別規定者外，凡文官皆適用之。」〔註4〕也就是說，除了特任官員及公使外，其餘簡任及以下官員皆爲「文官」。至於外交官和領事官方面，根據民國5年的〈外交官領事官官制〉，外交官包含有全權大使、全權公使、大使館參事、大使館參贊、公使館參贊、大使館隨員和公使館隨員，換句話說，只要是使館主事以上的官員，皆爲外交官；領事官是指總領事、領事、副領事、隨習領事和通商事務員，跟使館一樣，只要是主事以上的官員，即爲領事官。〔註5〕

　　雖然說北京政府將外交部所屬官員分爲三類，但由於傳統科舉體制結束未久，具有外交能力資格的人並不多，所以三類官員的劃分，無法太過於嚴格。不管外交部官員、外交官或領事官三者，都是相互支應的，外交部官員可能會被派往國外，而駐外代表亦有可能會回到部內辦事。雖然說外交官領事官有其獨立的考試制度，但通過考試的人員，亦有許多人留在部內實習〔註6〕。因此，就整個北京政府的外交官員來說，其劃分並非絕對上的分裂，實有混而爲一的感覺。

　　外交部所屬的官員，在其官秩等級上，跟前清九品制已不同，取而代之的是和任用程序相關聯的等級制度。按照任用程序的不同，北京政府外交部所屬人員分爲特任、簡任、薦任和委任四種。根據〈外交官領事官官等表〉所示，官員等級自特任以下，分成九等：簡任爲第一及第二等，薦任爲三至

〔註3〕　參見李其泰編著《外交學》，頁113～117；張道行、陳劍橫合編《外交研究》，頁67～71。

〔註4〕　〈文官保障法草案〉，1913年1月9日，《政府公報》（洪憲前）第二四三號，民國2年1月9日，（命令）頁174～175。

〔註5〕　〈外交官領事官官制〉，1916年3月2日，《政府公報》第五十七號，民國5年3月3日，（命令）頁92～94。

〔註6〕　民國5年5月27日所發表的「外交官領事官考試」及格名單中，照章應由部份派駐外使領各館學習，但因使費支絀，難以分派，因此先留部學習。參見《政府公報》第二三一期，民國5年8月25日，（各部院令）頁621。此後外交部官員也漸漸以此爲其官員來源。參見〈外交部人員任用章程〉，1926年7月16日，《外交公報》第六十一期，民國15年7月，（法令）頁1～3。

五等，委任分爲六至九等。每等還分若干級。〔註7〕

　　特任即是由大總統特令行其任命狀。外交部所屬的官員中，僅外交總長
及全權大使爲特任官〔註8〕；簡任是由各部總長商請國務總理呈請大總統簡
用。在外交部有次長（民國4年以後則又增加參事、司長、廳長）〔註9〕，使
館參事、公使，特派交涉員及交涉員（重要商埠）〔註10〕；薦任則是由各部
總長薦請國務院總理呈請大總統任用。外交部官員裡面有秘書、僉事（民國4
年前還有參事、司長），地方有交涉員（次要商埠），在使館有一、二、三等
秘書及隨員，領館有總領事、領事、副領事、隨習領事及通商事務員〔註11〕；
委任即由各部總長以部令委任。外交部及使領館主事皆爲委任官。

　　將外交官的任用朝向職業外交化前進，是清末外務部以來，就一直在努
力的方向。北京政府外交部爲了確實職業外交人才的使用，因此建立了專門
的考試和資格審查制度。民國元年11月27日，北京政府公布了〈外交官領事
官任用暫時章程〉，首次將駐外使領館官員的任用標準作了規定。在駐外使節
的任用資格上，須具備以下四個條件之一：（一）曾任外交總長或現任外交次
長者。（二）曾任或現任外交部最高薦任官者。（三）曾任或現任公使者。（四）
現任駐外代表或參贊、領事之曾以使才記名者。至於其它使領館館員，亦須
符合四個條件之一：（一）現任外交部薦任官。（二）現任外交部有薦任資格
之委任官。（三）現任各館實缺、署缺人員。（四）內外保送於外交上有特別
經驗、先行調部人員。另外，爲了使駐外官員的交涉能夠順利，除了應有上
述資格之外，還必須具備三項條件：（一）兼通一國以上外國語言。（二）身
強體壯。（三）外貌整潔。〔註12〕

　　由以上的規定來看，這不僅可將清末使領館中那些不適任的館員淘汰
外，更可以將駐外官員的資格限制在外交部和使領館官員之內。換言之，除

〔註7〕 〈外交官領事官官等表〉，1916年3月2日，《政府公報》第五十七期，民國
　　　　5年3月3日，（命令）頁95～96。
〔註8〕 〈文官任職令〉，1914年12月15日，《政府公報》（洪憲前）第九四〇期，民
　　　　國3年12月16日，（命令）頁152～166。
〔註9〕 同註8。
〔註10〕 《政府公報》（洪憲前）第一〇五六號，民國4年4月17日，（飭）頁641。
〔註11〕 〈文官任職令〉，1914年12月15日，《政府公報》（洪憲前）第九四〇期，民
　　　　國3年12月16日，（命令）頁152～166。
〔註12〕 〈外交官領事官任用暫時章程〉，1912年11月27日，《政府公報》（洪憲前）
　　　　第二一四期，民國元年12月1日，（命令）頁15～16。

了使領官員間的互調外，只有在外交部服務過的人才可能出任使領館官職，其餘皆無法涉入其中。

除此之外，為了促使外交官和領事官的任用能夠符合職業外交官的原則，北京政府訂定了嚴格的審核制度，民國4年9月30日公布了〈外交官領事官資格審查規則〉，當中第一條及規定：「外交官、領事官之任用，除特任、簡任及經過考試合格任用者外，須經資格審查委員會審查之程序行之。」資格審查委員會設委員長一人，由大總統特派外交總長或外交部次長兼任委員長，另下設委員四人，由外交總長就有外交學識及經驗人員中遴選，呈請大總統派充〔註13〕。其審查的對象有三：（一）外交部薦任職及委任職官員。（二）本規則實施前之外交官、領事官。（三）本規則實施前之使領館主事滿三年以上者〔註14〕。另外依據〈外交官領事官資格審查規則施行細則〉上規定，接受審查人員，由委員會於審查其以前，調查駐詳細履歷，並由該長官將其辦事成績、駐外資歷及通曉何國語言，詳細查明。委員會據以認為合格的條件有三種：（一）通外國語言一國以上。（二）辦事有成績者。（三）在職積有年資〔註15〕。只要經委員會審查合格，即由委員長呈報大總統政事堂銓敘局註冊。經過註冊之後，均得任用為外交官、領事官或外交部之薦任以上職。〔註16〕

此審查規則在民國15年提出修正。委員會委員由四人變為五人，另外對象也改為：（一）外交部官員。（二）現任使領館館員但主事須任職滿三年者。（三）大總統特交或國務總理、各部部長、各省區行政長官特保人員，但須在京外各機關辦理外交事務著有成績者〔註17〕。另外對於受審查人應交的履歷表格示亦有規定，內容有姓名、年歲、籍貫、出身（自何年入何學校，修何學科，何年畢業，如係科舉出身，註明科分）、經歷官職（按照經歷、年月、次第開寫，並註明到卸任年月）、曾否出洋在何國何地居住若干時、通曉何國語言（以通外國語一國以上，能繙譯文牘、談論公事者為限）、曾辦何種外交

〔註13〕〈外交官領事官資格審查規則〉，1915年9月30日，《政府公報》（洪憲前）第一二二一號，民國4年10月1日，（命令）頁40〜41。

〔註14〕同註13。

〔註15〕〈外交官領事官資格審查規則施行細則〉1916年2月25日，《政府公報》第五十三期，民國5年2月28日，（飭）頁1101〜1102。

〔註16〕〈外交官領事官資格審查規則〉，1915年9月30日，《政府公報》（洪憲前）第一二二一號，民國4年10月1日，（命令）頁40〜41。

〔註17〕〈修正外交官領事官資格審查規則〉，1926年10月26日，《外交公報》第六十五期，民國15年11月，（法令）頁1〜2。

事務（就辦各種外交事務分別填寫）等。〔註18〕

除了任用人事上的嚴格規定，外交部也積極的在培養外交人才。而培訓人才的主要來源，除了由俄文專修館一途外，最主要的來源就是考試選拔了。民國 5 年公布的〈文官高等考試令施行細則〉中即有規定，文官高等考試及格各員，由政事堂就其考試成績及所習學科，分發到在京各官署學習。而學習後成績優良者，經甄別試後做為候補，由政事堂銓敘局註冊備案，歸各該長官以相當職缺按照薦任職任用。當中政治專科、經濟專科及法律專科部份將會外交部學習〔註19〕。而外交部官員也部份由學習成績優秀成員中任用。至於外交官及領事官人才的選拔，也和外交部官員考試一樣，為了提高外交官、領事官的素質，因此訂有外交官領事官考試規則。

根據民國 4 年〈外交官領事官考試令〉來看，外交官領事官考試被做為文官高等考試的一個特類。考試是和文官高等考試同時舉行〔註20〕，而地點則在中央政府的所在地〔註21〕。並且其典試適用文官高等考試典試令之規定，典試官以文官高等考試之典試官兼充，而襄校官由外交部遴選適當人員交由大總統派充。〔註22〕

和文官高等考試一樣，應試人必須於考試月份一月以前取得同鄉薦任以上京官兩人具保，才能夠報名〔註23〕。而其應試資格為：（一）國內外公私立大學或高等專門學校（國外學校及本國私立學校必須經教育部認可）修習政治、經濟、法律或各國語言文字，得有畢業文憑或證明書者。（二）修習政治、經濟、法律之學與第一項各學校畢業有同等學力，而有薦任以上相當資格或曾經考試得有出身者。而應試者必須先參加外交部甄錄試驗。〔註24〕

〔註18〕 〈修正外交官領事官資格審查規則施行細則〉，1926 年 12 月 24 日，《外交公報》第六十六期，民國 15 年 12 月，（法令）頁 3～5。

〔註19〕 〈文官高等考試令施行細則〉，1916 年 1 月 27 日，《政府公報》第二十三號，民國 5 年 1 月 28 日，（命令）頁 1123～1126。

〔註20〕 〈外交官領事官考試令實行細則〉，1916 年 1 月 27 日，《政府公報》第二十三號，民國 5 年 1 月 28 日，（命令）頁 1126～1127。

〔註21〕 〈文官高等考試法案〉，1915 年 9 月 30 日，《外交檔案》，03～12/18～（1）。

〔註22〕 〈外交官領事官考試令〉，1915 年 9 月 30 日，《政府公報》（洪憲前）第一二二一號，民國 4 年 10 月 1 日，（命令）頁 25～27。

〔註23〕 〈文官高等考試令施行細則〉，1916 年 1 月 27 日，《政府公報》（洪憲前）第二十三號，民國 5 年 1 月 28 日，（命令）頁 1123。

〔註24〕 〈外交官領事官考試令〉，1915 年 9 月 30 日，《政府公報》（洪憲前）第一二二一號，民國 4 年 10 月 1 日，（命令）頁 25～27。

參加外交官領事官考試之應甄錄人，必須將其自願書、履歷書附以所著論文，且用英、法、俄、德、日本等一國以上文字之譯文，送達外交部。並將其畢業文憑或證明書隨同送驗。經外交部甄錄委員會閱定後，認為可受試驗者，才行定期面試。面試的科目有二，一是作文（用中文以及前附交譯文所用之外國語），二為外國語口試（考其所附之譯文所使用之語言）〔註25〕。甄錄合格後，才由外交總長咨送考試。〔註26〕

外交官領事官考試分為四場：第一試的科目為國文和外國語（英、法、俄、德、日本等一國以上之文字）。第二試的科目為憲法、國際公法、國際私法和外交法。第三試科目為行政法規、刑法、民法、商法、刑事訴訟法、民事訴訟法、政治學、經濟學、財政學和商業史（以上十科自選四科）。第四試科目為約章成案、外交事件及草擬文牘（前兩款先筆試後口試，第三款用國文及第一試曾經考試之外國文試之）。應試人如果通英、法、俄、德、日本等一國以上文字之外兼通其它外國文者，於第一試和第四試中一併試驗〔註27〕。每場無論所試學科若干，合四場總分以平均計算，平均滿六十分者為及格，六十分以上為中等，七十分以上為優等，八十分以上為最優等。但並非及格者即為錄取，如果及格者超過錄取額數，則由典試官按照定額擇優錄取。如不及定額，僅以及格者錄取〔註28〕。民國8年又曾頒佈〈外交官領事官考試法〉，然而當中的規則與民國4年之規則大致相同，僅在考試科目上略作修改。〔註29〕

外交官領試官考試及格者，跟文官高等考試及格者須留部學習一樣，必須由外交部分派駐外使領各館學習，期間以兩年為限，學習期滿由使領館長官出具考語，咨報外交部，成績優良者，做為候補，由外交部咨行政事堂銓敘局註冊備案，歸外交部準用薦任文職任用職缺〔註30〕。但事實上，由於經

〔註25〕〈外交官領事官資格審查規則〉，1915年9月30日，《政府公報》（洪憲前）第一二二一號，民國4年10月1日，（命令）頁40～41。

〔註26〕〈外交官領事官考試令〉，1915年9月30日，《政府公報》（洪憲前）第一二二一號，民國4年10月1日，（命令）頁25～27。

〔註27〕同註26。

〔註28〕〈外交官領事官考試令施行細則〉，1916年1月27日，《政府公報》第二十三號，民國5年1月28日，（命令）頁1126～1127。

〔註29〕民國8年的考試制度與民國4年的差別，在於第三試的科目增加「殖民政策」一科，第四試科目增加「外國語」一科。〈外交官領事官考試法〉，1919年8月27日，《政府公報》第一二七九號，民國8年8月28日，（法律）頁302～304。

〔註30〕〈外交官領事官考試令〉，1915年9月30日，《政府公報》（洪憲前）第一二

費短絀之因，並非所有及格人員都於駐外使領館學習，有部份人員留於外交部內學習〔註31〕。也因此這些人的任用不僅僅在使領館，外交部也以此爲其部內職員的主要來源。〔註32〕

川島眞在〈中華民國北京政府の外交官試驗〉一文中，從幾個方向對照中日雙方外交官考試，指出北京政府的「外交官領事官考試」與日本「外交官試驗」極爲類似。並且認爲會有這樣的情形，與民國4年外交次長曹汝霖的留日出身佔有極大的關係〔註33〕。而根據筆者在中研院近史所笈藏的《外交檔案》中發現，在民國四年〔註34〕北京政府外交部曾派遣僉事王鴻年赴日調查日本外務部制度，在王之報告書中，對於日本外務部外交官領事官任用方式有詳盡報告，並認爲當中的許多方式是足爲中國所參考的〔註35〕。雖然我們沒有直接的證據來認定北京政府的外交官領事官制度是否是仿日本外務省外交官試驗而來，但可以相信是北京政府外交官的考試是受到日本外務省制度的影響。

至於駐外使領各館的任職期限，北京政府外交部自民國以來，就延續前清三年任滿的舊制。但有些路途迢遠，氣候欠佳的使領館，如巴西、墨西哥、古巴、北婆羅洲、南非、巴拿馬、薩摩島等處，礙於不適於久住，因此在新規定未出前，先將其任職期限，暫訂以兩年爲滿〔註36〕。在任職期滿後，可以基於現實考慮續任本職或調任他國，不然就得回國等候任用。

而在外交官領事官的待命方面，根據民國15年7月16日公布的〈外交

二一號，民國4年10月1日，（命令）頁25～27。

〔註31〕 民國5年第一次外交官領事官考試及格生，照章應由部份派駐外使領各館學習。但當時由於使費支絀，暫難分派，因此先留部學習。《政府公報》第二三一號，民國5年8月25日，（各部院令）頁621。

〔註32〕 〈外交部人員任用章程〉，1926年7月16日，《外交公報》第六十一期，民國15年7月，（法令）頁1～3。

〔註33〕 川島眞，〈中華民國北京政府の外交官試驗〉，《中國──社會與文化》第十一號（東京：東京大學文學部，1996），頁280～286。

〔註34〕 此報告書並無標示王鴻年於何時期赴日，但根據報告書頁一所載：「……鴻年此次赴東調查日本外務省制度。抵東之後，當即晤其大偎兼外務大臣及松井次官聲明來意，……」筆者對照陳鵬仁所編《近代日本軍政外交人員職員錄》，大偎重信兼任外務大臣時期爲1915年8月10日至10月12日，因此推斷王氏赴日考察時間爲民國四年。參考陳鵬仁，《近代日本軍政外交人員職員錄》（臺北：國史館，1994年），頁367。

〔註35〕 〈調查日本外務省制度報告〉，《外交檔案》，03～13/44～（2）。

〔註36〕 《政府公報》第一七○四號，民國9年11月13日。（命令）頁7。

官領事官待命章程〉，第一條規定：「依照外交官領事官官制第十七條之規定，外交官領事官卸任回國者，得留原官為待命。」不過有四種人不得待命：（一）任職不滿三年者。（二）因事開缺者。（三）自請辭職者。（四）經他機關任用者。而待命外交官領事官又分成兩種，留部待命者跟不留部待命者。留部辦事者，支原官等級的半俸至全俸；不留部辦事者則不支俸。然而待命人員的名額是有限制的，根據章程所示，大使、公使人數不得逾六人；其餘參事、隨習領事及候補使領館主事總數不得逾七十人。待命年限為兩年，如經部務會議議決有留部必要時，可繼續待命一至二年，但不得逾兩年或二次繼續〔註37〕。民國16年將留部辦事人員定名為回部辦事人員〔註38〕。而留部公使人數定以五人為限。〔註39〕

　　至於地方交涉員的任用，在前面提過過，是由外交部任用外交部會人員，至地方組織地方外交署而成。然而由於經費上的短缺，於民國2年後交涉員即逐漸由地方海關監督和道尹兼任。然而由於交涉為對外機關，事務較繁關係較重，非歷練多年兼習外國語文且深諳外國情形者，所能勝任的。為了能使兼任者的能力符合交涉員的需求，並且不使其原職的工作受到影響，因此外交部在民國6年提出「任命交涉員之道尹關監督應先由各主管部考核提出國務會議說帖」，規定不管是外交部或財政部、內務部提出的優秀人才記存，都必須由他部總長復加審核，實係堪勝任者，再行提出國務會議討論〔註40〕。雖然說如此的任用方式，兼任交涉員較能符合，然而從「美國國務院有關中國內政檔案」〔註41〕或金問泗《外交工作的回憶》〔註42〕中看出，

〔註37〕〈外交官領事官待命章程〉，1926年7月16日，《外交公報》第六十一期，民國15年7月，（法令）頁3～6。

〔註38〕〈外交部人員任用暫行章程〉，1927年2月15日，《外交公報》第六十八期，民國16年2月，（法令）頁1～3。

〔註39〕〈釐定待命公使員數及支俸數目請鑒核施行呈〉，1927年1月17日，《外交公報》第六十七期，民國16年1月，（法令）頁1～2。

〔註40〕〈任命兼交涉員之道尹關監督應先由各主管部考核提出國務院會議說帖〉，1917年1月16日，《外交年鑑》民國9年份，頁17～18。

〔註41〕民國13年，張紹曾辭去瀋陽交涉員一職，由鍾世銘接任，雖然鍾氏並沒有提及他是由誰任命，但美國領事認為與張作霖有關，並且由此認為北京政府外交部任命交涉員是須依地方督軍而為之。Now Special Commissioner of Foreign Affairs at Mukdun, March 14, 1924, *N. A. 329*, 893.021 Foreign Office in China / 19.

〔註42〕民國14年，段祺瑞執政接受奉方的要求，以楊宇霆為江蘇督軍。楊欲改派上海交涉員，吳晉保薦金問泗擔任，並薦以趙泉為江寧交涉員。金與趙同往南

實際上交涉員的任用之權，還是深受地方軍閥的影響。

外交部所屬官員的升遷，跟一般官員一樣，都離不開考績制度。然而北京政府外交部並沒有任何明確的考核辦法規則出現，官員的考績全憑上層長官意見〔註43〕。直至民國 16 年，鑑於外交部經費支絀，但冗員卻過多，不得不實行考績制度，因此有「臨時考績委員會」的出現。此考績委員會以次長爲會長，並從司長、參事中挑選數人爲會員，針對外交部人員分別進行嚴格考核。其考核標準分爲兩項：（一）治事成績，治事成績是指在部經辦事務卻有成績，由其主管官詳舉事實，或出具文卷證明；（二）出身經歷，出身經歷只在相當學校畢業，得有文憑者，及在其它官署服務，能證明確有資勞者。所有文件由典職科取各員履歷，開單一併送交委員會審查考核。及格者區分爲兩等，甲等視其資勞，或升擢、或爲加薪、或存記儘先升補，乙等則照常供職；不及格者亦分兩等，甲等降職減薪，乙等開去差缺。希望透過此委員會的審核，能夠使勤政的官員受到重視，而將倖進之徒，驅於部會之外〔註44〕。雖然有此措施，但由於沒多久，北伐即已成功，因此此委員會的考核，並沒有顯著成果。至於在外交官及領事官的考績方面，則一直沒有一向明確的考績制度出現，駐外官員們的考績，多是由各使領館負責人根據自我喜好而加以評定。

而對於官員們的升遷或與駐外官員的更替問題，由於並沒有任何的相關法規出現，因此在這方面，全賴上層長官的需求或喜好而定。但可以確定的是，外交官員的遴選是將其限定在外交部官員以及使領館官員之內。民國 9 年 9 月更是針對此提出了部令：「駐外使領館員定額有限而職務重要，自非經驗有素無以贊助一切因應咸宜。嗣後任用使領館人員，應就本部及使領館人員酌量遴選調用，以昭慎重。」〔註45〕同年 10 月更提出「……主事一職，非就本部及使領各館人員內遴選調用者，須在館服務三年且通曉洋文，經外交官領事官資格審查委員會審查合格，方得以以外交官領事官舉請升用。」〔註46〕

京會晤楊，金謙讓勿遑，表示願與趙氏交換位置，楊以爲然。語金曰：姑派趙往，倘不勝任，即予撤職。金問泗，《外交工作的回憶》（臺北：傳記文學出版社，1968 年），頁 2。

〔註43〕 金問泗，《外交工作的回憶》，頁 1。

〔註44〕 《外交公報》第六十九號，民國 16 年 3 月，（彙載）頁 2。

〔註45〕 《政府公報》第一六三八號，民國 9 年 9 月 5 日，（命令）頁 138。

〔註46〕 《政府公報》第一六六九期，民國 9 年 10 月 7 日，（命令）頁 9。

如此，外交官員的升遷則被限定於外交部所屬官員內。並且部中幹練的高級人員，會盡量先外放充任公使、代辦、領事等職。其遺缺，即以新進有能力之次級人員，循資遞補；〔註47〕而外放的外交官、領事官，如部內有所需要，也會將他們調回部內辦事。如此，由於許多官員曾經歷任兩種辦事關係，不管是對於部內情形，或國外局勢，都能有所掌握，往往在面對外交事件的處理上，可以做出較為合理的判斷。但也因為沒有明確的調職制度，加上沒有完善的退休制度，外交官員的職業並沒有保障，許多官員可能會遭受以「另有任用」或「另有職務」的理由，而受到降級或免職。而這問題，在國民政府時期仍然有所存在。

第二節　外交部內人事的分析

在前一章即已說明過，北京政府外交部部內人員組成是以總長為首，再加以一位次長輔佐之，其底下的辦事成員有參事、秘書、司長、僉事及主事。總長對外代表政府，對內統轄、監督和指揮整個外交系統，包括外交部和駐外使領館。也就是說，整個外交系統的管轄，都是他的責任。〔註48〕

北京政府時期，外交總長是內閣成員之一，出席國務會議，附署總統頒佈的有關外交法令是他的工作。然而在對外交涉的處理上，最主要的決策權仍是由執政者掌握，外交總長只能提供意見。不過，在處理一般交涉以及部內事務，外交總長是握有權力的。外交部的一切公文都必須經過外交總長核簽才能發出，部內的人事調動、規章制度、經費使用等，亦都由外交總長依法以部令施行。

此外，接見外國使節與之交涉也是總長的職責。然而由於中國國際地位的關係，使得外交總長往往無法按照國際慣例行事。根據國際慣例，總長上任，各國使節接到通知後，應先來部拜會。但由於國勢的關係，中國在這一方面卻與之相反，民國初年，外交總長上任，反而都先拜訪駐京各國使節。直到民國 9 年顏惠慶就任總長，規定「茲除分送就職通知書外，僅遣价向各國

〔註47〕參見顏惠慶著，姚崧齡譯，《顏惠慶自傳》，頁 108。
〔註48〕〈外交部官制〉第七條：「外交部置總長一人，承大總統之命管理本部事務，監督所屬職員及外交官、領事官。」參見〈外交部官制〉，1914 年 7 月 10 日，《政府公報》（洪憲前）第七八三號，民國 3 年 7 月 11 日，（命令）頁 172～175。

使節投刺而已。」這種情形才有所改變〔註 49〕。此外，使節和所駐國政府商討問題時，按照國際慣例，應親自或派代表走訪所駐國的外交部，可是在民國剛創立之初，外交總長回覆外國使節提出的問題，不是召他國使節來部，而事派秘書去公使館答覆〔註 50〕。最嚴重的是，有些國家的使節上任，甚至不屑於請中國外長安排遞交國書。民國 12 年日本公使芳澤抵京，根據慣例，新公使應該拜訪外交總長並請求安排遞交國書。然而芳澤卻以中國當時沒有總統，無法遞交國書之由，而將拜訪外交總長的慣例給省了。這在國際慣例來看，不僅僅是對中國當時攝政內閣的不敬，更是對整個中國外交體制的污衊。最後此事在當時外交總長顧維鈞做出不承認其公使身份的強烈反應下，芳澤才勉強拜訪外長安排遞交國書事宜〔註 51〕。以上這些現象都是由於國勢不振，加上中國長期處於分裂狀態，使的各國使節驕橫無理，無視中國外交體制的存在。但在歷任外長的努力下，這種情形於北京政府後期即逐漸改善。

　　一個國家外交機關的主持人，會決定整個外交機關的優劣與成敗。因此一位外長應具有的知識結構，除豐富的本國知識外，還應包括詳切的世界知識、國際關係知識和運用外語能力。如以此標準來衡量北京政府時期的外交總長，可以見其水準相當之高。通過筆者所做「北京外交部歷任總長籍貫、出身及就任前出使記錄」（表 4-1）一表中，我們可以瞭解到北京外交部歷任總長，多以清末通商口岸較多之省分——江蘇、浙江及廣東為主，除了晚期的王蔭泰（山西）外。當中以陸徵祥、顧維鈞、顏惠慶三人任期最長，而從民國 9 年（1920）之後，外交總長更是多由顏、顧二人輪流擔任，由於二人均為留美學人，在某些理念上較為謀合，這使得北京政府在民國 10 年以後，對外交政策的穩定性具有相當的作用。如從其教育背景來看，除少數一兩位清末舉人出身外，大多是留學他國或西式教育出身，但清末舉人出身者又都曾任職於清外務部，因此在語言、在辦理外交經驗上絕對是無所問題。另外幾乎所有歷任外交總長都有過出使記錄或曾擔任外交會議重要職務的記錄，因此可以瞭解到歷任北京外交總長在國際關係知識、世界知識和國際慣例上具有相當熟悉的瞭解。以領導基層的「專業化」而論，北京政府外交部實比清外務部高出許多，甚至連國民政府時期都是難以比擬的。由於北京政府外

〔註49〕 參見顏惠慶著，姚崧齡譯，《顏惠慶自傳》，頁 106。
〔註50〕 顧維鈞，《顧維鈞回憶錄》第一分冊，頁 101。
〔註51〕 同上書，頁 325～329。

交部歷任總長素質如此之高，因此在處理許多外交事務上能夠秉持其所擁有的外交常識與國際公法知識，而做出許多正確的決定與建議；也因為如此，清末外務部所遺留下來的許多不合理的慣例才能在北京政府時期一一的破除，而整個外交制度才更趨於完善，而為往後國民政府的外交體制定下一個不錯的典範。

表4-1：北京外交部歷任總長籍貫、出身、出使記錄統計表

姓　名	任　　期	籍　貫	出　身	就任前出使記錄
陸徵祥	1912.6.10~9.22	江蘇上海	北京同文館	荷蘭、俄國
梁如浩	1912.9.16~1912.11.14	廣東香山	美國	荷蘭公使隨員
陸徵祥	1912.11.15~1913.9.4	江蘇上海	北京同文館	荷蘭、俄國
孫寶琦	1913.9.11~1915.1.27	浙江杭縣	北京育才館（擅長英法文）	法國、西班牙、德國
陸徵祥	1915.1.27~1916.5.17	江蘇上海	北京同文館	荷蘭、俄國
曹汝霖	1916.5.17~1916.6.30	江蘇上海	日本	
陳錦濤	1916.6.30~1916.10.24	廣東南海	美國	海牙國際會議中國代表、駐倫敦財政特派員
伍廷芳	1916.11.13~1917.7.9	廣東新會	美國	美國、秘魯、墨西哥、古巴、西班牙
汪大燮	1917.7.15~11.30	浙江杭縣	清末舉人（擅長英法文）	日本、英國
陸徵祥	1917.12.1~1920.8.13	江蘇上海	法國、比利時	荷蘭、俄國
顏惠慶	1920.8.11~1922.8.5	江蘇上海	美國	德國、丹麥
顧維鈞	1922.8.5~1922.11.29	江蘇嘉定	美國	美國、墨西哥、古巴、秘魯、英國
王正廷	1922.11.29~1923.1.4	浙江奉化	日本、美國	巴黎和會代表、海牙公斷法庭公斷員
黃　郛	1923.2.3~1923.4.9	浙江紹興	日本	華盛頓會議顧問
顧維鈞	1923.4.9~1924.10.31	江蘇嘉定	美國	美國、墨西哥、古巴、秘魯、英國
王正廷	1924.10.31~1924.11.24	浙江奉化	日本、美國	巴黎和會代表、海牙公斷法庭公斷員
沈瑞麟	1925.2.21~1925.12.31	浙江吳興	清末舉人	奧國
王正廷	1925.12.31~1926.3.4	浙江奉化	日本、美國	巴黎和會代表、海牙公斷法庭公斷員
顏惠慶	1926.3.4~1926.3.25	江蘇上海	美國	德國、丹麥

胡維德	1926.3.25～1926.5.13	浙江吳興	北京同文館	法國、西班牙、葡萄牙、日本
顧維鈞	1926.10.1～1927.6.16	江蘇嘉定	美國	美國、墨西哥、古巴、秘魯、英國
王蔭泰	1927.6.20～1928.2.25	山西汾陽	日本、德國	
羅文榦	1928.2.25～1928.6.3	廣東番禺	英國	華盛頓會議顧問

說　　明：1. 唐紹儀（1924 年 11 月 24 日至 1925 年 2 月 21 日）、施肇基（1926 年 5 月 13 日至 1926 年 6 年 22 日）以及蔡廷幹（1926 年 7 月 6 日至 1926 年 10 月 1 日）為外交總長，但均未就任，故未將列於此表中。

2. 就任前的出使記錄，是以其任公使職為主。如未曾就任公使，再述以其他外交官職。

資料來源：1. 錢實甫編《北洋政府職官年表》（江蘇：華東師範大學出版社，1991 年）。

2. 石源華主編《中華民國外交辭典》（江蘇：上海古籍出版社，1996 年）。

3. 張樸民《北洋政府國務總理列傳》（臺北：臺灣商務印書館，1984 年）。

　　次長是部內地位僅次於總長的官員，他的主要工作是輔佐總長處理部務。當總長因故而不能視事時，次長可代理部務，但他無權出席國務會議，副署法令和自行頒發部令〔註 52〕。唯一例外的是曹汝霖任外交次長時，被袁世凱授與「儀同特任」的榮譽，可以出席國務會議〔註 53〕。此外，次長亦須要有輔助總長辦理外交的能力。民國元年，陸徵祥首次擔任總長時便提名顏惠慶為次長，其最主要的理由是因為陸徵祥擅長於法文，需要位精通英文的次長輔佐他〔註 54〕。在民國剛創立時，袁世凱深知國力脆弱，又加上歐美國家忙於大戰，無暇顧及東方事務，為求國家安全，因而要求外交部必須與強鄰（日本）親睦，所以當時的次長常為留日或曾駐日者擔任，最主要是希望能與日方做好溝通〔註 55〕。直到歐戰結束後，歐美勢力又漸漸回頭，次長的人選才改為留學歐美人士擔任（見表 4-2）。前面已經說過，代理部務是次長的一個重要任務，在這方面，除了因總長生病或有事請假的短暫時期外，在民國 7 年至 9 年總長帶團參與巴黎和會這段期間，次長陳籙則長期負責代理部務，使得外交部的運作不會因此而遭受到任何阻礙。許多總長在受任後未到職前亦是由次長代理，其中以沈瑞麟代理最為多次。當然其中也有真除而上任為總長的例子出現（沈瑞麟、王蔭泰）。由於次長是簡任官，不必跟隨著國務院總理同進退，因此替換率沒有總長那麼頻繁。次長的工作除了輔佐總長處理部務及辦理外交外，還負責許多委員會的主持。例如說「外交官領事

〔註52〕 吳成章，《外交部沿革記略》乙編，頁 85～86。

〔註53〕 曹汝霖，《曹汝霖一生之回憶》（臺北：傳記文學出版社，1980 年），頁 83。

〔註54〕 羅光，《陸徵祥傳》，頁 80～81。

〔註55〕 參見顏惠慶著，姚崧齡譯，《顏惠慶自傳》，頁 107～108。

官資格審查委員會」，雖然規則上規定「委員長由大總統特派外交總長或外交部次長兼任之」〔註56〕，但實際上大都由次長兼任。另外「外交甄錄委員會」的委員長亦是由次長擔任〔註57〕。因此擔任外交次長所需要的外交經歷或學識亦不亞於總長一職。若從表 4-2 觀察，北京外交部的歷任次長，是相當符合要求的。

表 4-2：北京外交部歷任次長籍貫、出身、出使記錄統計表

姓　名	任 職 時 間	籍　貫	出　身	上任前出使經歷
顏惠慶	1912.4.24～1913.1.29	江蘇上海	美國	駐美使館一等參贊
劉式訓	1913.1.29～1913.8.10	江蘇南匯	法國	法、西
曹汝霖	1913.8.10～1916.4.23 （1913.9.4～1913.9.11） *1916.1.2 儀同特任	江蘇上海	日本	
夏詒霆	1916.4.23～1916.12.20	江蘇江陰		橫濱總領事
劉式訓	1916.12.20～1917.3.31	江蘇南匯	法國	秘魯
高而謙	1917.3.31～1918.5.4	福建長東	法國	義大利
陳　籙	1918.5.4～1920.9.17 （1918.11.12～1920.1.25）	福建侯官	法國	墨西哥
劉式訓	1920.9.17～1922.1.5	江蘇南匯	法國	秘魯
沈瑞麟	1922.1.5～1925.2.21 （1922.7.27～1922.8.5） （1923.3.25～1923.7.23） （1924.11.25～1925.2.21）	浙江吳興	清末舉人	奧國
曾宗鑒	1925.2.26～1926.4.20	福建閩侯	英國	澳洲總領事、比利時代辦公使
王蔭泰	1926.6.22～1927.6.20 （1926.7.6～1926.10.1） （1927.6.16～1927.6.20）	山西汾陽	日本、德國	
吳　晉	1927.6.21～1928.6.3	江蘇武進	法國	巴黎和會秘書

說　　明：1. 任職時間中的括號（　）部份為代理部務的時間。
　　　　　2. 就任前的出使記錄，是以其它公使職為主。如未曾就任公使，再述以其他外交官職。
資料來源：1. 錢實甫編《北洋政府職官年表》（江蘇：華東師範大學出版社，1991 年）。
　　　　　2. 石源華主編《中華民國外交辭典》（江蘇：上海古籍出版社，1996 年）。
　　　　　3. 張樸民《北洋政府國務總理列傳》（臺北：台灣商務印書館，1984 年）。

〔註56〕〈外交官領事官資格審查規則〉，1915 年 9 月 30 日，《政府公報》（洪憲前）第一二二一號，民國 4 年 10 月 1 日，（命令）頁 40～41。
〔註57〕同註 56。

　　而在其它官員方面，外交部參事在部內的地位僅次於次長，北京外交部設有參事室。參事的職責是擬定及審議法律命令事務〔註58〕。重要的法令由他們撰擬，各司擬具的法令須送他們審核，並且當外交部有法令上解釋上的疑義時，由參事們負責解釋〔註59〕。但除了法律解釋性與擬定的工作外，參事亦常常被派與特定的重要工作，或參與外交部上層的決策。顧維鈞在任職外交部參事期間，就時常獲邀參與討論重大外交問題。〔註60〕

　　秘書之職務依據外交部官制為「承長官之命掌管機要事務」〔註61〕。北京外交部設有秘書廳，其最主要的職責是參加外交總長或次長和各國使節的會晤，並負責往來東交民巷，負責聯絡的工作〔註62〕。秘書亦和參事一樣沒有固定的職司，授命辦理外交部內各種雜事。外交部起初任命秘書四人，民國14年由於工作量增多的關係改為八人。為了工作的需要，秘書通常由精通英、法、日、德四種語言的人才組成。而各種語言專才的秘書，還必須與各國使館人員往還，與外國記者打交道，以便瞭解各國的外交動向。〔註63〕

　　司長為各司的行政主管，分掌各司事務。北京政府時期外交部各司採分科辦事制，以科為基本辦事單位，設有僉事、主事，辦事的分工比前清外務部還要細。另外由於每司工作量增重，為減輕司長工作量，故於民國7年12月6日為各司添設幫辦，為司長的助理。幫辦由各司資深的具科長職的僉事兼充（民國10年改為專任）〔註64〕，其地位比科長為高。

〔註58〕 吳成章，《外交部沿革記略》乙編，頁86～87。
〔註59〕 陳體強，《中國外交行政》，頁60。
〔註60〕 顧維鈞，《顧維鈞回憶錄》第一分冊，頁106。
〔註61〕 〈修正外交部官制〉，1914年7月10日，《政府公報》（洪憲前）第七八三號，民國3年7月11日。（命令）頁172～175。
〔註62〕 顧維鈞，《顧維鈞回憶錄》第一分冊，頁101。
〔註63〕 由於為了聯絡方便，外交部的秘書通常是集合各種語言人才，民國元年的四位秘書，即是由通英、法、日、德四種語言的人才所組成。他們必須分工的遊走於東交民巷各使館間，或充當總長、次長與各國公使交涉時的助手。參見顧維鈞《顧維鈞回憶錄》第一分冊，頁101；另外，為了瞭解各國使節對於中國的看法，秘書亦須遊走於各使館間，與各國使館人員打交道。在《顏惠慶自傳》中提到：「……日語流利的秘書，經常與日本使館人員往還，或則酒食徵逐，或則妓館（藝妓）週旋，無非曲意交驩，藉以知己知彼。」見顏惠慶著，姚崧齡譯，《顏惠慶自傳》，頁108。
〔註64〕 參見〈本部三司添設幫辦令〉，1918年12月6日，《政府公報》第一○三○號，民國7年12月9日，（命令）頁197；〈增設幫辦並改為專任令〉，1921年1月14日，《外交年鑑》民國9年份（北京：外交部統計科編印，1921年），頁44。

在前一章即有提到，北京政府外交部是一層級式的組織，而這種體制雖然有其優點，但是亦容易產生主管因職權集中於一身，而流為專斷，並且在遇見大事的處理上，考慮無法周詳〔註65〕。鑑於此問題，北京政府外交部民國剛建立之初，就有一個不成文的會議制度，作為部內的決策體制。顧維鈞回憶錄上即有這樣的記載：「……，一旦發生了什麼外交大事，總長、次長和有關司長便會開會商討對策。……」〔註66〕如此一來，不但可以使得總長不會過於專斷，並且在遭遇重大事件時，能夠群策腦力，而使事件的處理，能更圓滿。

一個有效率的現代化行政體系，時效的追求是極其重要的事情。為使處理外交事件的不受到延滯，民國8年更設立部務會議處。出席者為次長、參事、司長和秘書，如各科科長遇有行事討論事件，亦可到處討論。會議的舉行並沒有特定的日期和議題，但是參事、司長、秘書應逐日到會議處接洽部務，將每天所收文電中，擇其重要者送交會議處。然後由會議處逐條討論，而討論後認為應召開會議者，再送由次長決定開會日期。會議由次長為主席，如次長不克到會，即由首席參事代行主席。會議時，司長如因事缺席，可由幫辦代理。〔註67〕

另外，許多外交關係極為複雜，其內容可能牽涉到數司，或者是一國同時交涉數事。為協調各部門間的工作，因此外交部於民國7年訂定了各廳司辦事互相接洽辦法，將各司間相互接洽與分工的問題訂立標準〔註68〕。民國16年6月更進而成立參司辦公室。每日上午10時至12時，由參事、司長及陪聽會晤之秘書集會辦公，一切之收發電文都須經由該辦公室過目，以便分配各司科〔註69〕。由於透過這種層層長官負責制的會議制度，不管是在面對外交事件，或對於協調各部門間的工作，都會有一定的助益的。

根據上面的法令規章，我們可以看出外交部中，具有決策或參與命令討論的官員，主要是以總長、次長、參事或司長為主。以下我們將針對北京政

〔註65〕 吳挽瀾，《行政學新論》，頁127。
〔註66〕 顧維鈞，《顧維鈞回憶錄》第一分冊，頁106。
〔註67〕 〈部務會議章程〉，1919年11月29日，《政府公報》第一三七四號，民國8年12月4日，（命令）頁45～46。
〔註68〕 〈訂定各廳各司辦事互相接洽辦法令〉，1918年12月11日，《政府公報》第一○三四號，民國7年12月13日，（命令）頁309。
〔註69〕 〈本部設立參司辦公室令〉，1927年6月8日，《外交公報》第七十二期，民國16年6月，（法令）頁2～3。

府外交部部內的人事作一背景分析。

前面已經說明過，司長是為簡任官員，是總長商請國務總理呈請大總統簡用的，他的任免深受總長所影響。綜觀整個北京外交部，四個司司長是所有職位中變動最小的。除了民國元年做過較大的變動外，各司司長的任期都相當長，其中通商司長周傳經自民國元年上任後，就不曾調換至其它職位，直到民國 17 年 7 月外交部解散為止。整個北京政府外交部 17 年僅任命過十三人次十位司長出現，其替換率可以說是相當之低，這對於部會人事的穩定度上，有極大的幫助。至於參事一職，北京政府外交部設有參事四員，但 17 年中替換過二十五人次二十二個人，與司長一直相比，其替換率可謂高出很多。

清末民初之時，西式教育比較發達的地區首推江蘇、浙江、廣東及福建這些沿海省分，而民初外交官的來源也大部份來自這幾個省分。曾經任命為司長或參事的二十九人當中〔註70〕，有九名來自浙江，九名來自江蘇為最多，五名為福建人，三名為廣東人，三名為其它省分。值得注意的是，這些人所被任命的時間，並沒有呈現省籍之分的傾向，每個時期所任命的省籍是相當平均，並沒有任何集中的情形出現。從他們的教育背景來看，有十四名留學歐美國家，六名自清科舉出身，五名受過西式教育，四名留學過日本。若詳細一點的分析其每年在職者的教育情形，從表4-3中我們可以見到，在司長部份其變動性不大，當然司長者以留學歐美及清科舉出身者為主，直到民國 16 年才有留日學人擔任司長職。而在參事部份，其變動率就比較大了。從表中我們可以看到在民國 10 年以前，參事一直有留日學者擔任，這是因為民國剛建立之初，急需重視與日本的外交關係，因此在四員參事中，必須有一員曾經留學日本（民國 3 至 5 年，次長曹汝霖為留日學者）。為的是能隨時揣摩日方的外交脈搏，預止其責難，安定其意氣，消弭其滋擾。換言之，就是為了防範日本的侵擾，不使兩民族之間的關係，趨於惡化，所做出的必要任人選擇〔註71〕。但在民國 10 年後，由於巴黎和會結束，歐美的勢力由重新抬頭，加上之前於許多會議中，歐美派外交家表現極為傑出。因此，當歐美派外交家主持外交部後，外交部的人事似乎逐漸有所改革，留歐美學者開始掌握外

〔註70〕 曾當過參事的為二十四人，司長者為九人，但當中施紹常、周傳經、陳恩厚、
　　　　朱鶴翔兩職皆任職過，故總和為二十九人。
〔註71〕 顏惠慶著，姚崧齡譯，《顏惠慶自傳》，頁 108。

交部的決策部份，而留日系統人員的勢力逐漸沒落。

表4-3：外交部司長及參事教育背景統計表

出身 / 年份	司　　長				參　　事			
	歐美	日	西式教育	清科舉	歐美	日	西式教育	清科舉
民國元年	2 (2)			2 (2)	1 (1)	1 (1)	1 (1)	1 (1)
民國 2 年	2			2	1 (1)	1	1 (1)	1 (1)
民國 3 年	2			1	1		1	2 (1)
民國 4 年	2			1	1 (1)		1	2 (1)
民國 5 年	2			1	1		1	2
民國 6 年	2			1	1 (1)	1 (1)	1	1
民國 7 年	2			1	1	1	1	1
民國 8 年	2			1	1	1	1	1
民國 9 年	1			2 (1)	2 (1)		1	1 (1)
民國 10 年	2 (1)			2	2 (3)			2 (1)
民國 11 年	2			2	2			2
民國 12 年	2			2	2			2
民國 13 年	2 (1)			2	3 (2)			1
民國 14 年	2			2	3			1
民國 15 年	2 (1)			2	2		2 (2)	
民國 16（上）	2	1 (1)		1	2		2	
民國 16（下）	3 (2)			1	2		2 (1)	
民國 17 年	2			2 (2)	2 (2)		1	

說　　明：1. 此表鎖定每年的 12 月 31 日作爲其觀察點，就當日所在職的人員作爲觀察對象。
2. 表中（　）刮號的部份爲當年上任的人數。統計起來，司長部份上任計有十三人次；參事部份有二十五人次。
3. 民國 16 年經過一次大改組，故將此年分成上下兩部份觀察，上下的區分以變動日爲期。

參考資料：1.《政府公報》影印版（洪憲前）第一號至第一三一○號及（洪憲後）第一號至第一八九三號（臺北：文海出版社，1971 年）。
2.《外交公報》影印版第一期至第八十二期（臺北：文海出版社，1985 年）。
3. 錢實甫編《北洋政府職官年表》（江蘇：華東師範大學出版社，1991 年）。
4. 石源華主編《中華民國外交辭典》（江蘇：上海古籍出版社，1996 年）。

　　北京政府外交部各司是採分科辦事制，科長可以說是當時辦理部務的主體。在第二章時我們已經說明過，民國剛建立之初由於過去許多懸案尚未解決，仍須舊人繼續辦理，藉期迅速〔註72〕。因此建國之初，外交部所用科長多為當時解散後所留部辦事者或記名聽候補傳者。然而在經過一段時間後，這些人事是否有所變動？以下將以科長級以上的人事變遷來作為說明。

　　由於民國元年解散後所留部辦事者和記名聽候補傳者（後皆統稱為「留部辦事者」），皆為當時具有西式教育背景或具有外交實質經驗者〔註73〕。因此在經過重新任命後，這部份人事佔了大多數，這除了是因為需要他們過去辦事的經驗外，也是因為這些人都具有相當的外交常識，符合外交部人才任用的標準。我們可以從表4-4中看出，外交部在民國9年之前，在科長這個職位上，「留部辦事者」佔有相當的人數優勢，甚至在司長、秘書這兩個職位上亦佔有一定的比例。這些都可以顯示出，民國元年所「留部辦事者」這些人在外交部所受的重用程度，而且也可以瞭解，任用他們並不只是為銜接外務部的工作而已。民國10年之後，由於增加一司及增加許多科，加上新進外交人才的培養也已具成熟，故留部辦事人員在此所佔的比例大為下滑。但如仔細觀察他們在部會中科長級以上所佔的人數，依舊保持二十多人以上，直到民國16年。這除了是因為新進外交部會人員以逐漸成熟，能獨當一面之外，亦有不少的「留部辦事者」升任司長、參事或被派往駐外單位的關係〔註74〕。這也顯現出整個外交部人事的運作有所更替換新，新進人員並不會因此而無所出頭〔註75〕。民國16年後之所以人事變遷的如此激烈，除了因為經費的問題而必須有所裁撤外，筆者認為北伐的發動也佔有相當的關係，由於北伐，使得不少的人員投效南方政府，才會導致如此的現象出現。

〔註72〕顏惠慶著，姚崧齡譯，《顏惠慶自傳》，頁74。

〔註73〕吳成章，《外交部沿革記略》乙編，頁66。

〔註74〕留部辦事人員升任為司長職的有民國9年施紹常任政務司司長、民國13年王廷璋任交際司司長、民國15年稽鏡任政務司司長、民國16年朱鶴翔任政務司司長；被調往駐單位辦事的情形，民國11年吳臺被調署仁川領事、民國13年路濬調署阿姆斯德單領事、同年傅仰賢調署雙子城領事、民國14年李琛調署巴拿馬一等秘書、民國15年，王廷璋任葡萄牙公使。

〔註75〕如金問泗，為民國5年「外交官領事官考試」通過的人員，在經歷外交部學習，駐外單位學習員後。民國8年擔任巴黎和會中國代表團秘書，旋任國聯中國代表辦事處秘書及出席國聯大會專門委員。民國15年回國就任政務司科長一職。

表 4-4：「留部辦事者」在外交部任職人數統計表

職位 ＼ 年份	元	2	3	4	5	6	7	8	9	10	11	12	13	14	15	16上	16下	17
參　事	0/4	0/4	0/3	1/4	1/4	0/4	0/4	0/4	1/4	1/4	1/4	1/4	2/4	2/4	1/4	1/4	2/4	2/4
秘　書	3/4	2/4	1/4	2/4	3/4	3/4	2/4	2/4	2/4	1/4	1/4	1/4	1/4	1/8	0/8	0/8	0/8	0/8
司　長	2/4	2/4	2/3	2/3	2/3	2/3	2/3	2/3	2/3	2/4	2/4	2/4	2/4	2/4	3/4	3/4	2/4	1/4
科　長	21/21	21/21	20/21	20/21	19/21	19/21	20/21	20/21	20/21	18/26	18/26	18/26	17/26	16/26	16/26	10/16	8/19	8/19
總　計	26/33	25/33	23/31	25/32	25/32	24/32	24/32	24/32	25/32	22/38	22/38	22/38	22/38	21/42	20/42	14/32	12/35	11/35

說　　明：1. 此表鎖定每年的 12 月 31 日作爲其觀察點，就當日所在職的人員作爲觀察對象。
　　　　　2. 每年每欄所列之兩個數字，在上者爲留部人員，在下者爲該單位人數。
　　　　　3. 民國 16 年經過一次大改組，故將此年分成上下兩部份觀察，上下的區分以變動日爲期。

參考資料：1. 《政府公報》影印版（洪憲前）第一號至第一三一〇號及（洪憲後）第一號至第一八九三號（臺北：文海出版社，1971 年）。
　　　　　2. 《外交公報》影印版第一期至第八十二期（臺北：文海出版社，1985 年）。

　　上面所做之分析僅僅是以當時留部辦事者爲主，若是加上前清外務部所派駐外代表官員所回部任用，那所佔比例就更高了。因此在這一方面，我們可以觀察出，北京政府外交部就人事上而言，是延續前清外務部而組織的。並且其影響不僅於最初數年，而是橫貫整個北京政府時期。而雖然說這批外務部所延續下來的官員佔有極大的影響力，但是卻不會因此就讓整個人事壅塞不前。相反地，北京政府外交部積極的培養新的人才，整個人事是在穩定中而有所更新。這不僅僅使得外交部務運行不會因人事的更替而有所阻礙，更不會因人員的老化而阻礙辦事的效率。

第三節　駐外使節人事分析

　　清朝末期的出使大臣，多爲科舉官僚出身，他們不是職業外交官，他們也只是把外交官當作一種跳板而已。直到外務部時期進行了小小的改革，宣統年間的出使大臣和駐外官員，除了沒有外交官考試，大概都「仿照各國遣使之通例」，對出使大臣的要求內容、水平大爲提升。雖然說外務部有心朝向職業外交化的目標前進，許多科舉出身的外交官，也都將外交視爲終身仕途。

但是由於清朝固有的秩序觀念下，駐外官員中仍不免有許多私下授受的情形，這樣的情形使得改革的步調變的很慢，而存在著許許多多的弊端〔註76〕。因此陸徵祥在成為首任外交總長，將駐外使領館職員的任用方式，列為一個重點項目。

　　民國剛創立之初，一切的對外交涉工作，仍必須延續清末所遺留下來的工作，因此對於駐外使節的任用，並沒有做任何大幅度的變更，仍是延續過去外務部所任用的使節代表。但由於未獲各國的承認，駐外各國的使臣，僅能改稱臨時對外代表，接續辦事〔註77〕。到了次年各國陸續承認中華民國，這些臨時外交代表才相繼成為中華民國全權公使。

　　外交代表的名稱甚多，最初並無一致公認的等級。直到1815年維也納會議簽訂了一項公約，規定常駐外交代表的等級。三年後，又由艾拉沙伯會議改而成限制，為世界各國所遵行。依規定，常駐外交代表共分四級：第一級曰大使（Ambassador），第二級曰公使（Envoy），第三級為駐辦公使（Minister Resident），第四級曰代辦使事（Charges D'Affaires）〔註78〕。在清末，中國駐外使節都是以欽差大臣的名義出使，當初的出使大臣分為三等：頭等為一二品大臣充之，二等以二三品大臣充之，三等以三四品大臣充之。當初中國出使大臣多以不加全權的二等大臣居多〔註79〕。民國以後，為使外交制度現代化，而將駐外使節名稱改為世界公認的等級，並加以全權。但北京政府時期並沒有大使的出現，僅有少數幾位加以大使銜。真正大使的出現則要等到國民政府時期才會出現。

　　前面已經說過，清末外務部對於派遣駐外使節的觀念以逐漸改變，不再認為它是派遣欽差大臣的延續，對於駐外使節的派任開始朝向職業外交官的方向前進。而到了民國，由於清時期的官僚體制已經瓦解，對於朝向職業外交化的阻力也就相形縮減。如此的情形下，為了使駐外使節的職業外交化更為穩固，北京政府外交部制訂了許多專門的考試制度與資格審查資格。而在這些制度下，北京政府時期出現了許多傑出的外交官，在各種國際會議上的

〔註76〕參見川島真於1995年10月28日在武漢華中師範大學「社會轉型與文化變遷國際學術研討會」所發表的〈清末外交官（出使大臣）的培養論議──政治文化變容與基層轉型〉一文。

〔註77〕《臨時公報》辛亥年12月27日。

〔註78〕張道行、陳劍橫合編，《外交研究》，頁89～90。

〔註79〕陳體強，《中國外交行政》，頁155。

表現更是爲各國所激賞，這都是由於外交官職業化的原因。

　　一個職業外交家所必須擁有的，包括精通外國語言、深通國際法的知識、熟悉於外交禮儀等。而一位優秀的外交官，除了這些基本條件外，更必須具有良好的儀表、翩翩的風度、豐富的知識、機敏的智慧以及對國家效忠的心〔註80〕。然而這些條件都是屬於內在的因素，無法從客觀的條件去觀察得到。因此我們將從所最能掌握的教育背景及辦理外交經驗部份去加以分析，以期能從中獲得一絲北京政府外交部駐外公使人事的任用脈絡。

　　從表4-5北京政府外交部駐外公使之教育背景與外交經驗中，我們可以觀察到，擔任當時駐外公使多爲留學外國的學者，當中仍有幾位是清科舉出身，但卻都擁有相當豐富的涉外經驗。因此對於外交禮儀的熟悉與國際法的運用，應該是不成問題的。另外，兼任公使的情形，雖在北京外交部仍是無法避免的事情，但是兼任的國家地理位置，已有相當的改善，盡量以相附近的國家爲主。而且在選派駐外公使，除了對其涉外經驗作爲考量外，並且針對其教育背景一選擇，留歐美者盡量派遣至歐美國家，留日者盡量派遣至日本。這除了考量語言的關係外，亦是因爲留歐美者與留日者相互之間有所排他主義存在〔註81〕，彼此之間有一重難以跨越的鴻溝存在。當然亦有些例外，但卻只是少部份。

表4-5：北京政府外交部駐外使節教育、外交經歷統計表

姓　名	出　使　國　家	教育背景	辦理外交經驗
刁作謙	古巴、巴拿馬（兼）1922～1926	英　國	倫敦總領事
王廷璋	葡萄牙 1926～1928	比利時	外交部參事

〔註80〕劉達人與謝孟圜認爲一個良好的外交人才必須具有良好的品德、沈著與忍耐、犧牲奉獻的精神、謙遜、創意和想像力、彈性與適應能力以及良好的人文素養。參見劉達人、謝孟圜著，《中華民國外交行政史略》（臺北：國史館，2000年），頁81～84；袁道豐在其著作《外交論叢》中提出一位良好的大使必須具備豐富的學問、通曉外國語言、誠實、冷靜沈著、謙遜與堅定、機敏與謹慎、勇敢與忠誠以及能適應當地的環境。參見袁道豐，《外交論叢》上冊，頁38～51；張道行、陳劍橫則認爲一位理想的必須具備下列條件：(1)誠實。(2)精確。(3)鎮靜。(4)忍耐。(5)和藹。(6)謙虛。(7)忠誠。(8)機敏的智慧。(9)淵博的學識。(10)精細的辨別力。(11)正確的判斷。(12)謹慎的態度。(13)勇敢。(14)對人友善。(15)翩翩的風度。(16)熟練的技巧。參見張道行、陳劍橫合編《外交研究》，頁65～67。

〔註81〕曹汝霖，《曹汝霖一生之回憶》，頁115。

王景岐	比利時 1921～1928	法、英	駐法使館翻譯
王廣圻	比利時 1912～1914 義大利 1915～1920 荷蘭 1920～1927	美　國	駐荷使館隨員、二等書記官
王繼曾	墨西哥、古巴（兼）1920～1921	法　國	駐法、日使館隨員
朱兆莘	義大利 1925～1928	美　國	駐英使館秘書
吳宗濂	義大利 1912～1913	同文館	駐英使館翻譯；駐法一等參贊
李家鏊	俄國 1923～1925；芬蘭 1925～1926	俄　國	西伯利亞高等委員
沈瑞麟	奧地利 1912～1917	清科舉	駐比使館隨員；駐德二等參讚
汪大燮	日本 1912～1913	清科舉	總理衙門章京；外務部參議
汪榮寶	比利時 1914～1919 瑞士 1919～1922 日本 1922～1928	日　本	
岳昭燏	墨西哥 1924～1928	清科舉	駐法一等參贊、一等秘書
施紹常	秘魯 1926～1928	清科舉	駐荷、義、德使館一等參贊
施肇基	美國；古巴（兼）；墨西哥（兼） 秘魯（兼）1912～1913 英國 1914～1920 美國 1920～1928	美　國	外務部左、右丞
胡惟德	法國；西班牙（兼） 葡萄牙（兼）1912～1913 日本 1920～1922	廣方言館	駐俄使館參贊、使俄欽差大臣
唐在復	荷蘭 1913～1920 義大利 1920～1925	法　國	駐法、俄使館參贊
夏偕復	美國；古巴（兼）1913～1915	清科舉	紐約總領事
夏詒霆	秘魯；巴西（兼）1918～1925	清科舉	日本橫濱領事；駐法使館二等秘書
高而謙	義大利 1913～1915	清科舉	外務部左、右丞
張孝若	智利 1924～1926	美　國	考察歐美、日本實業專使
梁　誠	德國 1912～1913	美　國	使美、秘、墨大臣
陳　籙	墨西哥 1913～1915 法國 1920～1928	法　國	外務部主事；外交部政務司司長
陸宗輿	日本 1913～1916	日　本	清末憲政考察團
陸徵祥	瑞士 1922～1927	同文館	出使荷、俄大臣；外交總長
章宗祥	日本 1916～1919	日　本	
章祖申	瑞典 1920～1922	清科舉	駐日使館一等秘書
曾宗鑒	瑞典 1926～1928	英　國	澳洲總領事

黃榮良	奧地利 1920〜1927	美　國	駐英使館二等秘書；紐西蘭領事；澳洲總領事
廖恩燾	古巴；巴拿馬（兼）1926〜1928	美　國	古巴使館代辦
劉玉麟	英國 1912〜1914	美　國	駐美使館翻譯；新加坡總領事；澳洲總領事
劉式訓	巴西；秘魯（兼）1913〜1916	法　國	外交部次長
劉崇傑	西班牙；葡萄牙（兼）1920〜1926	日　本	駐日使館參贊；駐俄使館一等秘書
劉鏡人	俄國 1912〜1919	法　國	駐英、法使館翻義、駐俄使館參贊
戴陳霖	西班牙；葡萄牙（兼）1913〜1920 瑞典；丹麥（兼）1922〜1925	廣方言館	駐法使館翻譯；駐西班牙、葡萄牙使事代辦
顏惠慶	德國；丹麥（兼）1913〜1920 瑞典 1916〜1920	美　國	駐美使館一等參贊、外交部次長
魏宸組	荷蘭 1912〜1913 比利時 1919〜1921 德國 1921〜1925	法　國	南京臨時政府外交部次長
羅忠詒	丹麥 1926〜1928	英　國	駐英使館一等秘書；秘魯代辦
顧維鈞	美國；古巴（兼） 墨西哥（兼）1915〜1920 英國 1920〜1922	美　國	外交部參事

說　　明：1. 本表示以姓氏筆畫作爲列名排序。
　　　　　2. 駐外公使未到任者並未將他列入表中，代辦使事亦然。
　　　　　3. 辦理外交經驗以其參與駐外使領館經驗爲主，非有駐外使領館經驗者，才予以外交部部會經驗。

參考資料：1.《政府公報》影印版（洪憲前）第一號至第一三一〇號及（洪憲後）第一號至第一八九三號（臺北：文海出版社，1971 年）。
　　　　　2.《外交公報》影印版第一期至第八十二期（臺北：文海出版社，1985 年）。
　　　　　3. 錢實甫編《北洋政府職官年表》（江蘇：華東師範大學出版社，1991 年）。
　　　　　4. 石源華主編《中華民國外交辭典》（江蘇：上海古籍出版社，1996 年）。

　　如以逐年的方式來觀察各駐外代表的教育背景（表 4-6），我們可以瞭解到留歐美者所佔的比例在民國 9 年時，有突然升高的趨勢。這不僅是因爲歐美國家與我邦交增多的因素，也象徵著歐美派勢力在外交界逐漸抬頭，諸多的國際會議上表現精彩，使得國人對於歐美派外交家的重視。而在民國 16 年，駐外使節突然縮減，這主要是因爲北伐的展開，一部份外交人才流往南方，使的駐外使節的更替造成較多的困難。

　　陸徵祥於民國 28 年接受羅光訪問時，曾回憶說：「我記著許師的話，起手收羅有志青年，各國留學生都有，不分省界，預備培植他們作外交人才。我現在一人在房裡，有時很快樂。別人問我爲什麼快樂？我說我現在看見中

國外交界的效果，心中很快樂。現在三位大使，十四位公使，都是我當日的青年。凡是辦政治，尤其是辦外交，絕不可以用外行。武人作外交官，只可認為一時的變態。我那時培植六十餘青年，我絕不用私人，只選擇青年培植，希望造成一傳統外交人才。當張作霖入京時，我的外交團體，稍被破毀。……」〔註82〕這可以說明北京政府時期外交官的選用，都是稟持著運用職業外交官的方式加以選用，並不是所謂的派遣邊疆的概念。而這批外交官的影響，更延伸至國民政府時期。顏惠慶亦曾說：「外交部設儲才館〔註83〕，訓練後起人才。部中幹練之高級人員，則盡量先外放充任公使，代辦，領事等職。……」〔註84〕有這一批訓練有素職業外交家得出現，更新了中國的外交技術。如顏惠慶、顧維鈞、施肇基、王正廷等在國際會議上的表現，是如此的耀眼。而使外國人發現，中國外交官已非吳下阿蒙，而是能夠嫻熟地運用國際法和各種外交理論，以典雅的西方語言進行辯論，捍衛自己的立場和觀點，因而對中國外交給予應有的重視。

表4-6：北京政府時期駐外公使教育背景年表

背景＼年份	元	2	3	4	5	6	7	8	9	10	11	12	13	14	15	16	17
留歐美	6	7	6	7	6	6	5	6	8	9	9	10	11	11	12	10	7
留日		1	2	2	2	2	1	2	2	2	2	2	2	2	2	1	1
西式教育	2	2	2	2	2	2	2	1	1	2	2	1	1				
科舉出身	2	3	3	1	1		1	1	2	2	1	1	2	2	2	2	2
總　計	10	13	13	12	11	10	10	10	13	14	14	15	16	16	16	13	10

說　　明：1. 此表以每年12月31日作為觀察點，民國17年則以北京政府瓦解為觀察點。
　　　　　2. 駐外公使未到任者並未將他列入表中，代辦使事亦然。
參考資料：1. 政府公報》影印版（洪憲前）第一號至第一三一〇號及（洪憲後）第一號至第一八九三號（臺北：文海出版社，1971年）。
　　　　　2. 《外交公報》影印版第一期至第八十二期（臺北：文海出版社，1985年）。
　　　　　3. 錢實甫編《北洋政府職官年表》（江蘇：華東師範大學出版社，1991年）。
　　　　　4. 石源華主編《中華民國外交辭典》（江蘇：上海古籍出版社，1996年）。

〔註82〕羅光，《陸徵祥傳》，頁84。
〔註83〕綜觀北京政府時期，外交部並無任何儲才館的設置。筆者認為此處所說的儲才館，為當時通過外交官領事官考試留部學習之人員，而此處之所以會說成儲才館，可能是翻譯者誤認之故。
〔註84〕顏惠慶著，姚崧齡譯，《顏惠慶自傳》，頁108。

第四節 外交部的經費來源及官員薪資

　　清季時期總理衙門與外務部的經費來源，是由海關所納船鈔下酌提三成及每年洋商罰款做為經費，若開支不敷再由出使經費項下撥款〔註85〕。民國建立後，由於一切制度都趨向現代化，因此在外交部的經費來源上，也與清末外務部有所不同。北京外交部的經費來源最有四：一是透過國家預算制度，根據民國 3 年頒佈的會計條例中規定，政府各部門有其各部的預算，各部透過歲入歲出概算書向總統府主管編制下年度預算的審計處提出報告，然後由審計處提交國會議訂而分配預算，最後在交由財政部根據議訂項款給予預算〔註86〕；二是在民國 8 年時，外交部由於多次經手關餘交涉，因而獲得北京外交團的同意，從關餘中取得部份款項，由總稅務司帳戶中逕行撥交外交部，充作外交使領費用〔註87〕。三為國外使領館發放簽證、護照或貨運許可證所收取的金額的收入〔註88〕。四為美國退還庚款，給予辦理清華學校之用。然而除了第一項為固定預算，第二、三項來源並不固定，而第四項更是為清華學校的專款，外交部不能隨意挪用之。透過筆者所能掌握的北京政府國家預算有限資料中，外交部所管的經費當中，主要分成四部份：（一）本部使用；（二）外交部直轄各機關經費；（三）出使經費；（四）各省外交經費。〔註89〕當中以出使經費為最大宗。從外交部預算的分配情形來看，在部內經費、出使經費及各省外交經費上面，一直呈現著穩定的現象，並沒有太大的改變；

〔註85〕陳森霖，〈中國外交制度現代化（1901～1911 年之外務部）〉，頁 111。

〔註86〕賈士毅，《民國財政史》（下）（上海：商務印書館，出版年不詳），頁 3。

〔註87〕黃文德，〈北京外交團與近代中國關係之研究──以關餘交涉案為中心〉（臺中：國立中興大學歷史系碩士論文，1999 年），頁 94。

〔註88〕顧維鈞，《顧維鈞回憶錄》第一分冊，頁 384。

〔註89〕民國建立以來，由於戰亂仍頻，因此國家的預算制度一直無法順利施行。民國 2 年首先制訂預算書，然國家政體位於安定，因此此時的預算書乃草草制訂。民國 3 年之預算書則並列民國 2 年預算書，以資比較。而民國 4 年預算書與 5 年預算書皆根據民國 3 年預算書分成經常門與臨時門兩類。民國 5 年之後，由於南北分裂，兵亂迭起，因此國家預算一直無法確實實施。民國 8 年，北京政府又再度制訂國家預算，但因南北仍處於分裂狀態，因此西南地區預算則按照民國 5 年預算書編列。爾後又經軍閥混戰，因此又未編列出預算，直到民國 14 年才又勉強編列預算書，但西南地區又按照民國 8 年預算書編列，而民國 8 年之西南地區預算，又是按照民國 5 年度預算書編列。因此從民國 8 年後的預算可以說是一片糊塗帳。朱祖晦，〈民元來我國之預算制度〉，收入周開慶主編，《民國經濟史》（臺北：華文出版社，1967 年），頁 193～194。

直轄機關經費方面，民國二年與民國三年，因為清華學校預算漏未列入，僅列與為俄文專修館經費，因而其經費相當之少〔註 90〕。民國五年則加以清華學校，並且由於周詒春擔任校長致力於清華學校的建設，亟需大量建設經費，因而此時的直轄機構經費突然間大量增加〔註 91〕。而民國 6 年由於成立清華學校董事會之後，專門管理清華學校的一切基金，因此往後的預算的編列中，直轄機關的預算才趨於穩定；而在民國 13 年，由於參加國際聯合會關係，需要極大的會費及經費，因此此時的其他項中經費增加許多。民國 14 年又加入了外交委員會及預備召開中俄會議事宜及關稅特別會議，因此其他項中臨時門中又增加了這幾筆預算〔註 92〕。除此之外，外交部其它部份的預算編列，呈現一個穩定方式進行，並沒有特別的增多或縮減（參見表 4-7）。

從表 4-7 中，可以看出外交部預算的分配有其一定的條理。但我們所了解的僅是當時政府撥列外交預算的情形，而實際上外交部財政的運作情形，由於資料上的短缺，並無法完全歸納清楚。

表 4-7：北京外交部各項經費使用統計表

分類 年份	外交部經費	出使經費	直轄各 機關經費	各 省 外交經費	其 它	總 計
民國 2 年	620,968 196,800 （817,768） 16.9%	1,985,052 602,400 （2,587,452） 53.6%	43,140 1,110 （44,250） 0.91%	1,142,823 232,626 （1,375,449） 28.5%	0	3,791,983 1,032,936 （4,824,919）
民國 3 年	869,712 0 （869,712） 20.5%	2,400,000 0 （2,400,000） 56.7%	67,074 0 （67,074） 1.6%	886,743 0 （886,734） 21%	6,000 0 （6,000） 0.14%	4,229,529 0 （4,229,529）
民國 5 年	671,076 192,636 （863,712） 13.7%	1,863,210 484,430 （2,347,640） 37.3%	1,221,223 1,128,950 （2,350,173） 37.3%	691,039 40,770 （731,809） 11.6%	0	4,446,548 1,846,786 （6,293,334）
民國 8 年	750,484 236,636 （987,120） 16.5%	1,953,760 547,480 （2,501,240） 41.9%	1,344,184 322,990 （1,667,174） 27.9%	758,908 38,449 （797,357） 13.3%	0 21,000 （21,000） 0.35%	4,807,336 1,168,555 （5,975,891）

〔註90〕 賈士毅，《民國財政史》（下）第三篇 歲出，頁 16～17。
〔註91〕 蘇雲峰，《從清華學堂到清華大學（1911～1929）》，頁 105。
〔註92〕 中國第二歷史檔案館編，《中華民國史檔案資料匯編》第三輯，財政（一）（江蘇：江蘇古籍出版社），頁 851。

民國 13 年	841,260 189,680 (1,030,940) 16.8%	2,540,760 534,000 (3,074,760) 50.2%	46,080 420 (46,500) 0.76%	855,622 103,937 (959,559) 15.7%	300,000 716,305 (1,016,305) 16.6%	4,583,722 1,544,342 (6,128,064)
民國 14 年	941,260 189,680 (1,130,940) 14.5%	2,565,300 534,000 (3,099,300) 39.9%	46,080 420 (46,500) 0.6%	857,422 115,937 (973,359) 12.5%	336,000 2,190,350 (2,526,350) 32.5%	4,746,062 3,030,342 (7,776,404)

說　　明：1. 表中數字部份細體者爲預算經常門；粗體者爲預算中臨時門；而（　）則爲這兩部份之總和。
　　　　　2. 其中臨時門部份以當年預算書所撥預算，並非當年所使用之臨時預算款。
　　　　　3. 百分比部分以總和數爲主，取至小數點下一位。
　　　　　4. 本表以銀元爲單位。
參考資料：中國第二歷史檔案館編，《中華民國史檔案資料匯編》第三輯，財政（一）（江蘇：江蘇古籍出版社），頁 291～786。

　　至於外交部內部的財務運作規則，在民國 3 年發佈的〈修改外交部會計出納規則〉中規定，外交部所管經費之預算、決算及收支之稽核由會計科管理；外交部之出納、存放暨使領各館經費之籌撥、核銷由出納科管理之。外交部有關開支，均由會計科按月呈報計算書致財政部轉審計處備查。每年則依會計制度，逐年編制歲入歲出預算書，呈送審計部審理〔註 93〕。外交部的財務是如此的層層節制，而並非隨意浮用。

　　然而在如此經費預算制度之下，外交部的何以仍時常欠薪於各官員呢？這最主要的原因，是整個北京政府財政上短缺所造成的。如前面之所述，外交部主要的經費來源有四項：（一）政府預算編；（二）關餘撥款；（三）領事館所發護照、簽證和貨運許可證所取得的收入；（四）美國退還庚款。但關於撥款並非是常態性經費來源，根據黃文德在其〈北京外交團與近代中國關係之研究——以關餘交涉案爲中心〉一文，所歸納之（1917 年至 1927 年關餘提撥使用項目表）中看出，關餘提撥使用在外交部使領館經費這項目，僅在於1919 年、1920 年和 1921 年這三年，爾後並無此項目經費提撥出現〔註 94〕；而美國退還庚款方面，又僅能專門用於清華學校，不能將它用於其他方面；至於領事館發證的收入，由於有時領事館不能按時得到經費，但所取得的收入卻還必須按時匯回，除非獲得特許，才能保留一部份當地收入暫時充抵開

〔註93〕〈修正外交部會計出納規則〉，1914 年 6 月 15 日，《政府公報》（洪憲前）第七七六號，民國 3 年 7 月 4 日，頁 1051～1060。
〔註94〕黃文德，〈北京外交團與近代中國關係之研究——以關餘交涉案爲中心〉，頁126。

銷〔註 95〕。因此外交部最主要且經常性的經費來源，仍是由國家每年所編列的預算中取得。然由由於整的北京政府長期由軍閥控制的關係，財政部在籌集足夠款項支付政府各項開支上面，遇到相當的困難。原本國家的財政稅收是財政部收入的一大來源，但由於民初各軍閥間的相互競爭，許多的稅收都被地方軍閥們收爲己有〔註 96〕。除了由外交團所撥的關餘和由國家控制的匯繳中央政府的鹽稅外，北京政府並沒有其它一定的收入來源，致使的原本就相當短缺的國家財政〔註 97〕，更是陷入一片慘澹之中。由於關餘在當時以成爲國家最重要的財政來源，因此編列預算時需處處受到關餘限制，而關餘並不足以解決國家經費的需求，在這種狀況之下，財政部編列預算顯得相當困難。加上提撥關餘項目需要外交團的同意始能提撥，一但提撥項目受到否決，

〔註 95〕顧維鈞，《顧維鈞回憶錄》第一分冊，頁 384～385。

〔註 96〕民初中央財政，重點有二：一爲各省解款，從清代中央須款派定各省解送制度遞嬗而來。民國三年恢復此制，以各省預算數爲準，在省預算上，收支相抵，如有餘額，應將餘額報解，中央賴以挹注。二爲各省專款，係從劃分國家稅與地方稅制度而來，凡屬國加稅，應由中央徵收，除鹽關兩稅向由中央直接派員徵收外，餘如印花、菸酒、官產收入等均由財政廳兼管，以專款名義，報解中央。在袁世凱武力足以統轄全國時，各省爭相報解，迨至中央武力漸趨衰頹，各省遂相率觀望，先短解，次停解，終且截留專款。賈士毅，《民國財政經濟問題今昔觀》（臺北：正中書局，1954 年），頁 73。

〔註 97〕由於民國初建立，百廢待舉，國家財政至感拮据。雖然說當時編列的預算數雖不算多，但由於國家國勢不強，歲入的數字常跟不上歲出，因此只好仰之餘向各國賒借了。歲出與歲入的情形參見下表：

民國初年收支對照表

	支　出	收　入	多餘或短少
民國 2 年	642,236,876	557,296,145	（－）84,940,731
民國 3 年	352,024,030	382,501,188	（＋）30,477,158
民國 5 年	471,519,436	472,124,695	（＋）605,259
民國 8 年	495,762,888	490,419,786	（－）5,343,102
民國 14 年	634,361,957	461,643,340	（－）172,718,617

說明：本表示以銀元爲單位。

從表中可以看出，自民國元年以來，我國的財政，在民國三年至五年袁世凱主政期間，能有盈餘外，其餘多是入不敷出。加上自民國八年後，財政預算的編列不甚完整，各省所應交的解款，被加以扣留的狀況下，收入就更加爲短少了，也就是說，財政就更加短缺。參見周伯棣，〈民元來我國之中央財政〉，收入朱斯煌主編《民國經濟史》（臺北：文海出版社，1983 年），頁 167。

就會遭受拖延待遇，如此經費的來源隨即要受到受到困難。〔註98〕

　　至於北京外交部部內官員的薪俸，按照民國元年頒佈之〈中央行政官官俸法〉當中規定，各部及內閣的官俸都是一樣的，只有級別之分。薪俸有一套規章，其基本原則是每一個官員都按照其所屬等級支薪。外交部自從元年10月1日起即遵照此法施行〔註99〕。其薪資的發給如表4-8：

表4-8：外交部部內官員月給薪俸分級表

	特任官（總長）	簡任（次長）	薦任（司長、參事、秘書、僉事）	委任（主事）
第 一 級	1000	600（一等一級）	360（三等一級）	150（六等一級）
第 二 級		500（二等二級）	340（三等二級）	140（六等二級）
第 三 級		400（二等三級）	300（四等三級）	130（六等三級）
第 四 級			280（四等四級）	115（七等四級）
第 五 級			240（五等五級）	105（七等五級）
第 六 級			220（五等六級）	95（七等六級）
第 七 級			200（五等七級）	80（八等七級）
第 八 級				75（八等八級）
第 九 級				70（八等九級）
第 十 級				60（九等十級）
第十一級				55（九等十一級）
第十二級				50（九等十二級）

説　　　明：本表薪俸以銀元為單位。
資料來源：印鑄局《職員錄》（北京：印鑄局，1923年），民國12年一期。

　　直至北伐成功，此俸額都未有任何的更動。因而官員們的薪資要有所變動，僅能從官員等級上作為變動。如以民國二年所公佈的薪俸等級來看，總長為特任官，月領有1000元薪俸。次長是二等官，敘二等二級俸500元。司長、參事及秘書為四等官，敘四等三級俸300元。科長及僉事則為五等官，科長敘五等五級俸240元及僉事則為五等六級俸220元〔註100〕。但其官俸官

〔註98〕黃文德，〈北京外交團與近代中國關係之研究——以關餘交涉案為中心〉，頁94。

〔註99〕〈實行中央行政官官俸法令〉，1912年10月18日，《外交檔案》，03~12/16~(4)。

〔註100〕《政府公報》（洪憲前）第四二〇號，民國2年7月7日。（命令）頁124。

等變動規則爲何，並無任何確切資料可以瞭解，然透過筆者於《政府公報》中所觀察外交部官員官等官俸變異情形，其變異範疇大約如此。以民國 3 年而言，次長上任時，官員等級多列爲二等官，領的官俸爲二等二級 500 元，然在一陣子後即晉升敘列爲一等官員，而領一等一級 600 元官俸〔註 101〕。除了曹汝霖曾被列爲特任外；司長、參事則上任時爲四等官，領四等三級 300 元官俸，爾後隨即被晉升列爲三等官，官俸等級多爲三等一級 360 元〔註 102〕；秘書則亦爲四等官，爾後亦被升爲三等，領三等二級 340 元或三等一級 360 元俸〔註 103〕；而僉事部份，僉事多爲五等官，領五等六級 220 元俸，具科長職者領五等五級 240 元俸。然而許多資歷久且上著有勞績之僉事官最高可達到三等官，領三等一級 360 元的薪俸〔註 104〕。而主事則爲六至九等官，其薪資從月領 70～150 元不等。而至民國 12 年時，參事、司長們的等級上限作了修改，司長和參事可晉升達到爲二等官，領二等二級俸 500 元薪資〔註 105〕。如此的官位等級變動的程度，若與當時的上海物價指數相比，有許多的助益〔註 106〕。由於外交部高級官員，需多與外人交際以瞭解外情，如此薄弱的薪

〔註 101〕《政府公報》（洪憲前）第七五七號，民國 3 年 6 月 15 日，（餉）頁 955。
〔註 102〕《政府公報》（洪憲前）第七一七號，民國 3 年 5 月 6 日，（令告）頁 425。
〔註 103〕《政府公報》（洪憲前）第七五七號，民國 3 年 6 月 15 日，（餉）頁 955。
〔註 104〕《政府公報》第八六七號，民國 7 年 6 月 23 日，（命令）頁 683。
〔註 105〕《外交公報》第二十二期，民國 12 年 4 月，（僉載）頁 2。
〔註 106〕雖然說中央官俸並沒有增加，但透過官員職等的改變，可謂之爲變相的薪資變動。若要瞭解其薪資變動到底是成長與否，需要將物價變動因素考慮進去，這樣才具有實質意義。（參見下表）

司長、參事薪資與物價變動表

年　代	1914	1915	1916	1917	1918	1919	1920	1921	1922	1923
物價指數	100	90.62	98.24	92.85	102.34	102.23	111.14	122.63	115.59	119.58
參事、司長最高薪資	360	--	--	--	--	--	--	--	--	500
薪資指數	100	--	--	--	--	--	--	--	--	138.89

說　　明：1. 因爲上海爲中國之金融中心，故取該地物價指數波動作爲對照標準。
　　　　　2. 表中部管事務價指數或薪資指數都是取以 1914 年＝100 爲基期。
　　　　　3. 所取基期數字以小數點後第二位，四捨五入所造成的。
參考資料：盛灼三，〈民元來上海之物價指數〉，收入周開慶主編《民國經濟史》（臺北：華文書局，1967 年），頁 408～409。

經由上表中可以看出，物價指數在民國 6 年以前是屬於負成長階段，因此薪資雖然在此沒有調整，但實質上其購買能力可爲之上漲。而至民國 7 年之

俸無法供給外交部人員作爲交際之用，因此外交部在經費許可之下，多爲酌量發與交際費用。在陸徵祥任職總長職內，即以發給次長每月 400 元，參事、司長 300 元，以次遞減至科長爲止，每月共計一萬餘元的津貼費用，做爲交際費用〔註107〕。爾後，此種交際金額雖未成定制，但是爲了便於交際關係，此項津貼都會有所補貼。此外筆者在《政府公報》中發現，除本薪及津貼費用外，民國 9 年、10 年，外交部各官員如在職資歷足夠且其著有功績者，加發以年功加俸〔註108〕，參事、司長最高爲 500 元，僉事、科長最高爲 400 元，主事最高爲 300 元。

　　一般而言，駐外使領館官員的薪資要比部內官員爲高。使領館人員駐紮外國，各國生活程度與國內不同，而當時中國的生活水平又較他國爲低，加上使領人員亟需與所駐國交涉，若使領館人員薪俸與國內官吏相同，則將無法維持其充分的生活。在民國元年訂定中央行政官俸法後，官俸改以元爲單位，中央官員的薪俸也有一個新的標準。而駐外使領館的官俸亦不列外，須改以元爲單位，因而在民國 2 年 1 月 6 日公布〈外交官、領事官、使領館主事官俸暫行章程〉，根據清末駐外官員薪俸，來作爲駐外使領館官員們月領官俸的一個過渡依據〔註109〕。其規定如表4-9：

表4-9：駐外使領館官員暫行官俸表

使　　館	公　　使	一等秘書	二等秘書	三等秘書	隨　　員	
領　　館		總領事	領　　事	副領事	隨習領事	主　　事
按舊官俸	二等駐使	頭等參贊	二等參贊	三等參贊	二等書記官	書記生
薪　　俸	1800	750	600	450	360	150

參考資料：〈外交官、領事官、使領館主事官俸暫行章程〉，1913 年 1 月 6 日，《政府公報》（洪憲前）第二四二號，民國 2 年 1 月 8 日，（命令）頁 127。

　　　　後，物價始爲正成長，因而薪資無所調漲的狀況下，相對的購買能力就爲之下降。而民國 12 年的等級變動，使的外交部司長、參事所領薪資提高許多，若用其薪資指數對照物價指數來看，其上漲程度，不可不謂之有相當助益。
〔註107〕曹汝霖《，曹汝霖一生之回憶》，頁 84。
〔註108〕年功加俸，爲各職務晉至每職等最高本俸時，如考績優良，得晉支年功加俸。參自趙其文，《人事行政學》（臺北：華泰書局，1996 年），頁 327。
〔註109〕〈外交官、領事官、使領館主事官俸暫行章程〉，1913 年 1 月 6 日，《政府公報》（洪憲前）第二四二號，民國 2 年 1 月 8 日，（命令）頁 127。

　　然而這只不過是過渡時期所訂的辦法，當中的分類仍太過於簡單。前面已有說過，駐外使領館薪俸高於國內官吏，而各國生活程度未必相同，將使同級使領官官員薪俸一律，則各員之間難免失平。因此制訂一較完善的官俸，是相當亟需的。民國 5 年 3 月 2 日公布正式的駐外使領官員官俸法〈外交官領事官官等官俸令〉，不僅依所駐國的不同，一個官員有數等，而且每等之中還分為若干俸級。其等級如表 4-10 所列示：

表 4-10：外交官、領事官官等表

特　任	簡　任		薦　任			委　任
	一　等	二　等	三　等	四　等	五　等	六至九等
大　使	公　使	公　使	參　贊	參　贊	隨　員	主　事
		大使館參事	總領事	總領事	領　事	
				領　事	副領事	
				副領事	通商事務員	
					隨習領事	

資料來源：〈外交官、領事官官等官俸令〉，1916 年 3 月 2 日，《政府公報》第五十七號，民國 5 年 3 月 3 日。

　　在此官俸令中，它將外交官領事官官俸分為二項，不僅發給依照中央行政官官俸法的本俸外，還因為補各所駐國生活程度的不一的不公，而加發勤俸一項。本俸與國內同等級官吏相同（參照表 4-8），勤俸則分為甲乙丙三額，由外交部視所駐地方情形而定（參照表 4-11）：

表 4-11：外交官、領事官月給勤俸分類表

	大　使	公　使	大使館參　事	第一參贊總領事	第二參贊領　事	第三參贊副領事通商事務員	隨　員隨習領事	主　事
甲額	1400	1200	500	440	340	200	160	140
乙額	1200	1000	450	400	300	180	140	120
丙額	1000	800	400	360	260	160	120	100

資料來源：〈外交官、領事官官等官俸令〉，1916 年 3 月 2 日，《政府公報》第五十七號，民國 5 年 3 月 3 日。

此令還規定，使領館人員署理或代理他職時，應專支所署所代職之本俸勤俸。兼理他職時，除支原官本俸勤俸外，並給以所兼職勤俸之半，但大使公使兼駐他國不另支俸。臨時代辦使事官除支原官本俸外，給以該駐使之勤俸。代辦使事官除之原官本俸、勤俸外，得加給公使勤俸五分之一至四分之一〔註110〕。這官俸條例的規定不僅可以切合各駐外官員所駐國生活程度的需求，並且對於其它工作需求的加給，更是提出一套合理的薪資辦法。而其勤俸的發給，在國民政府成立後，雖然方法規定已有所不同，但是繼續延續下去。

然而如此的薪資對於駐外使領官官員是否合理？一個使領人員駐在國外必須維持一個上流社會的生活，方不致失體，方能圓滿地執行其任務〔註111〕。陳體強在《中國外交行政》一書中曾引用英國外向巴邁尊（Lord Palmerston）在英國下議院的報告，而引伸出外交代表必須在財政上毫無困難，外交是一種有用的國家公務，因此不應吝惜其費用〔註112〕。前面已經說過，駐外使領官員其薪資是較國內行政官員為豐。但由於駐在他國，生活的高低與否，要以當地的生活指數作為依據才合理，若非如此，將會造成駐外使館辦理外交的困境。以美國為例，根據美國勞動統計（U. S. Bureau of Labor Statistics）一1920 年美國工人的標準生活費年需 2100 美元，1923 年物價上漲百分之七十三，則生活費須 3633 美元〔註113〕，折合當時國幣約 7075 元，也就是月需約590 元〔註114〕。當時的領事、二等參贊的本俸加勤俸最低者為 580 元。如此

〔註110〕〈外交官、領事官官等官俸令〉，1916 年 3 月 2 日，《政府公報》第五十七號，民國 5 年 3 月 3 日，（命令）頁 95～98。

〔註111〕民國 15 年 9 月 3 日，駐葡萄牙公使王廷璋電外交部表達駐外人員欠缺經費的困境上，曾提到：「年來國內擾攘，使領同人備受痛苦，外交為體面官職，乃至形同告丐，非特無外交知足言，且近於辱國。……」〈收日來佛王代表三日電〉1927 年 9 月 4 日，《外交檔案》03~38/40~（2）。

〔註112〕陳體強，《中國外交行政》，頁 320～321。

〔註113〕Fairchild, F. R. ,Furniss, E.S. & Buck, *N.S.-Elementary Economics,1923*,p.378。轉引自陳體強，《中國外交行政》，頁 321。

〔註114〕根據 12 年的匯兌，當時每關平兩（海關兩）一兩合美金 0.80 元，而一關平兩又大約值 1.558 元，因此換算結果約為 7075 元。參見黃文德，〈北京外交團與近代中國關係之研究——以關餘交涉案為中心〉，頁 191；羅志平，《清末民初美國在華的企業投資（1918～1937 年）》（臺北：國史館，1996 年），頁 23；若以民國 11 年的匯率 1 美元＝2.1 元來計算美國工人所需年薪，則為7629.3 元，其數目更為之大。參見賈士毅，《民國財政經濟問題今昔觀》，頁70：民國 15 年的匯價美金 1 元＝2.33 國幣，則為 8464.89 元，參考唐啓華、

可以看出，在當時我國高級使領館人員的收入竟不如美國一位工人〔註115〕。那如何有餘力去辦理外交呢？但本俸與勤俸薪資方式，以為往後國民政府外交部定下一個良好的典範。

　　然而在民國12年以後，由於國家財政發生困難，加上使領館規模、總數增加許多，因而發生駐外使領館經費的發放產生問題直至民國16年，外交部積欠使領館各館每月經常、臨時費用，已達兩年又數月之久。在這兩年之際，使領館的經營全靠館長們到處借貸以資經營。然兩年之久的經費積欠，各館長已典質殆盡，館員都已告貸無門，困苦情形不堪言狀。因此外交部在籌款不力後，不得不施以歸併使領館方式，以期節儉〔註116〕。如此的作法，勢必將逐漸減少的兼使情形又得回復，而因為便利僑民的領館會因而減少，而使得辦理外交上又要面臨過去的困窘情形。但是由於欠款過多，因此在民國16年3月19日發生公使們集體回國索款的情形〔註117〕。由此可知，當時駐外使領館在國外辦理外交，所面臨的困境，是如何艱辛。

　　民國2年，為將整個地方對外交涉權力收歸中央，而於各省或重要巨埠設立交涉署或交涉分署，由外交部派遣特派交涉員與交涉員管理。而特派交涉員是由外交總長經由國務總理呈請簡任，而交涉員則由外交總長經由國務總理薦請任命，其薪額是依〈中央行政官官俸法〉規定，按照其等級支領薪資。當時規定特派交涉員支領月薪500元，交涉員則支領月薪360元。而交涉署除交涉員外尚設有科長、科員，科長、科員由該外交署長官呈報外交總長委任。其薪額的給予依照民國2年〈各省交涉署、交涉分署員缺俸給一覽表〉規定，科長依其等級不同，月薪由150元至200元不等；科員亦是依其等級，月領60元至120元。另外，各交涉署需要雇有之雇員與夫役，其額缺薪給亦有所規定〔註118〕。其詳細俸給情形如表4-12。除了本俸外，科長、科員之辦事勤勞卓著者，得由該署長官酌給津貼，惟至多不得逾本俸五

《北京政府與國際聯盟（1919～1928年）》，頁222。

〔註115〕此薪資以領事與二等參贊所分等級，月領4等4級俸280元，加上乙額勤俸300元，共580元，比美國工人為低。若以最高薪額4等3級俸300元，加上假額勤俸340元，其總和為640元，若以一美元＝2.1銀元匯率相比，則其最高薪資大約美國勞工一個月薪資。

〔註116〕〈裁併使領館說帖印件〉，1926年，《外交檔案》，03～10/11～（4）。

〔註117〕錢實甫編著，《北洋政府職官年表》，頁194～195。

〔註118〕〈各省交涉署、交涉分署員缺俸給額一覽表〉，1913年7月11日，《外交年鑑》民國九年份（上編），頁46～49。

成。〔註 119〕

表 4-12：民國 2 年交涉署、交涉分署員缺俸給表

一、交涉署

額別	署　　　　別	員　缺　別	月俸給	備　　　　註
甲	直隸、奉天、江蘇、湖北、廣東	署長 1 人	500	月給 500 元
		科長 4 人	700	月給 200 元者 2 人，150 元者 2 人
		科員 8 人	720	月給 120 元者 4 人，60 元者 4 人
		雇員 10 人	250	月給 30 元者 5 人，20 元者 5 人
		夫役 12 人	96	每人月給 8 元
乙	吉林、黑龍江、山東、浙江、雲南、江西、福建	署長 1 人	500	月給 500 元
		科長 2 人	350	月給 200 元者 1 人，150 元者 1 人
		科員 5 人	420	月給 120 元者 2 人，60 元者 3 人
		雇員 8 人	200	月給 30 元者 4 人，20 元者 4 人
		夫役 10 人	80	每人月給 8 元
丙	安徽、新疆、四川、廣西	署長 1 人	500	月給 500 元
		科長 2 人	350	月給 200 元者 1 人，150 元者 1 人
		科員 4 人	360	月給 120 元者 2 人，60 元者 2 人
		雇員 6 人	150	月給 30 元者 3 人，20 元者 3 人
		夫役 8 人	64	每人月給 8 元
丁	河南、陝西、湖南	署長 1 人	500	月給 500 元
		科長 2 人	350	月給 200 元者 1 人，150 元者 1 人
		科員 4 人	360	月給 120 元者 2 人，60 元者 2 人
		雇員 4 人	100	月給 30 元者 2 人，20 元者 2 人
		夫役 6 人	48	每人月給 8 元

〔註 119〕〈外交部特派各省交涉員及各埠交涉員職務通則〉，1913 年 5 月 21 日，《政府公報》（洪憲前）第三七五號，民國 2 年 5 月 23 日，（命令）頁 241～243。

二、交涉分署

額別	署　　　別	員　缺　別	月俸給	備　　　　　註
甲	營口、哈爾濱、煙台、廈門、汕頭	署長 1 人	360	月給 360 元
		科長 2 人	350	月給 200 元者 1 人，150 元者 1 人
		科員 5 人	420	月給 120 元者 2 人，60 元者 5 人
		雇員 8 人	200	月給 30 元者 4 人，20 元者 4 人
		夫役 10 人	80	每人月給 8 元
乙	江甯、寧波	署長 1 人	360	月給 360 元
		科長 2 人	350	月給 200 元者 1 人，150 元者 1 人
		科員 4 人	360	月給 120 元者 2 人，60 元者 2 人
		雇員 6 人	150	月給 30 元者 3 人，20 元者 2 人
		夫役 8 人	64	每人月給 8 元
丙	蘇州、鎮江、安東、長春、北海	署長 1 人	360	月給 360 元
		科長 1 人	170	月給 170 元
		科員 3 人	240	月給 120 元者 1 人，60 元者 2 人
		雇員 4 人	100	月給 30 元者 2 人，20 元者 2 人
		夫役 6 人	48	每人月給 8 元
丁	塔城、愛琿、成都、宜昌、沙市、溫州、瓊州、南寧	署長 1 人	360	月給 360 元
		科長 1 人	170	月給 170 元
		科員 2 人	180	月給 120 元者 1 人，60 元者 1 人
		雇員 2 人	50	月給 30 元者 1 人，20 元者 1 人
		夫役 4 人	32	每人月給 8 元

資料來源：〈各省交涉署、交涉分署員缺俸給額一覽表〉，1913 年 7 月 11 日，《外交年鑑》民國九年份（上編），頁 46～49。

　　從表中我們可以見到，並非每個交涉署或交涉分署所給的薪給都是一樣的，它會是其交涉署的所在地點或重要性而加以歸類，而每類所規定的辦事人員亦有所不同。這與駐外使領館依其所駐國的生活程度加以劃分等級有其異曲同工之處。如此的劃分，不僅可以省去人力的浪費，更可大大的預防經費的不必要浪費。

　　然而由於經費實在過於短缺的關係，交涉署的經營並無法很順利的發展

下去。民國 2 年，爲了配合中央節減政費，而節省地方交涉經費的支出，逐漸將交涉分署裁併，其業務交由地方道尹或海關監督兼署。在外交部經與財政部商訂之下，凡海關監督兼任交涉員者，以海關監督爲主體。即以海關監督兼充交涉員，所有經費除海關監督經費外，酌留交涉員經費四分之一，用以資助〔註120〕。爾後甚至有許多交涉署因經費縮減，深怕裁員會造成辦事困難，因而酌減薪俸，以折扣支給薪俸〔註121〕。而這情形一直持續到北伐期間都還存在著。由於如此的情形，因此每個交涉署之間，同等級的官員其所支領的薪資，就會產生不公平的現象。

　　然而進行裁撤或以薪資折扣的方式，雖然說可以節省不少的經費。但在民國12年以後，國家財政發生困難，因此外交部對於地方交涉署的款項產生積欠情形〔註122〕。而各交涉署在經費來源受困的情況下，僅有向地方商人借貸，或變賣東西以求繼續經營。再加上偶有地方交涉員盜用公款事情出現〔註123〕，在這種狀況下，交涉署官員們的士氣爲免深受影響，而影響整個辦事的效率。

小　結

　　由於從清外務部即努力朝向職業外交家辦理外交的方向前進，因此當北京政府一成立，其所做的改革方向，更是朝此方現前進。不管是部會人員的

〔註120〕〈外交部呈大總統江寧交涉員係金陵關監督兼充請援各處兼任交涉員之例將江寧交涉分署裁撤酌留款項爲兼任交涉員辦公之資以其撙節文〉，1914 年 5 月 2 日，《政府公報》（洪憲前）第七一四號，民國 3 年 5 月 3 日，（公文）頁 659～660。

〔註121〕在江蘇省鎮江交涉分署於民國三年呈送的「三月支出計算書」中署長一員薪俸原爲 360 元，但因節省經費關係，而以 7 折支付 252 元。〈鎮江鄭交涉員呈成送三年三月份支出計算書由〉，1914 年 6 月 1 日，《外交檔案》，03～42/3～(4)；河南交涉署於民國 11 年呈送的 11 年支出預算書中，更提到自民國六年級因經費縮減，而酌減薪俸，以八成支給。〈河南交涉員呈送十一年度經常臨時歲出暨雞公山歲入歲出各款預算書由〉，1922 年 7 月 3 日，《外交檔案》，03～42/24～(2)。另外在其他交涉署的經費預算書中，仍可見到許多薪資低於原先規定的薪資出現，因此筆者推測由於經費短缺的關係，因此各交涉署只好實行折扣方式，以繼續生存。

〔註122〕〈重慶關中華民國十五年八月份交涉經費支出計算書〉，1926 年 9 月，《外交檔案》，03～42/8～(1)。

〔註123〕Financial Irregularities in Ministry of Foreign Affairs, *N. A. 329*, 893.021 Foreign Office in China / 32.

任用或是駐外使領館人員的任用，都有其現代化的任人選拔方式，並且爲了使職業外交化，更是將外交官的任用限定於外交部所屬人員之內。雖然說外交官、領事官任職的期限爲延續前清舊制度，但對於一些氣候不佳及交通不便之地，都予以兩年爲期。並且爲儲備外交人才，北京政府外交部仿效西方設立待命制度，使得外交官、領事官在任職期滿後，不會因而而消失於外交工作中。至於外交部所屬人員的考績問題，由於一直未有完善的考績制度，因此官員們的升遷調免，一直是依上層長官就其需求及喜好而加以任免之。

北京政府外交部的的決策階層爲前一章所言之領導單位及幕僚單位，亦即總長、次長、參事、秘書及各司長。而所謂專業化，係指人員受過專門教育機構的訓練，擁有專業知識，而有助於其處理功能專業化的事務，此種人員，稱之爲新式的專業人員。近代學者多認爲，在決策階層，通才的行政領導已不符合現代化的需求，專門知識或技術已成爲行政領導的必備條件〔註124〕。綜觀整個北京外交部的人事，其領導階層所擁有的條件，以現代行政組織領導階層專業化的領域而言是相當符合的，並且民國 10 年後總長之職，長期由留歐美學生擔任，這對於整個外交部領導階層具有相當穩定性。也因領導階層的優秀，北京政府外交部才能將許多過去不合理的外交待遇加以祛除。

然綜觀整個北京政府外交部的經費，雖然說有著良好的預算制度，但由於整個國家財政的短缺，使得經費的獲得相當不易。雖說外交部一開始在經費的運用上有著良好的規畫，但都由於國家財政上的短缺，而使的良好的規畫無法實施，甚至發生許多交涉上的困擾。如由於積欠國聯經費，而使得在國聯行政院席位的爭奪上，於 1923 年開始，連續於第四、五、六屆上落選。〔註125〕

至於在其所屬官員薪資的分配，部內官員由於受到〈中央行政官官俸令〉的限制，無法隨意加薪，但外交部盡量在其等級上變動，使官員們在薪資上能更加寬裕。並且在經費的補助上，更是不吝發放，而使官員們的薪資夠其使用；而駐外使領館官員的薪資，外交部更是提出一項良好的辦法，除了平常的薪資發放有一套等級制度加以區隔分配外，更爲了配合所駐國生活程度的不同，而提出勤俸的發放補助。這項津貼發放不僅可以補助因駐在他國所

〔註124〕姜占魁，《行政學》（臺北：五南圖書出版公司，1984），頁 357。
〔註125〕唐啓華，《北京政府與國際聯盟》，頁 138～139。

需經費較多的困境，更可以因依各國生活程度的不一而發放不同的勤俸，而使得公平性大為增加；至於地方交涉單位的薪資，在民國 2 年時以提出一套良好的方案，一所在地的重要性及工作量的多寡，而提出不同等級的額缺俸給發放這種發放情形不僅可以避免浪費，更可切乎其所需要。

然而由於國家政局動亂，南北分裂情形存在，中國財政嚴重短缺，因而有在好的制度亦是無法施行。因此在民國 12 年以後，不管是駐外單位或亦是地方交涉單位經費的短缺開始出現。為了要持續對外交涉的進行，各駐外單位或地方交涉單位莫不使竟各種辦法，墊款、借貸等。然由於積欠時間實在太長，許多的單位實無法繼續經營，因而士氣未免大受影響。往後北伐展開時，許多外交官員或地方交涉員的投靠，或許是其中因素之一。

雖然說整個北京政府時期，各軍閥們相互爭奪，而使得國勢積弱不振，而在處理對外交涉上，不免遇到許多阻礙。但由於此時外交人才輩出，加上北京政府外交部對於外交官的任用上趨於專業化、技術化。外交官們屢屢在國際會議上展現不凡的外交能力，使的中國在國際間日益的重視。因此在許多國權上的收回，頗有績效。這些都可以顯示出，北京政府外交部在職業外交化所展向出的成果。

對於外交官職業化、專業化而言，北京政府時期可以說是相當的徹底且成功。在此時期，職業外交官在政界中具有一種獨特的地位，時人因此稱他們為「外交系」。尤其新一輩的外交家，如顏惠慶、顧維鈞，王正廷等，他們認為外交是他們的天下，不容旁人插足〔註126〕。但也因為如此，一但有他們所認為不是其外交系統的人事任職外交部重要職位，就會遭受排擠與反對，民國14年曾宗鑒代理外交部次長時，就遭受當時的外交部當中其它成員極力的反對〔註127〕。後來國民政府時代，國民黨為了實施以黨治國的理念，常常使用一些非外交人事，如蔣作賓、劉文島、楊杰等做為大使、公使。而使得這些職業外交家在當初政局的地位受到影響，然而在國民政府的外交系統中，他們仍然是辦理外交最基本骨幹，而繼續為中國的外交而奮鬥。

〔註126〕程天放，《程天放早年回憶錄》（臺北：傳記文學，1968 年），頁 136。
〔註127〕A communication from the Diplomats' Club to Doctor Jacob Gould Schurman, American Minister and Senior Minister., February 27, 1925, *N. A. 329, 893.021* Foreign Office in China / 28.

第五章　北京政府外交部對國民政府外交部的影響

　　民國 17 年 7 月 1 日，奉系軍閥張學良電告全國宣佈不再妨礙統一，北伐於是成功，全國宣告統一。北京政府外交部的歷史也就宣告終止，取而代之的是由國民政府於南京所成立的南京外交部。

　　民國 6 年，孫中山等因黎元洪解散國會，張勳復辟，加上段祺瑞平亂後，不肯恢復國會，毀壞約法精神，故在廣州設立軍政府，擁護約法。民國 8 年，孫中山在上海辭去總裁職務，非常國會議員，因廣東督軍莫新榮不發政費，而紛紛求去。民國 9 年，陳炯明率兵驅除莫新榮，孫中山、伍廷芳與唐紹儀等回粵，再度召開政務會議，執行職務。同年 4 月國會在廣州開非常會議，議決中華民國政府大綱，選舉孫中山為大總統。民國 11 年陳炯明叛變，孫中山再度離粵至上海，至桂軍入粵驅除陳炯明，孫中山才回粵重組大元帥府。民國 13 年，直奉戰爭後，孫中山北上商議解決國是。民國 14 年 3 月 12 日，孫中山因勞辭世，同年 7 月，國民黨改組大元帥府成立國民政府，採合議制。民國 15 年誓師北伐，同年 12 月 1 日正式將國民政府遷往武漢。後寧漢分裂，隔年 4 月 18 日南京國民政府成立，9 月 2 日，寧漢合作，武漢政府併入南京政府。民國 17 年 7 月，張學良宣佈不再干擾統一，全國遂告統一。〔註1〕

　　南方政府自廣州軍政府成立到北伐成功，與北方形成相互對峙之局。當中，南方政府歷經多次的政權轉變和改組，其外交策略亦從與歐美談判，轉向「聯俄容共」的激烈不妥協策略。事實上，自民國 6 年廣州政府成立後，

〔註 1〕洪鈞培，《國民政府外交史》（臺北：文海出版社，1966 年），頁 11～13。

—107—

南北外交就時而合作，時而競爭，中間存在著相當微妙的關係。過去在討論南北兩政府外交關係時，多偏重於「修約外交」與「革命外交」的互動關係上面〔註2〕，而對於南北兩外交部上的組織影響與人事互動較少提及。本章將以南方外交制度的轉變爲主體，再佐以其與北京政府外交部人事上的互動關係，以及概略談到當中的合作關係，並且於最後針對統一後的南京國民外交部，對於北京政府外交部工作與人事的處置，做一探討。以期能對國民政府外交部的組成有更深入且較全面的認識，並因而釐清中國外交制度與人事的延續關係。

第一節　北京政府外交部對廣州政府外交部的影響

　　民國6年8月31日，在廣州由孫中山主導的國會非常會議通過「中華民國軍政府組織大綱」，隔日推選孫中山爲軍政府海陸軍大元帥〔註3〕，中國出現南北對峙的狀態。當時不管是北京政府或是廣州政府，對外都宣稱自己才是中國惟一的合法政府，互相爭取列強的承認與支持；對內同時以攻擊不平等條約爲號召，爭取國人的認同〔註4〕。然而當時的列強們確認爲，北京政府代表較大部份的中國，且得自於袁世凱，爲法統的、事實上的中國。雖然當時北方軍閥割據，但列強們仍寄望另一個強者的出現，領導統一中國〔註5〕。因而對當時南方政府的呼應非常冷淡，列強認爲孫中山只不過是爲夢想家以及不切實際的人（a dreamer and visionary）〔註6〕，甚至在某些交涉上與他產

〔註2〕「修約外交」乃是在五卅慘案後，北京外交部所採取的外交策略，其秉持傳統立場，尊重中外條約外，也能順應民情，發展出一套具體可行的到期修約模式；這種「修約外交」在北伐期間頗有表現。「革命外交」則是國民政府在五卅後所採取的激烈外交方式，其一貫宣稱要以革命手段，並依恃群眾力量，不完全顧及過去的條約、協定、慣例與既成事實的前提下，而廢除不平等條約；這種「革命外交」在北伐期間有相當成就。至於「修約外交」與「革命外交」的不同及互動關係，請參考唐啓華，〈北京政府與國民政府對外交涉的互動關係（1925～1928年）〉，收錄於《興大歷史學報》第四期（臺中：國立中興大學，1994年）。

〔註3〕《軍政府公報》第一號，民國6年9月17日，（法規）頁1。

〔註4〕唐啓華，〈北京政府與國民政府對外交涉的互動關係（1925～1928年）〉，頁79。

〔註5〕石源華，《中華民國外交史》，頁275。

〔註6〕J.T. Pratt, Memorandum respecting Sun Yet-sen, Moscow and Great Britain, 6 February 1928, *FO371 / 13223* [F 703 / 703 / 10]。

生衝突。孫中山在失望之餘，開始與蘇聯接近，攻擊列強帝國主義的壓迫，不平等條約的束縛及列強對北洋軍閥的支持〔註7〕。雖然說當時南北兩方政府為了爭取國際上的承認，而在對外交涉呈現一副互不相讓得形式。然而在許多方面，卻是有著合作的空間。事實上，自民國 6 年廣州政府成立後，南北外交就時而合作，時而競爭，形成北洋時期中國外交上的一大特色〔註8〕。我們可以從以下許多例證來加以說明。

首先在人事行政組織上，透過《軍政府公報》我們可以瞭解，當時南方軍政府由於地處南方一隅，故其外交部組織系統並不需要過於龐大。根據民國 7 年 4 月 22 日所公佈的〈外交部組織條例〉中，可以瞭解其設有一廳二司，及總務廳、政務司和通商司。人事上設有總長一人，次長一人，參事四人，秘書四人，司長二人，分別掌管政務司與通商司。僉事、主事若干人〔註9〕。同年 9 月公佈的〈外交部組織條例〉，更縮減外交部組織，僅設總務司及政務司兩司，並將參事給廢除，秘書縮為二人，司員訂為九人〔註10〕。若從其司職的的工作內容來看，其組織與當時北京外交部是極為相似的，都採用依工作性職分工的分司制，由一位總長主持部務，並且設有一名次長輔佐。除此之外，從南方軍政府的歷任部長、次長名單中，我們可以發覺有許多人都曾在北京政府外交部任職過（見表 5-1）。筆者認為，這是因為負責外交工作是極需要擁有外交經驗，並且在辦理外交方面，在許多方面需與北京政府外交部有所交手。因而在廣州軍政府成立時，所用主持外交機構之人，以伍氏父子為佳人選，因此直至民國 14 年國民政府成立之前，外交部務的主持，大多以此兩人為多。

表 5-1：廣州軍政府外交部、次長與北京政府外交部關係表

姓　名	廣　州　軍　政　府	北　京　政　府
王正廷	1917～1918 任外交部次長	1922～1923；1924；1925～1926 任外交總長
王建祖	1920 任外交次長	

〔註7〕同註4，頁83。

〔註8〕同註4，頁78。

〔註9〕〈外交部組織條例〉，1918 年 4 月 22 日，《軍政府公報》第七十五號，民國 7 年 4 月 23 日，（法規）頁 403～405。

〔註10〕〈外交部組織條例〉，1918 年 9 月 2 日，《軍政府公報》（修）第三號，民國 7 年 9 月 7 日，（法規一）頁 39～40。

伍廷芳	1917～1918；1918～1920 任外交部部長	1916～1917 任外交總長
伍朝樞	1918～1920 任外交部次長 1923～1925 任外交部部長	1915～1917 任外交部參事
郭泰祺	1923～1924 任外交部次長	1916 任外交部參事
溫宗堯	1923 任外交部部長	
溫秉忠	1920 任外交部次長	

說　　明：1. 本表部長、次長以受任命者為主，代理或署理者並不將之列於表中。
　　　　　2. 本表示以姓氏比畫作為排列先後順序。
參考資料：1. 蔡鴻源、孫必有、周光培編，《南方政府公報》（河北：人民出版社，1987 年）。
　　　　　2.《政府公報》影印版（洪憲前）第一號至第一三一○號及（洪憲後）第一號至第一八九三號（臺北：文海出版社，1971 年）。
　　　　　3.《外交公報》影印版第一期至第八十二期（臺北：文海出版社，1985 年）。
　　　　　4. 錢實甫編，《北洋政府職官年表》（江蘇：華東師範大學出版社，1991 年）。
　　　　　5. 石源華主編，《中華民國外交辭典》（江蘇：上海古籍出版社，1996 年）。

　　此外，由於北京政府外交部所主管的地方交涉署在民國二年由地方道尹及關監督兼任之後，地方交涉員的任命權與控制權逐漸為地方所掌控。南方廣州軍政府所掌控的的地區亦不例外，廣東省與廣西省地區的交涉員，自從軍政府成立後即多為軍政府所任命〔註 11〕。但值得注意的是，雖然說軍政府

〔註 11〕南方軍政府成立後，即任命當時其所掌控地區的交涉員，直至民國 14 年國民政府成立為止，其曾經任命的地方交涉員如下表：

地　　　方	人　　　名
特派雲南交涉員	徐之琛 1918.10.4 任
特派廣西交涉員	余炳忠 1918.10.4 任；黃建勳 1923.7.19 任 戴恩賽 1923.11.9 任；林子峰 1924.9.16 任。
特派廣東交涉員	梁瀾勳 1919.12；李錦綸 1920.12.7 任；傅秉常 1923.2.27 任； 羅桂芳 1924.10.15 任；范其務 1924.11.1 任。
汕頭交涉員	譚兆槐 1918.10.8 任；王懋 1920.4.15 署； 陳其尤 1920.12.7 任；戴德 1923.3.23 任。
瓊州北海交涉員 （海口北海交涉員）	王懋 1918.10.8 任；楊晉 1920.4.15 兼； 傅秉常 1920.12.7 任；黃建勳 1923.3.2 任。
特派四川交涉員	劉照青 1919.5.8 任。
重慶通商交涉事宜	宋輯先 1919.7.10 任。

說　　明：本表僅列出其任命日期。
參考資料：蔡鴻源、孫必有、周光培編，《南方政府公報》（河北：人民出版社，1987 年）。

所控制的地區名義上已經獨立，但事實上各交涉員仍是屬於北京政府外交部所管，而與北京政府外交部有文件來往。直至民國 7 年 10 月 14 日，才由軍政府發佈命令禁止〔註12〕。在民國 12 年廣州大元帥大本營時期，為了節省對外交涉經費與讓外交事權能夠更為統一，外交部不僅以廣東交涉署三樓為辦公地點，並且在外交部職員當中有許多職員是由交涉署和省長公署交涉局職員兼任（見表 5-2）。然而北京政府外交部在編列地方交涉預算時，卻依然將廣東與廣西地區之交涉預算編列其中。這種形式之下，廣州外交部與之相對，似乎被北京政府外交部視於一個與地方交涉單位同等的地位中。

表5-2：廣州大元帥大本營外交部職員薪俸表

姓　名	原　　職	兼　　職	現支薪俸	姓　名	原　　職	兼　　職	現支薪俸
伍朝樞	外交部部長	無	1000	郭泰祺	外交部次長	無	600
林子峰	省長公署交涉局副局長	外交部第一局局長	225	陸敬科	省長公署交涉局副局長	外交部第二局局長	225
伍大光	建設部秘書	外交部秘書	225	陳長樂	外交部秘書	高等師範英文教授	450
吳迺桄	外交部部員	無	180	伍學濂	外交部部員	無	180
何永忠	外交部部員	無	180	傅秉坤	外交部部員	無	100
蔡哲平	交涉署文牘科科長	外交部部員	80	潘紹梣	粵海關監督公署秘書	外交部部員	80
孫昌潤	交涉署秘書	外交部部員	80	郭蘊祥	外交部書記官	無	80
馬猶龍	外交部書記官	無	70	謝謙華	外交部書記官	無	80
余福錦	外交部書記官	無	70	鄭渭川	稽核所科員	外交部書記官	40

參考資料：〈大本營外交部職員薪俸表〉，1924 年 8 月 20 日，《陸海軍大元帥大本營公報》，1924 年第二十三號，收錄於蔡鴻源、孫必有、周光培編，《南方政府公報》（河北：人民出版社，1987 年）。

至於廣州政府與北京政府共同參與國際事務方面，就以參與巴黎和會最為成功。民國 7 年冬天，歐戰結束，巴黎和會即將召開，而加入協約國陣容的中國當然亦是當時參與巴黎和會的國家之一。當時中國正處於南北分裂狀態，北京政府是國際上所承認法定的合法中國政府，因此代表中國參與和會

〔註12〕〈粵海關監督羅誠呈復自奉文日起呈報北京各部文件一概截止呈候軍政府各部核辦文〉，1918 年 10 月 14 日，《軍政府公報》（修）第十五號。

是極其合理；而廣州軍政府一直自視自己才是合法政府的，又豈能放棄這能宣示其爲合法地位之重大會議的機會。但是當時國際間正處於一片和平的氣氛之中，因此處於長期戰亂中的中國人民則希望南北兩政府能夠放棄爭亂，共同組一代表團赴會，而爲中國爭取國際地位的提升。加上國內外皆認爲一個分裂的中國，在和會上將不會受到重視。因此爲了給國際社會一個中國統一的的形象，南北政府只好答應派出聯合代表團參與巴黎和會。〔註13〕

然而代表團的組成，確是波折重重。當時正值南北議和的召開，因此就將合組代表團的問題於當中提出，然而南北雙方對於和談卻遲遲無法達成共識，派遣赴歐議和代表之事自然不及討論。隨著和議開議日期的迫近，北京政府僅有趕緊特任具有南方代表形象的王正廷爲代表團全權〔註14〕，由陸徵祥率領軍事、財政、農商及交通等代表，逕自前往巴黎〔註15〕。而南方代表方面，直至民國 8 年 2 月中旬，軍政府才公告王正廷與軍政府派出的伍朝樞爲軍政府和會代表。王、伍二人及其隨員郭泰祺等人，亦先後由北京政府加以委任，加入代表團工作〔註16〕，此時南北所謂統一的聯合代表團才宣告成立。這是中國第一次以如此龐大的陣容參與國際會議，象徵了中國進入了國際體系，雖然說在和會中山東問題沒有獲得解決，但是卻也收回了德、奧在華特權和廢除德、奧間的不平等條約，並且讓世界列強重視中國的外交問題，因而於日後的華盛頓會議中得以提出。而南北兩政府聯合代表團的組成，更讓中國人民認清中國所處的地位，引發各界一致努力改進國家地位的決心。這都是中國在巴黎和會上得到無價得勝利。然而由於雙方於和會期間，主導權的爭奪問題而造成雙方不愉快，所以當華盛頓會議預備召開時，以孫中山爲非常大總統的廣州政府不願接受再次聯合代表團的組成，而另派一代表團

〔註13〕 金問泗在其著作《從巴黎和會到國聯》一文中，曾提到王正廷博士（當時王代表南方，至美國向各界遊說，意在運動美國承認南方之交戰地位）訪晤金問泗之師——謨亞（John Bassett Moore,1860-1947 年）時，謨亞提說：「中國此時若再對外表示內部分裂，和會召開，中國必且見擯不得參加，鄙意以爲不可！」金問泗，《從巴黎和會到國聯》，頁 4。

〔註14〕 關於北京政府接受王正廷爲和會代表的過程參見廖敏淑，〈巴黎和會與中國外交〉（臺中：國立中興大學歷史研究所碩士論文，1998 年），頁 65～66。

〔註15〕 陸徵祥於 1918 年 12 月 1 日啓程，見《東方雜誌》第十六卷第一號，中國大事記。

〔註16〕 王正廷、伍朝樞的任命過程，及郭泰祺參與代表團的工作情形參見廖敏淑，〈巴黎和會與中國外交〉，頁 58～70。

與北京政府代表團抗衡，而造成於華會期間，他國藉口中國政局的不安定，而成爲刁難關稅自主的藉口之一。〔註17〕

第二節　北京政府外交部對國民政府外交部的影響

民國14年7月1日，國民政府成立，同日發表宣言，再次強調立即廢除不平等條約爲國民政府的外交方針〔註18〕。過去軍政府或大本營時期的外交制度，於此時已有不小的改變。由於所處之勢力範圍比軍政府時期狹小，百般施政因此就簡，外交部組織亦然。根據同年7月11日所公布之〈國民政府外交部組織法〉中規定，外交部設部長一人，掌管部內事務及監督所屬職員。部長以下並無次長，僅秘書長一人及秘書若干人，承部長之命，整理部務及掌理機要事務。內部組織分爲兩局，由局長掌理局務。第一局置外政科及調查科，第二局置交際科跟繙譯科。各科執掌分別如下：

　外政科：1.政治交涉事項。

　　　　　2.領土交涉事項。

　　　　　3.華洋訴訟交涉事項。

　　　　　4.禁令交涉事項。

　　　　　5.外人傳教保護事項。

　　　　　6.中外人民初籍入籍交涉事項。

　　　　　7.開商埠設領事及河道工程交涉事項。

　　　　　8.關於通商行船事項。

　　　　　9.關稅外債交涉事項。

　　　　　10.路礦郵電交涉事項。

　　　　　11.保護在外僑民事項。

　調查科：1.調查各國政治經濟社會狀況事項。

　　　　　2.調查各國外交政策事項。

　　　　　3.關於國際聯合會盟約保和會紅十字事項。

　　　　　4.審查關於訂立及修改各種條約事項。

　　　　　5.解釋各種條約事項。

〔註17〕金問泗，《從巴黎和會到國聯》，頁4。

〔註18〕洪鈞培，《國民政府外交史》，頁13。

6.蒐集各種條約各國法律書籍及交涉專書事項。

7.編纂條約統計報告及交涉專書事項。

8.調查外交事件事項。

繙譯科：1.繙譯外國文件事項。

2.繙譯外國語言事項。

交際科：1.接待外賓事項。

2.國際禮儀事項。

3.關於聘問事項。

4.關於派遣駐外委原事項。

以上四科，各至科長一人，科員若干人。另因繕寫文具及其他特別事項，得酌用雇員。〔註19〕

　　由以上可知，當時廣東國民政府外交部，由於偏處一偶，無需要龐大的外交機構，因此一切從簡。然而其內部制度，仍採用因是分科制，這與之前的廣州外交部並沒有多大分別。到了民國 15 年 8 月 14 日〈修正外交部組織法〉，更是將其編制簡略，沒有廳、司之設置，而僅設下列五科：（一）公法交涉科；（二）私法交涉科；（三）繙譯科；（四）調查科；（五）總務科〔註20〕。此種簡單的組織，以全國性質之外交機關而言，自不敷用，但就當時廣東國民政府而言，由於事實上所統轄之區域僅限於一偶，爲應付所轄區內之外交事務，設置此簡單機關，已足敷應用。另外比較特別的是，外交部中還附設有「外交部宣傳局」，根據民國 15 年 9 月 27 日公布之〈外交部宣傳局暫行章程〉中規定：「宣傳局得搜集中央及地方政府各機關與外交或革命上有關係已公布之文件，用各種方法宣傳於國內及國外，併應將外國披露之外交關係事件，隨時報告本部。」〔註 21〕可見國民政府對於國民外交的重視程度。而在交涉員方面，由於統轄之地並不大，因此僅偏於廣東與廣西方面，而在北伐進行後，才又增加長沙交涉署一處〔註 22〕。另由於統轄之地越來越大，因此

〔註19〕〈國民政府外交部組織法〉，1925 年 7 月 11 日，《中華民國國民政府公報》第二號，頁 16～17。

〔註20〕〈修正國民政府外交部組織法〉，1926 年 8 月 14 日，《中華民國國民政府公報》第四十二號，頁 5～7。

〔註21〕〈外交部宣傳局暫行章程〉，1926 年 9 月 27 日，《中華民國國民政府公報》第四十六號，民國 15 年 9 月 27 日，（法規）頁 9～10。

〔註22〕廣州國民政府所任命的交涉員，根據《中華民國政府公報》記載如下表：

對於交涉員的辦事規則亦有所規定，因此於民國 15 年 9 月 9 日頒佈〈外交部特派交涉員暫行條例〉〔註23〕，並於 11 月 20 日提出修正。

國民黨在召開第一次全國黨代表大會後，「聯俄容共」的政策正式確立。而在國民政府成立時，國民黨左派份子汪精衛在俄籍顧問鮑羅廷（Michael M. Borodin）及俄駐北京大使加拉罕（Leo Karakhan）的支持下，於民國 14 年（1925）7 月 1 日當選第一任國民政府主席；國民黨的權力核心——中央執行委員會，事實上也已受到由左派顧問鮑羅廷所掌握的中央政治委員會所控制〔註24〕。而當時的外交部長伍朝樞由於對於「聯俄容共」政策不甚贊同，而被列之為國民黨右派份子，因此在國民政府成立後，轉任為廣州市政務委員長（即廣州市長）。而外交部長的職位，則由不嫻外交事務、並且在國民政府主席中被左派份子排擠的胡漢民接任〔註 25〕。然而八月中旬發生震驚廣州政壇的廖仲愷遇刺案，由於兇手胡毅生乃胡漢民胞弟，而廖仲愷又為國民黨中之親共份子，而胡漢民又被列於黨內右派，因此「廖案」的發生，胡漢民難

廣東交涉員	傅秉常 1925.7.1 任
汕頭交涉員	江屏藩 1925.7.22 任，12.24 免；馬文車 12.31 任； 劉灝 1926.2.22 任，9.10 免；宋兆震 9.10 任
廣西交涉員	林子峰 1925.8.12 任，1926.4.12 辭；龔傑元 1926.4.12 任
瓊州北海交涉員	陳長樂 1925.12.5 任
欽廉邊防交涉員	鄒建廷 1926.3.19 任
長沙交涉員	羅誠 1926.11.8 任

說　　明：1. 欽廉邊防交涉署於 1926 年 4 月 16 日改為欽廉雷交涉署。
　　　　　2. 瓊州北海交涉署於 1926 年 4 月 24 日改為瓊州交涉署。
　　　　　3. 廣東交涉署於 1926 年 6 月 3 日裁撤。
資料來源：《中華民國國民政府公報》第一號至第五十二號，民國 14 年 7 月 1 日至
　　　　　民國 15 年 11 月 30 日（臺北：成文出版社，1972 年）。

〔註23〕其規則與北京政府外交部所頒佈之〈外交部特派各省交涉員及各埠交涉員職務通則〉相差無幾，一樣有將交涉署分等級，唯其等級較為簡單，僅分為一等署、二等署、三等署三的等級，而不似北交外交部還要分成省交涉署跟地方交涉分署；所不同的是，其對於辦事勤勞得力者，是由署長酌給津貼。另外對於不同等級的公費有所規定。參見〈外交部特派交涉員暫行條例〉，1926 年 9 月 9 日，《中華民國國民政府公報》第四十四號，民國 15 年 9 月 11 日，（法規）頁 15～19。

〔註24〕林孝庭，〈外交家伍朝樞與近代中國〉（臺北：國立政治大學外交研究所碩士論文，1997 年），頁 46～48。

〔註25〕《中華民國國民政府公報》第一號，民國 14 年 7 月 1 日，（命令）頁 9。

脫嫌疑；在共黨份子的叫囂及鮑羅廷的指使下，胡漢民於9月23日被迫「出洋學習」〔註26〕。外交權力於是流於國民黨左派份子之手。

觀察國民政府在遷往武漢前，外交部長多由胡漢民及陳友仁擔任。然而由於胡漢民多處於請假狀態〔註27〕，因此在外交上的作用並不大。此時的外交權力多由政治立場左傾、力主以激烈手段爭取國家利益的陳友仁所取代。陳友仁曾於民國11年起，即擔任孫中山的外事顧問。其外交經驗可以說是比胡漢民豐富，但是其左派色彩濃厚，加上主張激烈的外交策略，因此由當時的右派胡漢民所任命的外交部官員，立場可能與其有所抵觸。因此在他於15年6月1日代替因病請假的胡漢民就職後〔註28〕，他就馬上於6月12日將外交部原有官員免職，而換上另一批新的外交官員，並且任命宣傳局長〔註29〕，為其依恃群眾力量的「革命外交」作一準備。

而從整個廣州國民政府的人事來看（表 5-3），廣州國民政府由於中央權力為左派所掌控，在外交上偏向以激烈的方式來進行，與過去的運用談判，遵守國際慣例的外交方式大相逕庭。因此陳友仁上任後所任命的外交部官員，無一人曾在之前的廣州外交單位任職過，而與北京政府外交部的關係更是毫無關連。

表 5-3：廣州國民政府外交部職官年表

	民國 14 年（1925）	民國 15 年（1926）
部　　長	胡漢民 7.1 任，9.23 假	胡漢民 5.21 假；陳友仁（代）
秘 書 長		高承元 10.2 任
秘　　書	黃昌穀 7.20 任。黃子聰 7.20 任 李守誠 7.20 任；9.30 免 張春木 7.20 任。謝儀仲 7.20 任 金溥崇 7.20 任。謝保樵 8.18 任	黃昌穀 6.12 免。張乃燕 2.1 任 黃子聰 6.12 免。林佑根 6.12 任 張春木 2.20 任。韋 愨 6.12 任 謝儀仲 6.12 免。高承元 7.19 任 金溥崇 6.12 免。梁明致 7.19 任 謝保樵 6.12 免

〔註26〕林孝庭，〈外交家伍朝樞與近代中國〉，頁59。
〔註27〕胡漢民於民國14年7月1日任職外交部長，同年9月23日即因「廖仲愷遇刺案」被迫離開廣州。隔年5月回國，5月21日又再度請假，由陳友仁代替。所以其在職期間僅短短將近三個月。
〔註28〕《中華民國國民政府公報》第三十五號，民國15年6月3日，（命令）頁7。
〔註29〕《中華民國國民政府公報》第三十六號，民國15年6月17日，（命令）頁7～8。

參　　事		
第一局局長	陸敬科*7.20 任	陸敬科*7.30 免
第二局局長	陳長樂*7.20 任	陳長樂*
宣傳局長		韋　玉 6.12 任

説　　明：1.民國 15 年 8 月 14 日外交部進行改革，設有參事，而將局這一層級裁撤，但設宣傳局。
　　　　　2.表中*為曾在廣州舊外交單位任職者。

資料來源：《中華民國國民政府公報》第一號至第五十二號，民國 14 年 7 月 1 日至民國 15 年 11 月 30 日（臺北：成文，1972 年）。

　　民國 15 年 7 月，國民革命軍誓師北伐，進軍神速；在外交上的態度也日趨於強硬。10 月 10 攻下武昌，國民政府的地位大為鞏固。而為了供應龐大的軍費，國民政府不顧列強的反對，片面宣佈徵收二五附加稅，並於 10 月 11 日起開始徵收〔註 30〕。此為「革命外交」的一大成就。同年底，國民政府遷都武漢，武漢國民政府於是成立。武漢國民政府外交部基本上沿襲廣州國民政府外交部組織，另外還設立了條約委員會、對日外交委員會及英租界臨時管理委員會等，均由外交部長兼任委員長或主席。

　　民國 16 年 4 月 18 日，南京國民政府正式成立，造成寧漢分裂。南京由胡漢民擔任「代理主席」，蔣中正則為革命軍總司令，並為南京政府的靈魂人物。而南京國民政府外交部長一職，在蔣中正與胡漢民的邀請勸說下，伍朝樞再度出馬接任，並於 5 月 10 日通電就職〔註 31〕。蔣中正國民政府定都南京之後，由於全國大半已歸其管轄，過往的外交機關已不敷使用，故將舊制修正，擴大其範圍。民國 16 年 7 月 5 日公布〈修正國民政府外交部組織法〉，當中設秘書處及政務、總務二司。凡廣東國民政府外交部關於公法、私法交涉、繙譯、調查諸科事務及宣傳局事務，均劃歸政務司所管；總務科事務，劃歸總務司。與舊制所不同者，除將科擴充為司外，部長以下又置次長二人，輔佐部長整理部務，秘書亦增加至四人到六人，關於情報事項，則歸政務司辦理，不另設專門機構〔註 32〕。民國 16 年 9 月 16 日寧漢復合，11 月 5

〔註 30〕李恩涵，《北伐前後的「革命外交」（1925～1931 年）》（臺北：中研院近史所，1993 年），頁 105～106。

〔註 31〕《中華民國國民政府公報》（寧字）第二號，民國 16 年 5 月 17 日，（電文）頁 27。

〔註 32〕〈修正國民政府外交部組織法〉，1927 年 7 月 5 日，《中華民國國民政府公報》（寧字）第八號，民國 16 年 7 月 8 日，（法規）頁 1～3。

日〈外交部組織法〉，重加修正，其中秘書處之職務與舊制無甚出入，而將政務司改爲第一司，總務司改爲第二司。所不同的是將政務司當中的宣傳、調查、繙譯、編纂諸事分列出來，設置第三司。所設職員，與舊制無甚出入，增加秘書長一職及參事二至四人。〔註33〕

民國 17 年 2 月 22 日，外交部組織又提出修正，根據〈修正國民政府外交部組織法〉，其部內共設：（一）秘書處；（二）總務處；（三）第一司；（四）第二司；（五）第三司。秘書處與舊制相同，無甚出入，總務處實際上等於原有之總務司〔註34〕。但所設之司的性質，與原有之司已大不相同。原有之司的工作性質區分乃是按其工作事項，無國別之分。然而這種分法由於沒將東西文化不同的因素考量，東方可行的制度未必能行於西方，故一司分掌東西方各國事務，難免會有隔膜。不如根據地理環境不同，分若干司，分別負其責任〔註35〕。因此爲改舊制弊端，又能保留過往以功能爲分科依據的優點，故新修正組織法之司即採地理環境不同及功能的不同的混合法的而分之。第一司掌管東西各國有關連之事項，第二司掌亞洲各國及蘇聯之事項，第三司掌歐美各國之事項〔註36〕。這種分司法，成爲往後國民政府外交制度的範例，北伐完成後之外交部組織，即是脫胎於此。

而在交涉署方面，由於北伐進展頗速，在民國 16 年 11 月 17 日即以統轄江蘇、安徽、浙江、福建、廣東、廣西、江西、湖北、湖南、四川、陝西、雲南、河南等地，對於交涉署的管轄不能再適用過往的規則，因此在民國 16 年 11 月 22 日頒佈了〈國民政府外交部特派各省交涉員及各埠交涉員服務條例〉，此部條例基本上是以民國 15 年所頒之暫行條例爲基準，加以擴大而成。當中大部份條例與過往北京政府時期所定之規則相差無幾，比較特別的是「各省特派交涉員得列席省政府會議，有發言權無表決權。」這項條款，這條款是過往北京政府交涉署所沒有的。除此之外，對於交涉署的分類，不似過往將交涉署與地方交涉分署分開，而是將其合再一起分類，而將交涉署分類爲

〔註33〕　〈國民政府外交部組織法〉，1927 年 11 月 5 日，《中華民國國民政府公報》第五期，民國 16 年 11 月 8 日，（法規）頁 3～6。

〔註34〕　〈修正國民政府外交部組織法〉，1928 年 2 月 22 日，《中華民國國民政府公報》第三十四期，民國 17 年 2 月 23 日，（法規）頁 1～5。

〔註35〕　周子亞，《外交監督與外交機關》，頁 126～127。

〔註36〕　〈修正國民政府外交部組織法〉，1928 年 2 月 22 日，《中華民國國民政府公報》第三十四期，民國 17 年 2 月 23 日，（法規）頁 1～5。

甲乙丙丁戊己六個等級。然而其分類所依據的標準，依舊是遵照過往北京政府時期的分類而行之。〔註37〕

　　伍朝樞在接任南京國民政府外交部部長一職後，由於將摒棄激烈的「革命外交」方式，因此在外交人事上的選用，許多過去於廣州與其共同奮鬥的外交人才逐漸回流，加上一些由北京政府外交部投效的外交人才，而組織一個新的外交人事，由廣州國民政府外交部所續留下來的人員僅一小部份。由此可以瞭解，從人事層面而言，寧漢復合後，統一的南京國民政府外交部並非是延續廣州國民政府外交部而來。

　　從表5-4中，我們可以觀察得到，南京政府外交部在剛成立之初，所用的人事大多是以過去曾在廣州軍政府或大本營時期外交部任職。然而在北伐日漸順利，北京政府外交部人員紛紛投效之後，北京方面的人才逐漸取代廣州方面的外交人才，而成為南京國民政府外交部的主力。尤其在王正廷任職部長後，外交部各司司長均為曾任職北京政府外交部的人才所壟斷。因此我們可以瞭解，此時的南京國民外交部，其所受北京政府外交部的影響，從人事方面來看，更勝於廣州國民政府外交部。

表5-4：民國16～17年南京國民政府外交部職官年表

民國16年（1927）	
部　　　　長	伍朝樞**5.10任，10.12再任
次　　　　長	郭泰祺**8.6任，10.20再任。朱兆莘**8.6任，10.20再任
參　　　　事	李錦綸*11.14任。傅秉常*11.14任。陶履謙**11.14任
秘　書　長	伍大光*11.14任
秘　　　　書	陳世光11.17任。譚葆慎11.17任。張贋年11.17任。謝冠生11.17任 金問泗**11.17任。梁鋆立12.31任
總務司司長	朱履龢10.20任
政務司司長	
民國17年（1928）	
部　　　　長	伍朝樞**1.3差；郭泰祺**（代）；黃郛**2.9任，6.8辭；王正廷**6.8任
次　　　　長	郭泰祺**3.6辭；唐悅良**3.6任。朱兆莘**3.9辭，7.12任

〔註37〕　〈國民政府外交部特派各省交涉員及各埠交涉員服務條例〉，1927年11月22日，《中華民國國民政府公報》第九期，民國16年11月23日，（法規）頁6～10。

參　　　事	李錦綸*。傅秉常*3.2辭；徐謨**3.2任，6.21辭；潘連茹4.3任 陶履謙**6.21辭。諸昌年**6.19任。張歆海6.19任
秘　書　長	伍大光*3.6辭；汪希4.19兼；樊光6.18任
秘　　　書	陳世光。譚葆慎3.6免；樓光來3.9任。張賡年1.3免；汪希謝3.9任，6.21辭 應尚德7.2任。謝冠生。金問泗**3.2調；錢昌照3.9任，7.2辭；吳凱聲7.2任 梁鋆立3.6免；黃仲蘇3.9任
第一司司長	金問泗**3.2任，4.3調；徐謨**4.2兼；稽鏡**6.19任
第二司司長	朱履龢3.2辭；袁良3.2任，6.21辭；周龍光**6.19任
第三司司長	何傑才3.2任，6.21辭；徐謨**6.19任
總務處處長	陶履謙**4.19任；樊光6.18兼

說　　明：表中*字號部份表示曾任職於廣州均政府或大本營外交部；**表示爲任職北京外交
　　　　　部者。

參考資料：1.《中華民國國民政府公報》（寧）第一號至第十二號、第一期至一〇〇期及第一
　　　　　　　號至第五十六號，民國16年5月1日至民國17年12月31日（臺北：成文出
　　　　　　　版社，1972年）。
　　　　　2.石源華，中華民國外交史辭典》（上海：古籍出版社，1996年）。

第三節　南京外交部接收北京政府外交部

　　民國17年6月4日北京政府大元帥張作霖於皇姑屯遭日軍炸傷而亡，7
月1日張學良通電絕不妨礙統一，12月29日張通電全國宣佈易幟，國民政府
北伐成功，中國完成統一。10月完成國民政府五院組織條例〔註38〕，進入所
謂的「訓政時期」。這時的外交體制也納入了這一黨國體制之中。同年12月8
日頒佈了〈國民政府外交部組織法〉，此組織法基本上與之前頒佈的〈修正國
民政府外交部組織法〉並無太大差別，所不同的是將一、二、三司改爲國際、
亞洲、歐美各司，另外加設情報司。並且將兩名次長定名爲政務次長與常任
次長，政務次長管政治交涉事項，常任次長專管部內事項〔註39〕。此部組織
法是統一後的第一部外交部組織法，而這外交部組織一直到民國28年才會有
較大的改變。

　　北伐成功，國家完成統一後，國民政府外交部所要面臨的問題是，如何
承續北京政府外交部的外交工作，與如何處置北京政府外交部的成員。爲了順

〔註38〕〈國民政府行政院立法院司法院考試院監察院組織法〉，1928年10月20日，
　　　　《中華民國國民政府公報》第一號，民國17年10月26日，（法規）頁1～10。
〔註39〕〈國民政府外交部組織法〉，1928年12月8日，《中華民國國民政府公報》第
　　　　四十號，民國17年12月9日，（法規）頁5～8。

利接收過去北京政府各機關，國民政府於 17 年 7 月 23 日訓令各部會在北平設立臨時接收機關，而其名稱一律稱為「某某部會北平檔案保管處」〔註40〕，外交部北平檔案保管處於是成立，設處長一人，科長一人科員、辦事員、雇員若干人，負責保管北京政府外交部移存的檔案、房屋、器具等，兼與當時尚未南遷的各國公使館交際和聯絡〔註41〕。另一個接收的機關是清華學校，清華學校是 1911 年，清廷由遊學務處肄業館改名而成，民國以後由外交部管理，1925 年升格為大學。國民政府在接管後，於民國 18 年 8 月改隸教育部，而與外交部脫離關係。

　　除此之外，國民政府外交部還作了些改革，首先是地方交涉機構。民國以來，一切外交事務均收回歸中央專辦，由外交部向各省及重要商埠派遣特派交涉員和交涉員，然而由於民國以來，軍閥割據，中央號令不行，交涉員大多成了軍閥的附庸，成為各軍閥勾結列強的工具。有鑑於此，國民政府在北伐中便強調統一外交行政，南京國民政府成立後，於民國 16 年 8 月 4 日發佈訓令，規定「嗣後凡軍民財政各機關有與外人發生關係之行動，應先向各外交主管機關商酌，然後辦理，使外交職責得以統一」〔註42〕。全國統一後，為更進一步集中外交事權，曾於民國 18 年 7 月決定裁撤特派交涉員和交涉員。翌年 7 月制訂的《裁撤交涉署善後辦法》規定：「各地方所有外交案件，統歸中央政府處理，地方政府不得直接對外及設立類似交涉署的機關」；所有外人事件，除法令限制外，與中國人民一律辦理，其不關外交之事務，如通商、貿易、租地、給契、游歷、護照、入籍以及關於外人之保護及取締等，由特別政政府或各省市、縣政府辦理；華洋訴訟案件移交當地法院辦理；各地方政府在辦理外人事務遇有交涉時，應即呈送外交部處理；外交部對於地方政府辦理外人事務，必要時「得直接命令指揮」。〔註43〕

〔註40〕《中國民國國民政府公報》第七十八期，民國 17 年 7 月 25 日，（訓令）頁 67；〈國民政府外交部到文第一七九號〉，1928 年 7 月 24 日，《外交部檔案》，0440/2300〜（1）。

〔註41〕〈外交部北平檔案保管處簡章〉，1928 年 7 月 26 日，《外交部法規彙編》第一集，（外交部總務司編管科，1930 年），頁 43。

〔註42〕〈令軍政各機關遇有外交事件宜與外交主管機關商酌辦理以一事全〉，1927 年 8 月 4 日，《中國民國國民政府公報》（寧）第十一號，民國 16 年 8 月 5 日，（訓令）頁 42〜43。

〔註43〕〈裁撤交涉署善後辦法〉，1930 年 7 月 19 日，《外交部法規彙編》第一集，頁 49〜50。

　　由於領事裁判權未能廢除，地方對外交涉仍多，而地方政府辦理涉外事項又缺乏經驗，為使這些涉外事項能及時妥善處理，南京國民政府很快又重新設立地方交涉機構。民國 18 年底，首先在中央政府控制較弱的遼、吉、滇、新四省設置外交特派員辦事處，直接受命於外交部，不受地方長官監督〔註44〕。民國 19 年 3 月，又設置視察專員，由外交部派出，巡視各地，考察地方政府辦理涉外事務狀況，並與指導和協助，但不辦外交。視察專員設四人，分別巡察皖贛湘鄂川、魯豫陝甘、閩浙粵桂黔和冀晉熱綏四區域。巡視員每半年巡視一周，應備視察日記及詳細報告，按月呈報外交部查核〔註45〕。民國 20 年九一八事變後，遼、吉兩省特派員辦事處關閉。隨後，因日本將侵略矛頭伸向華北，那裡的交涉事務遽增，外交部遂於民國 23 年先後設置察哈爾和駐北平特派員，並將原冀晉熱綏區的視察員停派。爾後，雖然地方交涉機構有所變動，但特派員的設置，僅是為了局部地區的需要，與早先北京政府時代相比，國民政府對地方交涉的控制確實是加強了。〔註46〕

　　再者是駐外使領館的調整。隨著中外交往的擴展，中國參與國際事務的增多，國民政府在健全外交機構的同時，對駐外使領館也進行了整理，使中國駐外使領館在數量、級別、規模上都有了相當程度的發展。南京政府將從事外交事務的官員分為外交官與領事官兩類。根據〈外交官領事官任用暫行章程〉第一條規定，外交官是指使館隨員以上人員；領事官是指領館隨習領事以上人員〔註47〕。外交官包括大使、公使、參事、一等秘書、二等秘書、三等秘書、隨員；領事官包括總領事、領事、副領事、隨習領事〔註48〕。基本上，這項人事關係與北京政府時期並沒有太大的改變。

　　民國 19 年 2 月 3 日國民政府公佈了〈駐外使領館組織條例〉，重新釐定使館編制，使館分為大使館、公使館、代辦使館三類〔註49〕，此與北京政府

〔註44〕〈外交部特派員辦事規程〉，1929 年 12 月 28 日，《外交部法規彙編》第一集，頁 51。

〔註45〕〈外交部視察專員辦事處辦事規則〉，1930 年 2 月 15 日，《外交部法規彙編》第一集，頁 53。

〔註46〕石源華，《中華民國外交史》，頁 323～324。

〔註47〕〈外交官領事官任用暫行章程〉，1927 年 1 月 16 日，《外交部法規彙編》第一集，頁 65。

〔註48〕〈外交官領事官官等表〉，1930 年 2 月 3 日，《外交部法規彙編》第一集，頁 61。

〔註49〕〈駐外使領館組織條例〉，1930 年 2 月 3 日，《外交部法規彙編》第一集，頁 57～60。

時期使館的分類並無多大差別，最大的差別乃是在北京政府時期，大使館的設置僅在蘇聯一國，到了國民政府時期，又增加了美國、日本、英國、德國、義大利、比利時、捷克斯洛伐克、法國、希臘、荷蘭、挪威、波蘭、瑞典、埃及、印度、伊朗、緬甸、大韓民國、菲律賓、泰國、土耳其、澳大利亞、阿根廷、波利維亞、巴西、加拿大、智利、墨西哥、秘魯、以及羅馬教廷共三十一個。而設立公使或兼公使館的國家除已設的葡萄牙、古巴、巴拿馬、奧地利、丹麥、芬蘭、西班牙、瑞士外，又增設了盧森堡、羅馬尼亞、阿富汗、薩爾瓦多、哥倫比亞、哥斯大黎加、多明尼加、厄瓜多爾、宏都拉斯、委內瑞拉，共 18 個。〔註50〕

除此之外，南京國民政府還繼北京政府設立了駐國聯中國全權代表辦事處。民國 19 年 2 月，國民政府頒佈了〈國際聯合會中國全權代表辦事處組織條例〉，當中規定全權代表三人由外交部呈請國民政府就富有外交經驗資望人員或現任駐外大使公使中簡派充任或兼任。辦事處設置處長一人主持處務，其下設一等、二等秘書各一人，三等秘書一至二人，隨員、主事各二人〔註51〕。而處長一職多由瑞士公使兼任。

關於領館部份，民國 19 年公佈的〈駐外使領館組織條例〉，將領館分總領事館、領事館及副領事館三類〔註52〕。然而就其編制而言，是較北京政府時期擴大，然基本上相差無幾。領事館的設置是隨著國與國之間關係的變化有所增裁，但整體而言，由於國際間的交往越來越頻繁，國際貿易也不斷擴大，因此國民政府時期領館的增設比裁併爲多。此外，南京國民政府還在華人集中而又未能設立領事館的地方，設有一些特殊類似領事機構的駐外機構。爲了辦簽證貨單的需要，在民國 21 年設置了簽證貨單專員辦事處或商務委員辦事處。其設置地點有香港、北圻、南圻、暹羅等地〔註53〕。國民政府除了常設領館以外，還沿襲北京政府自清末遺留下來的作法，設置名譽領事，一般聘請國外的外籍人事擔任，尤其照料中國在當地的商務或僑務。〔註54〕

〔註50〕張朋源、沈懷玉編，《民國政府職官年表（1925～1949 年)》（臺北：中研院近史所，1987 年），頁 557～584。

〔註51〕〈國際聯合會中國全權代表辦事處組織條例〉，1930 年 2 月 3 日，《外交部法規彙編》第一集，頁 55。

〔註52〕〈駐外使領館組織條例〉，1930 年 2 月 3 日，《外交部法規彙編》第一集，頁57～60。

〔註53〕王立誠，《中國近代外交制度史》，頁 255～256。

〔註54〕同註 52，頁 57～60。

　　除了制度上的延續與改革外，南京國民政府在北伐成功統一中國後，另一個必須面臨的問題，是如何吸收過往北京政府所遺留下來的外交工作，並且要如何處置原有北京外交部人員。國民政府在統一後，外交事務日趨增多，正值用人之際，因此許多過去任職於北京政府外交部者，紛紛加入南京國民政府外交部〔註55〕。根據民國17年10月的外交部名單中（表5-5），當中部長跟次長都曾任職過北京政府外交部，其他各主管也有多數是曾經任職過北京政府外交單位，由此可知，當時南京國民政府外交部，確實是吸收許多北京政府外交人才。爾後，南京國民政府外交部長當中，如顧維鈞、羅文榦，都曾當過北京政府外交部總長一職，而其他職員，如曾宗鑒、靳志、祝惺元、錢泰、胡世澤、朱鶴祥、沈覲鼎等曾擔任北京政府外交部重要幹部的外交人才，都一一加入南京外交部的行列中。

表5-5：統一後南京國民政府外交部人事

外交部部長	王正廷*		總務處長	樊　光（兼）	第一司長	稽　鏡*
次　　　長	唐悅良*	朱兆莘*	庶務科長	祁大鵬	第一科長	林紹楠
參　　　事	徐東潘* 諸昌年*	潘連如 張詔海	文書科長	張　翅	第二科長	吳建邦
秘　書　長	樊　光		會計科長	陳一麟	第三科長	胡　襄*
秘　　　書	刁敏謙* 朱樹星* 吳凱聲	應尚德 謝冠生	交際科長	陸兆鵬	第四科長	徐　鼎*
第二司長	周龍光*	第三司長	徐　謨*	情報處長	張維城*（兼）
第一科長	李　琛*	第一科長	朱世全*	第一科長	沈壽宇
第二科長	江華本*	第二科長	盛世煜	第二科長	楊　光
第三科長	張維城*	第三科長	楊光德	第三科長	李　達

說　　明：表中*字號部份爲曾任職過北京外交部者。
參考資料：1. List of Names of Officers of The Ministry of Foreign Affairs of And above The Rank of Sectional Chiefs, October 28, 1928. *N.A.329*, 893.021 Foreign Office in China/37.
　　　　　2. 張朋源、沈懷玉編，《民國政府職官年表（1925～1949）》（臺北：中研院近史所，1987年）。

　　駐外使領館人員的處置方面〔註56〕。南京國民政府在統一全國後，必須接管過去北京政府的駐外工作。其實在北伐期間，就有許多駐外代表傾向南

〔註55〕屬昭，《浮生中外》（臺北：臺灣商務，1969年），頁206。
〔註56〕同註55。

方，所以當北伐完成後，南京國民政府大部份還是援用原來的駐外使節，然而對於國旗的懸掛，則必須改以懸掛國民政府國旗〔註57〕。觀察駐外公使在統一後的變化來看，除了部份地區有新的人事變動外，大部份的駐外公使館，仍由過去擁有豐富外交經驗的北京政府外交官掌理外交事務（見表 5-6）。這是由於駐外使領人員駐紮國外，必須通曉語言，熟悉當地情形，以及風俗習慣，始能勝任。因此當南京國民政府統一全國後，除了少數使領館長略有更動外，其餘人員多由原有在職人員繼續任職。及至後來，南京國民政府舉行外交官領事官考試，加上增加許多使館的設置，過去舊有外交官的比重才逐漸下降。

表 5-6：民國 18～20 年駐外使節年表

駐在國	民國 18 年（1929）	民國 19 年（1930）	民國 20 年（1931）
英　國	施肇基*	施肇基*	施肇基*
日　本	汪榮寶**	汪榮寶**	汪榮寶**
德　國	蔣作賓	蔣作賓	蔣作賓
美　國	伍朝樞*	伍朝樞*	伍朝樞*
俄　國	朱紹陽*　夏維崧*	（斷交）	（斷交）
法　國	高　魯	高　魯	高　魯
西班牙	王麟閣*	王麟閣*	王麟閣*
義大利	沈覲扆*	沈覲扆*　蔣履福*	蔣履福*
荷　蘭	金問泗*	金問泗*	金問泗*
奧地利	蔣作賓（兼）	蔣作賓（兼）	蔣作賓（兼）
秘　魯	魏子京*	魏子京*	魏子京*
比利時	傅秉常（未到任）	謝壽康（代辦）	謝壽康（代辦）
墨西哥	李錦綸	李錦綸	李錦綸
葡萄牙	王廷璋**	王廷璋**	王廷璋**
古　巴	廖恩燾**　凌冰	凌　冰	凌　冰
巴　西	宋善良*	戴恩賽	戴恩賽
瑞　典	諸昌年*	諸昌年*	諸昌年*
丹　麥	羅忠詒**	羅忠詒**	羅忠詒**

〔註57〕《中華民國國民政府公報》第 46 號，民國 17 年 12 月 18 日（訓令），頁 5。

瑞　士	吳凱聲（代辦）	吳凱聲（代辦）	吳凱聲（8.11 任公使）
挪　威	諸昌年*（兼）	諸昌年*（兼）	諸昌年*（兼）
巴拿馬	李世中*（代辦）	李世中*（代辦）	李世中*（代辦）
智　利	張履鰲*（代辦）	張履鰲*（代辦）	張履鰲*（3.7 任公使）
芬　蘭	朱紹陽*	朱紹陽*	朱紹陽*

　　說　　明：表中打*字號部份爲曾就職於北京駐外單位官員，**部份爲原來使館人員。
　　參考資料：張朋源、沈懷玉編，《民國政府職官年表（1925～1949）》（臺北：中研院近史所，
　　　　　　　1987 年）。

　　從以上的兩個表可見到，在北伐成功後，由於外交人才的極度需要，加上北京政府外交部解散後，許多的原外交部人員南下，因此南京國民政府外交部的領導階層中，北京政府外交部南下人員佔有極大的比例，尤其在司長及以上幾乎都爲原北京政府外交部人員。而在駐外使節方面，更是因爲駐在他國亟需深懂國際慣例，熟悉當地的語言、文化等，因此在爲銜接過往的外交工作，更是將大部份的駐外使領留任，而僅在少數的幾國派遣新任公使。由此可知，雖然說在北京政府外交部在北伐後即已解散，但在人事上仍然是影響著往後中國外交界，尤其在外交官這方面。

小　結

　　民國 6 年，孫中山、伍廷芳等因不滿北京舊國會未能在「復辟事件」後恢復，舉起護法大旗幟，南下廣州成立軍政府，中國再度進入南北對峙的局面。從軍政府成立起，如何使廣州政府獲得列強的承認，即是南方所一直致力的工作。南方政府剛成立之時，由於地處南方一偶，故其外交部組織系統並不需要過於龐大。在辦理外交工作上，亟需深懂國際慣例及辦理外交經驗，則以曾任職於北京政府外交單位的伍氏父子爲最佳人選，然而在當時由於廣州政局仍呈現不穩定的狀態，因此在外交工作上的辦理，自然是十分的困難。

　　此時南北雙方在外交上的互動，是呈現著時而競爭，時而合作的的態勢。對外都自稱是中國唯一合法政府，互爭列強的承認與支持；對內同時以攻擊不平等條約爲號召，爭取國人的認同。然而當面臨國權維護時，雙方又可以採取合作的方式，在參與巴黎和會上，南北雙方政府共同組成代表團的參與，爲雙方訂立了一個良好的互動模式，但是由於雙方對於主導權的互不相讓，

因而合作參與國際性會議也就成為絕響。往後華盛頓會議預備召開時，廣州政府不願接受再次聯合代表團的組成，而另派一代表團與北京政府代表團抗衡，而造成於華會期間，他國藉口中國政局的不安定，而成為刁難關稅自主的藉口之一。

　　在廣州國民政府成立後，由於國民黨的外交策略改為以偏左派的激烈「革命外交」方式，因此過去以遵守國際公法的溫和外交家，在此已失去其發揮的舞臺，因而在廣州國民政府或武漢國民政府時期的外交部人事上面多以新的人事為主，而此段時期北京政府外交部對於廣州外交部人事上的影響，亦是最少的時期。雖然說一開始激烈的「革命外交」，在武漢國民政府初期獲得相當的成果，然而也因為對於處理對外交涉經驗上的缺乏，而使得列強面對於武漢國民政府產生厭惡，而不再與之交涉，成為武漢國民政府失敗的原因之一。

　　寧漢分裂，南京國民政府成立，伍朝樞擔任外交部長，由於伍氏長久任職於外交工作，具有豐富外交經驗，深知唯有遵守外交慣例，外交問題才能獲得解決。加上本身是偏右派的關係，因此所採取的外交方針，是以溫和的方式進行外交談判。然而此時中國具有三個政體對立，加上某些受列強鼓動的軍閥作祟，政局可謂相當混亂，因此在外交談判上面，未有太具體得成果出現。但此時南京國民政府對於外交所做出的談判誠意，以深受列強好評，而皆下來的外交部長黃郛、王正廷，甚至統一後的國民政府，也都以此作為們的外交方針。

　　至於在人事的選擇上，由於廣州國民政府及武漢國民政府所採取的是激進的「革命外交」，其理念與伍朝樞的溫和「革命外交」有所衝突，因此在南京國民政府外交部創立時，所任命的人事多以過去和他在廣州非國民政府時期共事的外交人事，以及從北京政府外交部投靠的外交官員。甚至往後接續他之後成為外交部長的黃郛及王正廷，亦都曾擔任北京政府外交部總長一職。可見南京國民政府外交部從人事層面而言，北京政府外交部對其影響甚至比廣州國民政府還為重要。

　　民國 17 年，北伐成功，全國統一，國民政府進入一個新的時代。在取代北京政府成為中國唯一的合法政府後，有許多外交上的事務是極需要處理。首先是對外交部組織的強化，過去初創時期，由於地處一偶，因此簡單的部會組織已敷使用，而統一後，則必須將之強化，以符合接踵而至的龐大外交

工作。南京國民政府建立後，〈外交部組織法〉幾經修改。其最大的變革，是將過往以功能作爲工作分科標準的外交部組織，改以採行地方和功能混合制爲分科標准，這種分類標準不僅可以將過去因東西方文化不同所造成的工作困擾祛除，又可以保留過去依功能而分類的工作優點保留。此外，南京外交部還對於北京政府外交部所遺留的工作做了些許的改變，比如說交涉署的裁撤及駐外使領館的擴大增多等。而大部份都是依過往的作法而延續下去。

至於對於北京政府外交部所遺留下來的檔案及人事上的處置。北伐成功後，南京國民政府即已下令成立「北京檔案保管處」，負責處理北京政府各部會所遺留下來檔案的保管及整理，而外交部的檔案保管處，還需負責與北京東郊民巷的各國使館進行聯絡的工作。至於人事的處置，由於涉外事務是門亟需專業知識的工作，因此在人員的選拔上，較爲嚴苛。時正值北伐成功後，外交部業務擴大，需要大量的外交人員，而造就過去北京政府外交部人員投效的機會。我們可從往後的外交部職官年表中觀察到，許多外交部主管官員都曾於北京政府外交部任職，甚至往後的部長顧維鈞、施肇基、羅文榦等，都亦曾擔當過北京外交部總長。而駐外使領館人員，除了少數的使領館館長略有更動外，其餘人員多由原有在職人員繼續任職，原因爲外交領事人才人員住在國外，必須通曉外國語文，熟悉當地情形，以及風俗習慣，使能勝任。

從以上的論述中，我們可以瞭解，雖然南方政府的成立，是爲了對抗北京政府，但外交工作是一門專業且技術的工作，因此在南方政府成立之初，廣州外交部就與北京政府外交部有著密切的關係，尤其是在人事的互動上面。之後，國民政府剛成立時，由於被左派所掌控，因而與北京政府外交部的關係較爲疏遠，但是由於南北兩政府外交策略不同——「革命外交」與「修約外交」的運用，反而形成一種相輔相成的局勢，造成對外交涉上一個輝煌的時期。寧漢分裂後，南京國民瞭解唯有透過溫和的談判，才能眞正將外交問題解決，因此不管是統一前或統一後，其策略都以一種類似「修約外交」的溫和「革命外交」與列強進行談判。加上許多的北京政府外交官員紛紛加入國民政府的行列之中，因此南京外交部的組成，可以說是與北京政府外交部有著息息相關的關係。

第六章　結　論

　　外交機制是由組織、人事和策略多種要素組合而成。外交活動，是通過外交機制的運轉而進行的，一般認為，中國現代外交始於民國元年成立的南京臨時政府，而非晚清。清政府雖設有外交機關，但 1861 年設立的總理衙門及 1901 年的外務部，均非是具有完全現代化機構的外交機制。北京政府外交部其具有現代化意義，從機制的形成及運轉可以表現出來。1901 年清政府改「總理衙門」為外務部，該部比「總署」前進一步，取消了若干封建禮儀的不便，建立了領事制度，釐定了派外使節職制而有所出使大臣、領事、副領事之分，制定了外交規章，對外關係在某些方面實現了對等化。但是，它在某些意義上又繼承了總署封建排外的精神，並且外務部是在列強的強制要求下所改革而來的產品，它的改革，不過是在組織型式、辦公手續諸方面更加適合列強需求而已。

　　民國元年的南京臨時政府外交部，是與臨時政府和臨時大總統相配套的，是一個具有現代化意義的外交機關。但由於臨時政府所處的時間過短，而其最主要的工作是擺在南北和議上，加上其又是不為列強所承認的合法政權，因此在外交事務上並沒有具體的成果出現。然而臨時政府所建立的現代化外交體制，卻為往後的北京政府外交部的成立訂立了一個良好的典範。

　　然而，北京政府外交部是否就是接續南京臨時政府外交部而來？根據筆者的研究發現，雖然說北京政府外交部組織與南京臨時政府外交部有很大相似之處，但是北京政府外交部首批任用的人事，卻幾乎為前清外務部所遺留的人員。加上北京政府外交部首任總長陸徵祥，由於長年擔任駐外使節，且精通法語，因此對於西方現代化外交制度——尤其法國，頗為知悉，因此在

其組織規劃下，會選擇偏法國的外交制度，並非意外。因此，與其說北京政府外交部是沿襲南京臨時政府外交部而來，還不如說北京政府外交部是由前清外務部人事改革而產生的現代化部會。

在北京政府內閣中，不管是〈臨時約法〉、〈新約法〉或〈民十二憲法〉的規定，外交部皆居於各部之首。外交總長由國務院總理提名，大總統任命，若是總理辭職，則由外長兼代閣揆。可見外交部在當時各法典中，具有其重要的地位。而整個北京政府外交部人才濟濟，可說是中國外交職業家的黃金時期〔註1〕。其出身除留美、日、歐學生外，就是同文館、廣方言館等新式教育機構的學生。陸徵祥、顧維鈞、顏惠慶、王正廷等堪稱世界第一流的職業外交家，陸氏就任八次總長，顧氏七次，顏惠慶則有六次。陸徵祥爲同文館畢業，並長年擔任駐外使節；顧維鈞則具有哥倫比亞大學法學博士學歷；顏氏則爲維吉尼亞大學畢業。他們皆具有廣泛的國際知識，瞭解世界局勢，掌握近代外交專業技能，通曉外交禮儀和外國語言。這些職業外交家們的傑出表現，展現出主動參與國際事務的精神，並爲中國爭回不少國權。如此的表現，受到部分歷史學者的注意，而給予高度的評價。Lucian Pye 曾這樣讚美：「北京外交家爲中國最成功的文人領袖，他們巧妙的利用國際均勢及當時世界的同情，取得了完全與中國國力不成比例的成果。」〔註2〕張忠紱亦說：「……直至北洋政權沒落，整個外交界尚能保持其傳統作風，故北京外交界的水準，反較 1927 年後爲優。」〔註3〕

陸徵祥在民國元年任職唐紹儀內閣外交總長時，即進行外交改革，外交部在其改革下，按照西方模式首先提出外交部組織法，由外長和次長主持部務，下設一廳四司——總務廳、交際司、外政司、通商司和庶政司，依功能不同而分工辦事；另設有秘書和參事，負責輔佐辦事。這組織爾後略有改革，但基本上不脫離此架構模式。民國 4 年取消庶政司，民國 10 年則因工作需要增加條約司，掌管對外簽訂條約及修改條約事宜。

外交部的另一項改革是將中國駐外使領館人員，一律改由受過專業訓練的人員來任職，也就是說將外交人員職業化，變成職業外交官。這改革的目

〔註 1〕 王立誠，《中國近代外交制度史》，頁 297。

〔註 2〕 Lucian Pye, *Warlord Politics: Conflict and Coalition in the Modernization of Republican China*, New York, 1971, p.152.

〔註 3〕 張忠紱，〈讀姚譯顏惠慶英文自傳感言〉，收錄於顏惠慶著、姚崧齡譯，《顏惠慶自傳》，頁 279。

的在提高整個外交工作的效能，對外交官必需有素質嚴格要求，將外交官具有的技術性提高。而在外交部內，由於現代化組織所要求的領導階層，並非要具備全才，而是要求具有專業，因此在部內高層人員的選用，外交部亦是盡量選用具備外交經驗且深知國際慣例之人員。爲了統一外交事權，北京政府外交部在民國 2 年於各省省會及重要商埠成立交涉署及交涉分署，派有特派交涉員及交涉員辦理地方對外事務，但後來由於經費關係，而將交涉員由關監督及地方道尹兼任，而使得地方外交權再度脫離中央掌握。

　　民國 2 年，中華民國首屆國會成立，依照〈臨時約法〉規定，中華民國政府採行內閣制，外交權的擁有應屬於內閣，並且接受國會監督。但是在袁世凱時期和其他軍閥輪流執政時期，他們不僅控制國會而制定有利於他們的憲法，有時甚至解散國會，而使得外交權力似乎掌握在少數人之手。然而事實上，除了袁世凱喜歡直接參與外交策略的制定外，其他的軍閥大多不喜與外人打交道，而將對外交涉事務交由外交部辦理。Leong Sow-theng 如此論述到：「北京政府此時官方地位基本上是由列強承認而來，這使得北京政府在處理對外關係時，相當程度的免於軍閥的干預，因爲軍閥知道外國認同承認基於良好的外交關係。這樣的結果造成外交部成爲一個有力制定政策的機關，比任何其他政府部門有更強的能力、獨立性及連結性（一致性）。」〔註 4〕另Rebert Pollard 亦在論及北京政府時期軍閥與外交部關係時曾說到：「軍閥時期，中國的外交政策由一小撮人決定，他們在歐美受過國際法訓練，有外交經驗、瞭解國際大勢、……外語流利。內閣與派系上下起伏，……而外交部與使領館卻一直由這群年輕的留學生掌握。」〔註 5〕

　　北京政府外交部的改革在有些地方是難以克服的，軍閥政治下的變化使得某些政策受到列強的牽制，加上由於國家財政的短缺，行政官員的薪支發放出現問題，而使得辦理外交上的困難重重。但透過行政學理論的驗證，北京政府外交部不管在組織架構、分工的機制及人事的專業化、技術化上，都具有相當現代化的基礎。因此，雖然說其外交的辦理受到重重的限制，但北京政府外交部仍具有相當現代化的意義。

　　至於南京外交部與北京政府外交部之間的互動關係，早在民國 6 年廣州軍政府時期，南方政府外交部與北京政府外交部就有著相當密切的關係，不

〔註 4〕Leong Sow-theng, *Sino-Soviet Doplomatic Relations*, pp.290-291.
〔註 5〕Robert Pollard, *China's Foreign Relations. 1917-1931*, New Yorl, 1933, p.407.

管是在人事上，或是對外交涉的互動。雖然在國民政府剛成立時，由於深受左派蘇俄的影響，而採行激進的「革命外交」與北京政府的「修約外交」相抗衡。然而在南京國民政府成立後，在深具外交經驗的伍朝樞帶領下，國民政府的外交策略轉而以類似北京「修約外交」的溫和「革命外交」進行談辦。加上接續任職總長黃郛、王正廷皆擔任過北京外長，並且在南京外交部的人事中，更有著許多從北京外交部投效而來的人員，因此南京外交部可以說是深受北京政府外交部的影響。

民國 17 年，北伐成功完成統一，南京國民政府進入一個新的時代，在取代北京政府成為中國合法政權後，有許多外交上的事務需要處理。雖然說南京外交部的組織與北京政府外交部已有所不同，並且取消地方交涉員及擴大駐外使領館組織，但在許多法令及策略的運用上，仍延續北京政府時期的作法。而在人事上，北京政府外交部在北京政府宣布退守後，紛紛南下加入南京外交部，而南京外交部也因全國統一，對外交涉增多，也有接納北京政府外交部「老手」之需要。加上駐外使領館人員，需要相當外語能力及深知當地文化，因此除了少部分使領館館長有所更動，大部分仍延續原有的外交官員。爾後的外交部長，如顧維鈞、羅文榦等，都曾擔任過北京外長一職。因此，南京外交部在統一後，由於接續北京政府外交工作，亟需具備外交實務經驗的北京政府外交人員辦理。雖然說國民政府採取以黨治國理念，而任命許多非職業外交家擔任外交重職，但從北京政府外交部所續留下來的職業外交家，對於往後的中國外交，仍居於相當的地位及影響中。

經過上述的研究後，筆者歸納出以下幾點結論：

（一）北京政府外交部在中國外交史上佔有承先啟後的地位。它不僅承續清末外務部改革而來，並且在許多外交制度、法令上有其創新的一面，這些不僅使得北京政府外交部趨於現代化，而且更影響著往後南京外交部的運作。北京政府外交部在民國初年改革時，於人事的任用，即大多沿用前清外務部人員。若從民國元年、二年科長級以上的人事觀察，幾乎全部的人員為前清外務部所遺留之人員，而駐外使節方面亦是如此。民國 17 年全國統一，南京外交部亦接收了大部分北京政府外交部的人才，在部內人員，司長級以上的職位，除秘書長一職不曾在北京政府外交部任職過外，其餘皆曾任職過。甚至在科長職位上，原北京政府外交部人員亦佔了三分之一強。而駐外使節方面，為延續過去北京政府時期的外交工作，更是留用大部分人員，僅在少

數使節略做更換。

（二）北京政府外交部是一個組織現代化且人事專業化的機構。透過行政學理論的驗證，北京政府外交部不僅具有現代化意義的層級模式，並且在組織分化上具有現代化行政分化方式，加上本身具有完整的分工機制，除有執行單位外，更具有幕僚單位，這使得外交部組織的現代化意義更為明顯。加上外交部人事上的運用，不管是是部內領導階層或是駐外使領館官員，都採用深具外交常識與外交經驗的職業外交家。這不僅使整個外交工作更為順暢，對於外交部專業化和技術化，更深具意義。

（三）北京政府時期是職業外交家的黃金時期，綜看整個北京政府時期，除了袁世凱喜歡直接參與外交決策外，其他的軍閥大多得借用這些具有專業化學識的職業外交家來辦理外交，並給予他們適度的權力去決定外交決策。在整個北京政府時期，職業外交家利用了中國參戰，於巴黎和會中廢除了對德、奧之約，並且在往後的國際會議中，發揮主動參與外交的精神，讓世界列強瞭解中國收回國權的立場，進而使用「到期修約」的方式，收回不少的國權。

（四）然而由於當時中國政權混亂，長期陷於南北分裂的局面，而北京政府的執政權掌握在北洋軍閥的手中，各軍閥們更是大舉外債，用以自肥及內戰的爭奪中。加上列強們長期控制中國市場和財政，控制金融和海關等經濟命脈，使得北京政府外交部的財政陷入嚴重的短缺。這樣不僅使在回收國權上受到列強的經濟牽制，更因國家的不能統一及經費短缺，而使得多次對外交涉因此遭受刁難而宣告失敗。

（五）雖然整個北京政府時期處在軍人割據的動盪不安情勢中，並且列強們在華勢力依舊，加上由於國勢不振、財政困難，而使得中國於國際情勢上處於不利地位。但北京政府外交部，仍在此艱辛困阨環境中，為中國的獨立平等而奮鬥。雖然說在許多對外交涉上看似失敗，但北京外交家們仍在實質上為中國收回了不少國權。尤其值得注意的，北京政府晚期召開關稅會議、法權會議和展開修約外交，更是中國外交主動出擊的最佳寫照。

（六）由於北京政府外交部的優異表現，使得部分於清末喪失的國權得以逐漸收回。因為如此，此時所嶄露頭角的職業外交家們在中國政界中，佔有一種特殊的地位。縱使到了國民政府時期，國民黨為了貫徹其主義領導下的外交政策，不想讓這些職業外交官們包辦外交，而使用許多外交圈外人物

辦理外交。但是儘管這些職業外交官們逐漸淡出最高層的外交決策機制，但在國民政府的外交體系中，他們仍然是辦理外交的基本骨幹，而當年所建立的外交政策依舊是深深影響著往後的中國外交。

參考文獻及資料

一、中文部份

（一）一手史料

1. 《外交檔案》，笈藏於臺北南港中央研究院近代史研究所檔案館函號：
   03-10〈出使領館〉
   03-12〈駐美使館保存檔案〉
   03-13〈駐比使館保存檔案〉
   03-42〈各省洋務經費〉
   03-46〈雜項檔〉

2. 《外交部檔案》，笈藏於臺北新店國史館
   0440/2300-01〈外交部北平檔案館處案〉
   0400/2300〈外交行政案〉
   0165/4050〈大事紀實〉

3. 《籌辦夷物始末》（咸豐朝）（臺北：臺聯國風出版社，1972 年）。

4. 《臨時政府公報》（影印版）第一期至第五十八期（臺北：中國國民黨中央委員會黨史史料編纂委員會，1968 年）。

5. 《外交公報》（影印版）第一期至第八十二期，民國 10 年 7 月至民國 17 年 4 月（臺北：文海出版社，1985 年）。

6. 《政府公報》（影印版）（洪憲前）第一號至一三一〇號及（洪憲後）第一號至第一八九三號，民國元年 6 月至民國 10 年 7 月（臺北：文海出版社，1971 年）。

7. 《中華民國國民政府公報》第一號至第五十二號，民國 14 年 7 月 1 日至民國 15 年 11 月 30 日；（寧）第一號至第十二號、第一期至一〇〇期、第一號至第五十六號，民國 16 年 5 月 1 日至民國 17 年 12 月 31 日（臺北：成文出版社，1972 年）。

8. 南京第二歷史檔案館：《中華民國史檔案資料彙編》第三輯，財政（一）（江蘇：古籍出版社，1997 年）。

9. 《外交年鑑》民國 9 年份（北京：外交部統計科編印，1921 年）。

10. 《外交部法規彙編》第一集（外交部總務司編管科，1930 年）。

11. 印鑄局，《職員錄》，民國 2 年期 1，民國 4 年期 1，民國 7 年期 3～4，民國 8 年期 2、4，民國 9 年期 1，民國 10 年期 3、4，民國 11 年期 1，民國 12 年期 1～4，民國 13 年期 2，民國 14 年期 1、4（北京：印鑄局，1925 年）。

12. 內閣印鑄局，《宣統三年冬季職官錄》（影印版）（臺北：文海出版社，1966 年）。

13. 蔡鴻源、孫必有、周光培編，《南方政府公報》（河北：人民出版社，1987 年）。

14. 陳祜編，《駐外各使館星期報告》（影印版）（臺北：文海出版社）。

（二）二手史料

1. 《東方雜誌》第十六卷第一號至第二十四卷第四號（上海：東方雜誌社，1919～1927 年）。

2. 《中華民國建國文獻——民初時期的文獻》第一輯，史料（臺北：國史館，1995 年）。

3. 中華民國史事紀要編撰委員會，《中華民國史事紀要》（臺北：中華民國史料印行中心，1971 年）。

4. 王寵惠，《王寵惠先生文集》（臺北：中國國民黨中央委員會黨史史料編纂委員會，1981 年）。

5. 吳成章，《外交部沿革記略》（影印版）（臺北：文海出版社，1985 年）。

6. 許師慎，《國父當選臨時大總統實錄》（上）（下）（臺北：國史館，1967 年）。

7. 郭廷以，《中華民國史事日誌》（臺北：中央研究院近代史研究所，1979 年）。

8. 張朋園、沈懷玉編，《民國政府職官年表 1925～1949》（臺北：中研院近史所，1987 年）。

9. 蔣永敬編，《北伐時期的政治史料——一九二七年的中國》（臺北：正中書局，1981 年）。

10. 外交部編，《中外條約輯編》（臺北：臺灣商務印書館，1963 年）。

（三）專　著

1. 中國史學會編，《辛亥革命》（八）（上海：上海人民出版社，1957 年）。

2. 王正廷，《國民政府近三年來外交經過記要》（影印版）（臺北：文海出版社，1985 年）。

3. 王立誠，《中國近代外交制度史》（甘肅：甘肅人民出版社，1991 年）。

4. 王永祥，《戊戌以來的中國政治制度》（天津：南開大學出版社，1991 年）。

5. 王綱領，《民初列強對華貸款之聯合控制》（臺北：東吳大學中國學術著作獎助委員會，1982 年）。

6. 石源華，《中華民國外交史》（上海：上海人民出版社，1994 年）。

7. 石源華主編，《中華民國外交辭典》（江蘇：上海古籍出版社，1996 年）。

8. 朱斯煌主編，《民國經濟史》（臺北：文海出版社，1983 年）。

9. 吳挽瀾，《行政學新論》（臺北：幼獅文化事業公司，1981 年）。

10. 吳福環，《清季總理衙門研究》（臺灣：文津出版社，1995 年）。

11. 呂亞力，《政治學》（臺北：五南圖書出版社，1978 年）。

12. 李其泰編著，《外交學》（臺北：正中書局，1962 年）。

13. 李恩涵，《北伐前後的「革命外交」（1925～1931 年）》（臺北：中研院近史所，1993 年）。

14. 周子亞，《外交監督與外交機關》（上海：正中書局，1944 年）。

15. 周開慶主編，《民國經濟史》（臺北：華文出版社，1967 年）。

16. 金冲及、胡繩武，《辛亥革命史稿》第一卷～第四卷（上海：上海人民出版社，1980 年）。

17. 金問泗，《外交工作的回憶》（臺北：傳記文學出版社，1968 年）。

18. 金問泗，《從巴黎和會到國聯》（臺北：傳記文學出版社，1967 年）。

19. 姜占魁，《行政學》（臺北：五南圖書出版公司，1984 年）。

20. 洪鈞培，《國民政府外交史》（臺北：文海出版社，1966 年）。

21. 唐啓華，《北京政府與國際聯盟（1919～1928 年）》（臺北：東大書局，1998 年）。

22. 袁道豐，《外交叢談》（上）（臺北：臺灣商務印書館，1985 年）。

23. 張忠紱，《中華民國外交史》（臺北：正中書局，1984 年）。

24. 張道行、陳劍橫合編，《外交研究》（臺北：臺灣商務印書館，1983 年）。

25. 張潤書，《行政學》（臺北：華視出版社，1983 年）。

26. 曹汝霖，《曹汝霖一生之回憶》（臺北：傳記文學出版社，1980 年）。

27. 陳體強，《中國外交行政》（上海：商務印書館，1943 年）。

28. 程天放，《程天放早年回憶錄》（臺北：傳記文學，1968 年）。

29. 賀覺非、馮天瑜著，《辛亥武昌首義史》（湖北：湖北人民出版社，1985 年）。

30. 奧本海著、岑德彰譯，《奧本海國際法》（平時）上冊（臺北：臺灣商務印書館，1977 年）。

31. 賈士毅，《民國財政史》（上海：商務印書館，出版年不詳）。

32. 賈士毅，《民國財政經濟問題今昔觀》（臺北：正中書局，1954 年）。

33. 雷崧生，《國際法研究》（臺北：商務印書館，1985 年）。

34. 趙其文，《人事行政學》（臺北：華泰書局，1996 年）。

35. 熊守暉編，《辛亥武昌守義史編》（上）（下）（臺灣：中華書局印行，1971 年）。

36. 劉達人、謝孟圜著，《中華民國外交行政史略》（臺北：國史館，2000 年）。

37. 厲昭，《浮生中外》（臺北：臺灣商務，1969 年）。

38. 錢泰，《中國不平等條約之起源及其廢除經過》（臺北：國防研究院，1961 年）。

39. 濱下武志著，朱蔭貴、歐陽菲譯，《近代中國的國際契機：朝貢貿易體系與近代亞洲經濟圈》（北京：中國社會科學出版社，1999 年）。

40. 顏惠慶著、姚崧齡譯，《顏惠慶自傳》（臺北：傳記文學出版社，1982 年）。

41. 羅光，《陸徵祥傳》（臺北市，臺灣商務印書館，1967 年）。

42. 羅香林，《傅秉常與中國近代外交》（臺北：傳記文學出版社，1970 年）。

43. 蘇雲峰，《從清華學堂到清華大學（1911～1929 年）》（臺北：中央研究院近代史研究所，1996 年）。

44. 顧維鈞，《顧維鈞回憶錄》（臺北：蒲公英出版社，1986 年）。

45. 凌其翰，《我的外交官生涯——凌其翰回憶錄》（中國文史出版社：1993 年）。

46. 陳佈雷，《陳佈雷回憶錄》（臺北：傳記文學出版社，1967 年）。

47. 蔣廷黻，《蔣廷黻回憶錄》（臺北：傳記文學出版社，1979 年）。

48. 陳三井，《近代中外關係史論》（臺北：三民書局，1993 年）。

49. 吳相湘，《民國百人傳》，一～四冊（臺北：傳記文學出版社，1979 年版）。

50. 傅學啟編著，《中國外交史》下冊（臺北：臺灣商務印書館，1991 年）。

51. 張玉法，《中國現代史》（臺北：經世書局 1970 年）。

（四）期刊論文

1. 王培堯，〈中興人瑞馬相伯〉，《中外雜誌》第十二卷第六期（臺北：中外雜誌社，1972 年）。

2. 王曾才，〈中國對西方外交制度的反應〉，《清季外交史論集》（臺北：臺灣商務，1971 年）。

3. 王曾才，〈自強運動時期中國外交制度的發展〉，《清季自強運動研究會論文集》（臺北：中央研究院近史所，1987 年）。

4. 王曾才，〈英國與辛亥革命〉，收錄於《中英外交史論集》（臺北：聯經出版公司，1979 年）。

5. 吳文星，〈革命史學家馮自由〉，《近代中國》第二十七期（臺北：近代中國社，1982 年）。

6. 李恩涵，〈中國外交史之研究〉，收入：六十年來的中國近代史研究編輯委員會編《六十年來的中國近代史研究》（臺北：中央研究研究院近代史研究所，1989 年）。

7. 林孝庭，〈外交家伍朝樞與近代中國〉（臺北：國立政治大學外交研究所碩士論文，1997 年）。

8. 唐啓華，〈1927 年天津英租借歸還談判——兼論北伐時期的英國對華政策〉，收錄於《中華軍史學會會刊》第二期（臺北：中華軍史學會，1997 年）。

9. 唐啓華，〈北伐時期的北洋外交〉，《中華民國史專題論文集（第一屆討論會)》（臺北：國史館，1992 年）。

10. 唐啓華，〈北京政府與國民政府對外交涉的互動關係（1925～1928 年)〉，收錄於《興大歷史學報》第四期（臺中：國立中興大學，1994 年），〈近代中外關係史教學與研究的省思——「外交史」與「國際關係史」〉，《近代史教學研討會》（1996 年）。

11. 唐啓華，〈北伐時期的北洋外交——北洋外交部與奉系軍閥處理外交事務的互動關係初探〉，收錄於《中華民國史專題第一屆討論會》（1992 年）。

12. 高超群，〈外務部的設立及清末外交制度的改革〉，收錄於王曉秋、尚小明編《戊戌維新與清末新政》（北京：北京大學出版社，1998 年）。

13. 張玉法，〈現代中國史研究的趨勢〉，《歷史學的新領域》（臺北：聯經出版社，1978 年）。

14. 陳森霖，〈中國外交制度現代化——1901～1911 年之外務部〉，東海大學歷史系碩士論文，（臺中，東海大學，1994 年）。

15. 黃文德，〈北京外交團與近代中國關係之研究——以關餘交涉案爲中心〉（臺中：國立中興大學歷史系碩士論文，1999 年）。

16. 廖敏淑，〈巴黎和會與中國外交〉（臺中：國立中興大學歷史研究所碩士論文，1998 年）。

17. 蔣廷黻，〈中國與近代世界的大變局〉，《中國通史論文選集》（下）（臺北：南天書局，1977 年）。

18. 蔣廷黻，〈外交史及外交史料〉，《中國近代史論集》（臺北：大西洋書店，1960 年）。

二、外文資料

（一）檔　案

1. United States, Department of State, National Archives No.329 esp. *Records of the Department of State Relating to Internal Affairs of China, 1910~1929* (Washington, D. C. 1960), 893.021 Foreign Office in China.

（二）專　著

1. Nathan Andrew J., *Peking Politics, 1918~1923: Factionalism and the Failure of Constitutionalism*, Berkeley, 1976.

2. Pye Lucian, *Warlord Politics: Conflict and Coalition in the Modernization of Republican China*, New York, 1971.

3. Leong Sow-theng, *Sino-Soviet Diplomatic Relations, 1917~1926*, Canberra, 1976.

4. Pollard Robert, *China's Foreign Relations. 1917~1931*, New York, 1933

5. 張秀哲，《國民政府の外交及外交行政》（東京：日支問題研究會，1935 年）。

6. 川島眞，〈中華民國北京政府の外交官試驗〉，《中國——社會與文化》第 11 號，（東京：東京大學文學部，1996 年）。

7. 川島眞，〈北京政府の外交政策と中國統一問題——1921 年華盛頓會議への參加をめぐつて〉（東京：東京大學大學院人文科學研究科修士論文，1993 年）。

8. 川島眞，〈顧維鈞〉，收錄於佐藤慎一《近代中國の思索者たち》（東京：大修館書店，1998 年）。

附　錄

附錄一　北京政府外交部職官年表（1912～1928）

職　稱 ＼ 年　代		民國元年（1912 年） 總統袁世凱 2.15 選爲臨時大總統；3.10 就職。
總　　　　長		陸徵祥 3.30 任（未到任前胡惟德署）；6.10 到任；9.22 辭。 梁如浩 9.16 任；11.14 辭。 陸徵祥 11.15 任。
次　　　　長		顏惠慶 4.24 任。
參　　　　事		陳懋鼎 4.24 任。 唐在復 4.24 任。 吳爾昌 4.24 任（未到任前邵恒濬署）。 戴陳霖 4.24 任（未到任前張慶桐署）。
總務廳	機 要 科 （秘書）	許同范 12.10 任；12.21 署理庶政司司長。 嚴鶴齡 12.21 暫署。 張煜全 12.10 任。 顧維鈞 12.10 任。 翟青松 12.10 任。
	文書科長	崇　　鈺 8.13 任。
	統計科長	胡振平 8.13 任。
	會計科長	吳葆誠 8.13 任。
	庶務科長	張　　鴻 8.13 任。

外政司	司　　長	陳　籙 4.24 任。
	國界科長	長　福 8.13 任。
	詞訟科長	林志鈞 8.13 任。
	條約科長	熊　垓 8.13 任。 曾宗鑒 11.26 任。
	禁令科長	許熊章 8.13 任。
通商司	司　　長	饒寶書 4.24 任。 周傳經 11.26 任。
	商約科長	朱應杓 8.13 任。
	保惠科長	周傳經 8.13 任。 王鴻年 11.26 任。
	實業科長	張肇棻 8.13 任。
	権算科長	陳海超 8.13 任。
	商務科長	關　霽 8.13 任。
交際司	司　　長	富士英 4.24 任。 陳恩厚 10.12 署。
	國書科長	程遵堯 10.12 任。
	禮儀科長	王廷璋 10.12 任。
	接待科長	陳恩厚 10.12 任。 伍　璜 10.12 署，12.21 任。
	勳章科長	張慶桐 10.12 任。
庶政司	司　　長	施紹常 4.24 任。 許同范 12.21 署。
	教務科長	嵇　鏡 8.13 任。
	護照科長	傅仰賢 8.13 任。
	出納科長	孫昌烜 8.13 任。
	法律科長	吳佩洸 8.13 任。

年　代 職　稱		民國 2 年（1913 年） 總統袁世凱 10.6 國會選爲正式大總統；10.10 就職。
總　　　　　長		陸徵祥 9.4 辭（曹汝霖 9.4 代）。孫寶琦 9.11 任。
次　　　　　長		顏惠慶 1.29 使德。劉式訓 1.29 任，8.10 辭。曹汝霖 8.10 任。
參　　　　　事		陳懋鼎。唐在復。施紹常 12.31 署。吳爾昌 9.23 免。 顧維鈞 4.5 署，9.23 任。戴陳霖。張煜全 5.9 署。 6.26 調江蘇交涉員。袁克暄 12.23 任。
總務廳	機要科 （秘書）	翟青松 2.5 調駐丹麥秘書。夏詒霆 2.8 任。祝惺元 9.23 任。 張煜全 5.9 調署參事。嚴鶴齡 5.9 署理，7.6 任。許同范 1.18 回任。 王繼曾 9.23 任。顧維鈞 4.5 兼署參事（吳葆誠 4.5 暫署）。 9.23 調參事。許居廉 9.23 任。
	文書科長	崇鈺 3.1 任。4.28 免。孫昌烜 4.28 任。7.11 假。（由許同莘署理）
	統計科長	胡振平
	會計科長	吳葆誠 2.22 假（于德濬暫行署理）。3.5 銷假。4.5 調署秘書。 吳台 4.5 任。
	庶務科長	李殿章 3.1 任。8.22 假。（于德濬暫行代理）
交際司	司　　長	陳恩厚
	國書科長	程遵堯
	禮儀科長	王廷璋 10.15 免。王鴻年 10.15 任。
	接待科長	伍　璜 10.20 免。于德濬 10.20 任。
	勳章科長	張慶桐 4.28 免。崇　鈺 4.28 任。
外政司	司　　長	陳籙
	國界科長	長　福
	詞訟科長	林志鈞
	條約科長	曾宗鑒 7.19 假。（王繼曾署理）
	禁令科長	許熊章 1.13 調駐和使館。施履本 1.22 任。
通商司	司　　長	周傳經
	商約司長	朱應杓
	保惠科長	王鴻年。沈成鵠 4.18 任。8.9 調仰光領事。王志輝 8.11 任。
	實業科長	張肇棻
	権算科長	陳海超
	商務科長	關　霽
庶政司	司　　長	許同范 1.18 免。施紹常 1.18 任。
	教務科長	嵇　鏡 4.4 調新義州領事。趙沆年 4.5 任。
	護照科長	傅仰賢
	出納科長	孫昌烜 4.28 調總務廳。謝永炘 4.28 任。
	法律科長	吳佩洸

職　　稱	年　代	民國 3 年（1914 年）
總　　　長		孫寶琦 5.1 免，當日任。
次　　　長		曹汝霖
參　　　事		陳懋鼎。袁克暄 1.9 任。 顧維鈞。章祖申 7.30 任。
秘　　　書		嚴鶴齡 8.24 假。汪毅 8.24 暫署。 許居廉 5.15 假。施履本暫署 11.9 任。 劉符誠。王廷璋。
總務廳	文書科長	許同莘 9.1 差。緒 儒 9.1 代。
	統計科長	汪　毅 8.24 調署秘書處。吳葆誠 12.26 署。
	會計科長	吳　台
	庶務科長	李殿璋 4.11 差。黃榮良 4.11 暫署。
	出納科長	謝永炘 5.23 差。田樹藩 5.23 暫署。
交際司	司　　長	陳恩厚
	國書科長	程遵堯
	禮儀科長	張　瑋 5.8 差。管尚平 5.8 暫署。
	接待科長	于德潚 5.27 假。黃承壽 5.27 暫署。
	勳章科長	崇　鈺
政務司	司　　長	王繼曾
	界務科長	長　福
	詞訟科長	施履本 5.30 調署秘書。江華本 5.30 暫署。11.17 任。
	禁令科長	范緒良
	教務科長	趙沆年
	公約科長	王鴻年
	私法科長	王治輝
通商司	司　　長	周傳經
	商約科長	朱應杓
	商務科長	關　霽
	實業科長	張肇棻
	榷算科長	陳海超 9.1 差。饒衍馨 9.1 代。
	保惠科長	傅仰賢
	會務科長	吳佩洸 4.1 出差。宗鶴年 4.1 署理。

職　稱 ＼ 年　代		民國 4 年（1915 年）
總　　　　長		孫寶琦 1.27 免。陸徵祥 1.27 任。
次　　　　長		曹汝霖
參　　　　事		顧維鈞 7.11 調任墨西哥公使。伍朝樞 7.30 兼署。 袁克暄 章祖申 陳懋鼎 2.15 調署山東交涉署。夏詒霆 3.17 任。
秘　　　　書		嚴鶴齡。劉符誠。王廷璋。施履本。
總務廳	文書科長	許同莘 11.17 假。緒　儒 11.17 署。
	統計科長	汪　毅
	會計科長	吳　台 1.19 差。黃豫鼎 1.19 署。
	庶務科長	李殿璋 5.20 假。黃榮良 5.20 暫署。
	出納科長	謝永炘
交際司	司　　長	陳恩厚
	國書科長	程遵堯
	禮儀科長	張　瑋
	接待科長	于德瀋
	勳章科長	崇　鈺
政務司	司　　長	王繼曾
	界務科長	長　福
	詞訟科長	江華本
	禁令科長	范緒良
	教務科長	趙沆年
	公約科長	王鴻年
	私法科長	王治煇
通商司	司　　長	周傳經 5.14 假。關霽 5.14 代署。
	商約科長	朱應杓
	保惠科長	傅仰賢 11.3 差。唐寶恆 11.3 署。
	商務科長	關　霽
	権算科長	陳海超
	實業科長	張肇棻
	會務科長	吳佩洸

職　稱 ＼ 年　代		民國 5 年（1916 年）
總　　　長		陸徵祥 4.23 重任，5.17 假。曹汝霖 5.17 兼署，6.30 免。 唐紹儀 6.30 任（未到任前陳錦濤兼署）（未就）9.29 辭。 陳錦濤 6.30 兼任，10.24 免。夏詒霆 10.24 代。伍廷芳 11.13 任。
次　　　長		曹汝霖 4.23 免。夏詒霆 4.23 代，8.21 署，10.17 任，12.20 辭。 劉式訓 12.20 任。
參　　　事		袁克暄 7.26 假。郭泰祺 7.26 暫署。章祖申。 夏詒霆 4.23 代署次長。嚴鶴齡 4.29 代。伍朝樞 5.6 假。
秘　　　書		嚴鶴齡。張煜全 11.9 任。劉符誠。王景岐 11.7 任。王廷璋。施履本
總務廳	文書科長	許同莘
	統計科長	汪　毅
	會計科長	吳　台
	庶務科長	李殿璋
	出納科長	謝永炘
交際司	司　　長	陳恩厚
	國書科長	程遵堯
	禮儀科長	祝惺元
	接待科長	于德潽
	勳章科長	崇　鈺
政務司	司　　長	王繼曾
	界務科長	長　福
	詞訟科長	江華本
	禁令科長	范緒良
	教務科長	趙沆年
	公約科長	王鴻年　王景岐 10.27 兼充。朱壽朋 11.13 任。
	私法科長	王治煇 1.11 病故。王景岐 1.14 任。區　譓 11.13 任。
通商司	司　　長	周傳經
	商約科長	朱應杓 11.13 假。翟化鵬 11.13 署。
	保惠科長	傅仰賢
	商務科長	關　霽
	榷算科長	陳海超
	實業科長	張肇棻
	會務科長	吳佩洸 9.22 差。黃履和 9.22 署。

職　稱 ＼ 年　代		民國 6 年（1917 年）
總　　　　長		伍廷芳（范源濂 1.1 署）6.12 辭，7.7 赴南京，7.9 免。 汪大燮 7.15 任，11，30 辭。陸徵祥 12.1 任。
次　　　　長		劉式訓 3.31 辭免。高而謙 3.31 任。
參　　　　事		袁克暄。夏詒霆。嚴鶴齡 9.1 任。伍朝樞 7.19 免。 劉崇傑 7.19 兼署。章祖申
秘　　　　書		王廷璋（朱鶴翔 8.27 署）。施履本 王景岐 8.23 調駐義使館二等秘書（未去掉參事廳辦事）。 沈成鵠 8.23 任。張煜全 12.19 差。（刁做謙 12.19 署）
總務廳	文書科長	許同莘
	統計科長	汪　毅
	會計科長	吳　台 3.30 差。黃豫鼎 3.30 署。
	庶務科長	李殿璋
	出納科長	謝永炘
交際司	司　　長	陳恩厚
	國書科長	程遵堯
	禮儀科長	吳葆誠
	接待科長	于德濬
	勳章科長	崇　鈺
政務司	司　　長	王繼曾
	界務科長	長　福
	詞訟科長	江華本
	禁令科長	范緒良
	教務科長	趙沆年 3.29 差。沈覲宸 3.29 署。
	公約科長	朱壽朋 9.17 任。
	私法科長	區　譓
通商司	司　　長	周傳經
	商約科長	朱應杓
	保惠科長	傅仰賢 3.29 假。張　瑋 3.29 署。
	商務科長	關　霽
	榷算科長	陳海超 12.19 差。饒衍馨 12.19 代。
	實業科長	張肇棻
	會務科長	吳佩洸

職　稱＼年　代	民國 7 年（1918 年）
總　　　長	陸徵祥 3.29 免，同日任，11.21 假（陳籙暫代）。 12.1 充議和使赴歐；次長陳籙代。
次　　　長	高而謙 4.15 假（陳籙 4.15 代），5.4 免。陳籙 5.4 任。
參　　　事	袁克暄 6.4 假（王景岐暫署）。章祖申。 劉崇傑 11.27 差（施履本暫代）。嚴鶴齡 11.23 差（刁作謙暫代）。
秘　　　書	施履本 11.27 暫代參事（祝惺元暫代）。張煜全。刁作謙 4.21 任。 11.23 代署參事（劉錫昌暫代）。沈成鵠 9.18 調署古巴總領事。 朱誦韓 9.18 署。11.23 差（沈覲宸暫代）。朱鶴翔 1.15 任。

總務廳	文書科長	許同莘
	統計科長	汪　毅 11.27 免。張　瑋 11.27 任。
	會計科長	吳　台
	庶務科長	李殿璋
	出納科長	謝永炘
交際司	司　　長	陳恩厚
	國書科長	程遵堯
	禮儀科長	吳葆誠
	接待科長	于德濬
	勳章科長	崇　鈺
政務司	司　　長	王繼曾 7.6 假。（沈成鵠暫兼）（長　福 7.24 兼代）
	界務科長	長　福
	詞訟科長	江華本
	禁令科長	范緒良
	教務科長	趙沅年
	公約科長	朱壽朋 10.30 假。（沈覲宸署）
	私法科長	區　譓
通商司	司　　長	周傳經
	商約科長	朱應枌
	保惠科長	傅仰賢 7.2 差（張瑋暫署）。9.3 差（孫昌炟暫代）。 （鄭慶豫 11.25 代）
	商務科長	關　霽
	權算科長	陳海超
	實業科長	張肇棻
	會務科長	吳佩洸 6.18 差。（黃履和暫署） 11.29 調署巴拿馬總領事。宗鶴年 12.2 任

職　稱	年　代	民國 8 年（1919 年）
總　　　長		陸徵祥 1.11 免，同日任。（未到任前陳籙代理）12.3 免，同日任。（仍由陳籙暫代）
次　　　長		陳　籙 7.8 假。
參　　　事		袁克暄。嚴鶴齡（刁作謙代）。劉崇傑（施履本代）（祝惺元 8.20 代）章祖申
秘　　　書		施履本（祝惺元代）8.18 調署特派山東交涉員。（熊垓 8.20 代）祝惺元 8.27 任（熊垓仍代）。朱鶴翔。刁做謙（劉錫昌代）朱誦韓（沈覲宸代）
總務廳	文書科長	許同莘 10.25 假。（緒　儒暫署）
	統計科長	張　瑋
	會計科長	吳　台 4.10 假。（黃豫鼎代理）（楊曾翱 7.19 代）12.18 假。（黃豫鼎代）
	庶務科長	李殿璋
	出納科長	謝永炘 3.4 假。（田樹藩代理）
交際司	司　　長	陳恩厚
	國書科長	程遵堯
	禮儀科長	吳葆誠
	接待科長	于德瀋
	勳章科長	崇　鈺
政務司	司　　長	王繼曾 7.18 假。（長　福暫代）
	界務科長	長　福 7.18 暫代司長。（史悠明暫署）
	詞訟科長	江華本
	禁令科長	范緒良
	教務科長	趙沆年 10.23 假。（區　譓 10.23 兼代）
	公約科長	朱壽朋
	私法科長	區　譓
通商司	司　　長	周傳經
	商約科長	朱應杓
	保惠科長	傅仰賢
	商務科長	關　霽
	榷算科長	陳海超
	實業科長	張肇棻
	會務科長	宗鶴年

職　稱　＼　年　代	民國 9 年（1920 年）
總　　　　　長	陸徵祥 1.25 回國；8.13 免。顏惠慶 8.17 署。
次　　　　　長	陳　籙 9.17 使法。劉式訓 9.17 任。
參　　　　　事	袁克暄（唐在章代）。章祖申 10.3 調任瑞典公使。 岳昭燏 10.3 任。劉崇傑。刁作謙 9.11 任。嚴鶴齡（王景岐代）
秘　　　　　書	刁作謙 9.11 調任參事。黃宗法 9.11 任。 祝惺元 9.14 免。徐兆熊 9.14 任。 朱鶴翔 9.24 假（劉錫昌代）。熊垓 11.25 任。
總務廳	文書科長　許同莘 9.28 差。朱壽朋 9.28 兼署。
	統計科長　張　瑋 10.5 差。（傅謙豫代）12.11 調。趙沆年 12.11 任。
	會計科長　吳　台 9.7 調。吳葆諴 9.7 任。
	庶務科長　李殿璋 9.7 調。崇　鈺 9.7 任。
	出納科長　謝永炘 2.23 假。（田樹藩代）
交際司	司　　長　陳恩厚
	國書科長　程遵堯
	禮儀科長　吳葆諴 9.7 調。吳　台 9.7 任。
	接待科長　于德潯
	勳章科長　崇　鈺 9.7 調。李殿璋 9.7 任。
政務司	司　　長　王繼曾 9.11 調任墨西哥公使。施紹常 9.11 任。
	界務科長　長　福
	詞訟科長　江華本
	禁令科長　范緒良
	教務科長　趙沆年 12.11 免。張　瑋 12.11 任。
	公約科長　朱壽朋
	私法科長　區　譓
通商司	司　　長　周傳經
	商約科長　朱應杓
	保惠科長　傅仰賢
	商務科長　關　霽
	榷算科長　陳海超
	實業科長　張肇棻
	會務科長　宗鶴年

年　代 職　稱		民國 10 年（1921 年）
總　　　　長		顏惠慶 5.14 任。12.25 免，同日任。
次　　　　長		劉式訓
參　　　　事		刁作謙（張煜全 3.4 代）。曹雲祥 8.14 任（到任前朱鶴翔代）。 岳昭燏。袁克暄 2.24 免。王景岐 2.24 任。8.2 調任駐比公使。 8.2 張煜全任。10.4 差（陳恩厚代）。嚴鶴齡 2.24 免。 唐在章 2.24 任。
秘　　　　書		朱鶴翔 8.18 代參事。（靳志代）（劉迺蕃 10.4 代） 黃宗法 10.4 差（關菁麟代）。徐兆熊 10.4 差（張國輝代）。熊　垓
總務廳	典職科長	孫昌烜 5.2 假。（張澤嘉代）
	文書科長	宗鶴年
	會計科長	吳葆諴 5.2 假。（黃豫鼎代）10.4 差。（黃豫鼎代）
	庶務科長	崇　鈺
	出納科長	謝永炘 4.6 假。（田樹藩代）8.6 調。翟青松 8.6 任。8.22 假。 （田樹藩代）9.13 免。田樹藩 9.13 任。9.15 假。（謝永炘代）
	電報科長	劉錫昌 8.6 任。8.31 調。方元熙 8.31 任。
交際司	司　　長	陳恩厚 10.4 代參事。（王廷璋代）
	第一科長	于德濬 10.4 差。（程遵堯代）
	第二科長	吳　台
	第三科長	劉迺蕃
	第四科長	李殿璋 8.6 假。謝永炘 8.6 署
政務司	司　　長	施紹常
	第一科長	張　瑋
	第二科長	江華本
	第三科長	區　譓 5.9 任。
	第四科長	黃承壽
	第五科長	張端瑾 5.9 任。
	第六科長	路　濬 5.9 任。10.4 差。（鄭恆慶代）
通商司	司　　長	周傳經
	第一科長	程學鑾 5.9 任。
	第二科長	關　霽 10.4 差。（劉毓珙代）
	第三科長	陳海超
	第四科長	張肇棻
	第五科長	傅仰賢
	第六科長	許同莘 11.19 差。（黃履和代）
條約司	司　　長	錢　泰 5.7 任。
	第一科長	朱壽朋 5.7 任。劉錫昌 8.31 署。10.4 差。（汪延年代）
	第二科長	范緒良 5.7 任。
	第三科長	陳斯銳 5.7 任。
	第四科長	趙沅年 5.7 任。

職　稱	年　代	民國 11 年（1922 年）
總　　　長		顏惠慶 6.11 免，同日暫兼。（沈瑞麟 7.27 代）；8.5 辭。 顧維鈞 8.5 署。9.19 免，同日任。11.29 免。王正廷 11.29 署。
次　　　長		劉式訓 1.5 免。沈瑞麟 1.5 任。
參　　　事		岳昭燏。唐在章。張煜全 5.19 假（徐兆熊代）。曹雲祥
秘　　　書		朱鶴翔。黃宗法。徐兆熊 5.19 代參事（靳志代）。 熊　垓。劉錫昌 7.4 署。
總務廳	典職科長	孫昌烜 6.11 免。張澤嘉 6.17 任。
	文書科長	宗鶴年
	電報科長	方元熙
	會計科長	吳葆誠 2.14 調。（黃豫鼎代）黃豫鼎 7.18 任。
	庶務科長	崇鈺
	出納科長	田樹藩 1.9 任。11.25 假。（林則勳代）
交際司	司　　長	陳恩厚 2.14 代通商司長。（王廷璋代）
	第一科長	于德濬
	第二科長	吳　台 6.28 調署仁川領事。吳葆誠 7.4 任。12.21 假。（李殿璋代）
	第三科長	劉迺蕃
	第四科長	謝永炘 1.9 任。6.13 假。（李殿璋代）
政務司	司　　長	施紹常
	第一科長	張瑋
	第二科長	江華本
	第三科長	區諤 9.18 差。（李廷斌代）
	第四科長	黃承壽
	第五科長	張端瑾
	第六科長	路　濬 6.13 假。（李鍾蔚代）
通商司	司　　長	周傳經 2.14 差（陳恩厚代）
	第一科長	程學鑾 5.19 任。
	第二科長	關霽
	第三科長	陳海超 3.1 差。（饒衍馨代）
	第四科長	張肇棻
	第五科長	傅仰賢
	第六科長	許同莘
條約司	司　　長	錢泰 4.24 假。（朱壽朋代）
	第一科長	劉錫昌 7.4 調。汪延年 7.4 署。
	第二科長	范緒良
	第三科長	陳斯銳 2.14 假。（鳳恭寶代）5.19 任。
	第四科長	趙沆年

年　代 職　稱		民國 12 年（1923 年）
總　　　長		王正廷 1.4 免。施肇基 1.4 任。（未就）2.3 辭免。黃郛 2.3 任。 3.25 假，（沈瑞麟代）4.9 辭免。顧維鈞 4.8 任。（7.23 到職）。
次　　　長		沈瑞麟
參　　　事		岳昭燏。唐在章。張煜全。曹雲祥
秘　　　書		朱鶴翔。黃宗法。徐兆熊。熊　垓
總務廳	典職科長	張澤嘉
	文書科長	宗鶴年 12.31 差。（蔣履福代）
	電報科長	方元熙
	會計科長	黃豫鼎
	庶務科長	崇鈺
	出納科長	田樹藩
交際司	司　　長	陳恩厚
	第一科長	于德濬
	第二科長	吳保誠
	第三科長	劉迺蕃
	第四科長	謝永炘 5.4 差。（李殿璋代）
政務司	司　　長	施紹常
	第一科長	張瑋
	第二科長	江華本 10.3 差。（鄭恆慶代）
	第三科長	區諫
	第四科長	黃承壽
	第五科長	張端瑾
	第六科長	路濬
通商司	司　　長	周傳經 9.12 假。（沈成鵠代）
	第一科長	程學鑾 4.2 假。（伍步翔代）
	第二科長	關霱
	第三科長	陳海超
	第四科長	張肇棻
	第五科長	傅仰賢
	第六科長	許同莘 10.22 假。（黃履和代）
條約司	司　　長	錢泰 6.9 假。（朱壽朋代）
	第一科長	劉錫昌
	第二科長	范緒良
	第三科長	陳斯銳 10.22 假。（鳳恭保代）
	第四科長	趙沆年

職　稱＼年　代		民國 13 年（1924 年）
總　　　長		顧維鈞 1.12 免，同日任。9.14 免，同日任。10.31 辭免。 王正廷 10.31 任。唐紹儀 11.24 任（未就）；11.25 次長沈瑞麟暫代。
次　　　長		沈瑞麟
參　　　事		唐在章。張煜全。曹雲祥 5.12 調任清學校長。陳恩厚 5.15 任。 岳昭燏 5.12 調任墨西哥公使。朱鶴翔 5.15 任。
秘　　　書		黃宗法。熊　垓。魏文彬 2.10 任。朱鶴翔 5.15 調任參事。 劉錫昌 5.24 任。
總務廳	典職科長	張澤嘉 6.12 假。（汪原懋代）
	文書科長	宗鶴年
	電報科長	方元熙
	會計科長	黃豫鼎
	庶務科長	崇　鈺 6.27 調。李殿璋 6.27 署。
	出納科長	田樹藩
交際司	司　長	陳恩厚 5.15 調任參事。王廷璋 5.15 任。
	第一科長	于德濬
	第二科長	吳保誠
	第三科長	劉洒蕃 10.1 差。（陶履謙代）
	第四科長	謝永炘 4.28 假。（李殿璋代）
政務司	司　長	施紹常
	第一科長	張瑋 1.17 調。趙泉 1.17 署。
	第二科長	江華本
	第三科長	區諟
	第四科長	黃承壽 6.27 調。李　琛 6.27 署。
	第五科長	張端瑾
	第六科長	路濬調署阿姆斯得達姆領事。黃承壽 6.27 署。
通商司	司　長	周傳經
	第一科長	程學鑾 7.16 差。（周詩奇代）
	第二科長	關霽
	第三科長	陳海超
	第四科長	張肇棻
	第五科長	傅仰賢 6.27 調署雙子城領事。崇鈺 6.27 署。
	第六科長	許同莘 5.5 差。（唐寶恆代）
條約司	司　長	錢泰
	第一科長	劉錫昌 5.25 調任秘書。汪延年 5.27 任。
	第二科長	范緒良
	第三科長	陳斯銳 7.5 假。（鳳恭保代）
	第四科長	趙沅年

職　稱＼年　代		民國 14 年（1925 年）
總　　　長		唐紹儀 2.21 免。沈瑞麟 2.21 任。12.31 辭。王正廷 12.31 任。
次　　　長		沈瑞麟 2.21 升任部長。曾宗鑒 2.26 署。
參　　　事		唐在章。張煜全。陳恩厚。朱鶴翔
秘　　　書		黃宗法。熊　垓。沈覲鼎 6.26 任。魏文彬。劉錫昌。陳慶龢 3.6 任。周澤春 3.6 任。王賓祺 3.6 任。關菁霖 3.6 任。
總務廳	典職科長	張澤嘉 3.28 差。（汪原懋代）
	文書科長	宗鶴年
	電報科長	方元熙
	會計科長	黃豫鼎
	庶務科長	李殿璋
	出納科長	田樹藩
交際司	司　長	王廷璋
	第一科長	于德濬
	第二科長	吳保誠
	第三科長	劉洒蕃
	第四科長	謝永炘 3.30 假。（曹恭翊代）
政務司	司　長	施紹常 3.30 假。（林桐實代）
	第一科長	趙泉　余熊 10.31 兼代
	第二科長	江華本
	第三科長	區謜 7.1 差。（李廷斌代）
	第四科長	李琛 4.1 調署巴拿馬一等秘書。沈祖德 4.1 任。
	第五科長	張端瑾
	第六科長	黃承壽
通商司	司　長	周傳經
	第一科長	唐寶恒 3.18 署。
	第二科長	關霽
	第三科長	陳海超
	第四科長	張肇棻
	第五科長	崇鈺
	第六科長	許同莘 5.4 假。（吳斯美代）
條約司	司　長	錢泰 4.18 假。（朱壽朋代）
	第一科長	汪延年
	第二科長	范緒良
	第三科長	陳斯銳
	第四科長	趙沆年

職　稱	年　代	民國 15 年（1926 年）
總　　長		王正廷 3.4 免。顏惠慶 3.4 任。3.25 免。胡惟德 3.25 任。5.13 免。施肇基 5.13 任（未就）（總理顏惠慶兼代）6.22 免。蔡廷幹 7.6 任（未就）（次長王蔭泰代）10.1 免。顧維鈞 10.1 任。
次　　長		曾宗鑑 2.23 使瑞典、挪威；4.20 免。王蔭泰 6.22 任。
參　　事		唐在章。張煜全。陳恩厚。黃宗法 2.4 任。朱鶴翔
秘　　書		黃宗法。沈覲鼎。魏文彬。劉錫昌 5.19 假（靳志代）。陳慶龢 周澤春。王贊祺 1.30 免。熊崇志 1.30 任。關菁霖 11.1 調署倫敦總領事。楊永清 11.13 任。
總務廳	典職科長	張澤嘉
	文書科長	宗鶴年
	電報科長	方元熙
	會計科長	黃豫鼎
	庶務科長	李殿璋
	出納科長	田樹藩
交際司	司　　長	王廷璋 2.4 任葡萄牙公使。陳恩厚 2.4 任。
	第一科長	于德濬
	第二科長	吳保誠
	第三科長	劉迺蕃 11.3 差。（李國源代）
	第四科長	謝永炘 10.25 日假。（林大椿代）
政務司	司　　長	施紹常 2.14 任秘魯公使。稽　鏡 2.14 任。
	第一科長	趙　泉 2.20 免。區　譓 2.20 任。
	第二科長	江華本 2.20 調。金問泗 2.20 任。
	第三科長	區　譓 2.20 調。李廷斌 2.20 任。
	第四科長	沈祖德
	第五科長	張端瑾 11.3 假。（沈迪家代）
	第六科長	黃承壽
通商司	司　　長	周傳經
	第一科長	唐寶恒
	第二科長	關　霽 2.6 假。（劉毓琪代）
	第三科長	陳海超 8.20 差。（饒衍馨代）
	第四科長	張肇棻
	第五科長	崇　鈺 11.18 假。（鄭慶豫代）
	第六科長	許同莘
條約司	司　　長	錢泰 12.31 假。（朱壽朋代）
	第一科長	汪延年
	第二科長	范緒良
	第三科長	陳斯銳
	第四科長	趙沆年

職　稱＼年　代		民國 16 年（1927 年）上		
總　　　長		顧維鈞 1.12 免，同日任；6.16 辭，次長王蔭泰（代）。 王蔭泰 6.20 任。		
次　　　長		王蔭泰 6.20 升任部長。吳晉 6.21 任。陳恩厚（代）。		
參　　　事		陳恩厚。唐在章。張煜全 3.11 假（魏文彬代）。黃宗法		
秘　　　書		黃宗法。沈覲鼎。魏文彬 3.11 代參事（胡世澤代）。劉錫昌 陳慶龢。周澤春 5.12 開缺（王之相署）。熊崇志。楊永清		
總務廳	典職科長	張澤嘉	第一科長	張澤嘉 6.10 調署紐約一等 秘書。蔣履福 6.10 任。
	文書科長	宗鶴年		
	電報科長	方元熙	第二科長	黃豫鼎
	會計科長	黃豫鼎		
	出納科長	田樹藩	第三科長	田樹藩
	庶務科長	李殿璋	第四科長	李殿璋
交際司	司　長	陳恩厚		
	第一科長	于德濬	第一科長	于德濬 5.12 免。 靳志 5.12 任。
	第二科長	吳保誠		
	第三科長	劉洒蕃	第二科長	劉洒蕃
	第四科長	謝永炘		
政務司	司　長	稽　鏡		
	第一科長	區　譓	第一科長	區　譓 5.12 免。 朱文戴 5.12 任。
	第二科長	金問泗	第二科長	金問泗 7.14 假 （鄭恆慶代）
	第三科長	李廷斌	第三科長	李廷斌 5.12 免。 王賁祺 5.12 任。
	第四科長	沈祖德		
	第五科長	張端瑾	第四科長	黃承壽 5.12 免。 祝惺元 5.12 任。
	第六科長	黃承壽		
通商司	司　長	周傳經		
	第一科長	唐寶恒	第一科長	唐寶恒 5.12 免。 張肇棻 5.12 任。
	第二科長	關　霽		
	第三科長	陳海超	第二科長	關　霽
	第四科長	張肇棻		
	第五科長	崇　鈺	第三科長	崇　鈺
	第六科長	許同莘	第四科長	許同莘
條約司	司　長	錢　泰		
	第一科長	汪延年	第一科長	汪延年 5.12 免。 王治燾 5.12 任。
	第二科長	范緒良		
	第三科長	陳斯銳 2.22 假。 （鳳恭寶代）	第二科長	范緒良 5.12 免。 胡世澤 5.12 任。 5.26 假。（任起莘代）
	第四科長	趙沆年		

職　稱 ＼ 年　代		民國 16 年（1927 年）下
總　　　　　長		王蔭泰
次　　　　　長		吳　晉
參　　　　　事		唐在章 7.25 任。王曾思 7.28 任。陳恩厚 7.28 任。 黃宗法 7.28 任。11.26 免。朱文黼 11.26 任。
秘　　　　　書		魏文彬 8.20 任。陳慶龢 8.20 任。沈覲鼎 8.20 任。 楊永清 8.20 任。10.18 免。顧泰來 10.18 任。王之相 8.20 任。 張澤嘉 8.20 任。王志熹 8.20 任。陶尚銘 8.20 任。
總務廳	廳　　長	張煜全 7.28 任。
	第一科長	靳　志 8.12 任。
	第二科長	蔣履福 8.12 任。
	第三科長	劉迺蕃 8.12 任。
	第四科長	楊恩湛 8.12 任。
	第五科長	李殿璋 8.12 任。
政務司	司　　長	朱鶴翔 7.29 任。
	第一科長	李世中 8.12 任。
	第二科長	刁敏謙 8.12 任。
	第三科長	王賚祺 8.12 任。
	第四科長	祝惺元 8.12 任。
通商司	司　　長	周傳經 7.29 任。
	第一科長	張肇棻 8.12 任。
	第二科長	關　霽 8.12 任。
	第三科長	陳海超 8.12 任。
	第四科長	許同莘 8.12 任。
條約司	司　　長	錢　泰 7.29 任。
	第一科長	周　緯 8.12 任。
	第二科長	胡世澤 8.12 任。
情報局	局　　長	吳晉（兼）
	第一科長	施　賚 8.22 任。
	第二科長	顧泰來 8.22 任。
	第三科長	張翼樞 8.22 任。
	第四科長	王家楨 8.24 任。

年　代 職　稱	民國 17 年（1928 年）			
總　　　　　長	王蔭泰 2.25 調司法部。羅文榦 2.25 任；6.3 留京維持。			
次　　　　　長	吳　晉			
參　　　　　事	陳恩厚 4.10 免。唐在章。朱文黼 4.10 調。周傳經 4.16 任。 王曾思 4.10 調。張煜全 4.10 任。			
秘　　　　　書	魏文彬。陳慶龢。沈覲鼎。顧泰來。王之相。張澤嘉 4.12 免。 張翼樞 4.12 任。王志鑫 4.12 免。陳慶雲 4.12 任。陶尚銘 4.12 免。			
總務廳 4.3 修正	廳長	張煜全 4.10 調。王曾思 4.10 任。		
	第一科長	靳　志 4.4 免。	典職科	張澤嘉 4.4 任。
	第二科長	蔣履福 4.4 免。	會計科	黃豫鼎 4.4 任。
	第三科長	劉迺蕃	出納科	方萬笏 4.4 任。
	第四科長	楊恩湛	交際科	劉迺蕃 4.4 任。
	第五科長	李殿璋	庶務科	李殿璋 4.4 任。
政務司	司　　長	朱鶴翔		
	第一科長	李世中 4.4 調。江華本 4.4 任。		
	第二科長	刁敏謙		
	第三科長	王賷祺		
	第四科長	祝惺元		
通商司	司　　長	周傳經 4.3 調。朱文黼 4.3 兼署。		
	第一科長	張肇棻 4.4 免。王治鬻 4.4 任。		
	第二科長	關　霽		
	第三科長	陳海超 4.4 免。吳斯美 4.4 任，4.10 免。陳海超 4.10 任。		
	第四科長	許同莘		
條約司	司　　長	錢　泰		
	第一科長	周　緯		
	第二科長	胡世澤 4.24 免。		
情報局	局　　長	吳晉（兼）		
	第一科長	施　贇		
	第二科長	顧泰來		
	第三科長	張翼樞		
	第四科長	王家楨 4.4 免。陶尚銘 4.4 任。（未到任前王家楨代）		

說　　明：1. 民國 4 年年各司作了調整。
　　　　　2. 民國 10 年 5 月 7 日增設條約司。
　　　　　3. 民國 16 年 7 月裁撤交際司，增加情報局。
參考資料：1.《政府公報》影印版（洪憲前）第一號至第一三一〇號及（洪憲後）第一號至
　　　　　　　第一八九三號（臺北：文海出版社，1971 年）。
　　　　　2.《外交公報》影印版第一期至第八十二期（臺北：文海出版社，1985 年）。
　　　　　3. 錢實甫編，《北洋政府職官年表》（江蘇：華東師範大學出版社，1991 年）。
　　　　　4. 石源華主編，《中華民國外交辭典》（江蘇：上海古籍出版社，1996 年）。
　　　　　5. 東方雜誌社編，《民國職官表》影印本（臺北：文海出版社，1981 年）。
　　　　　6. 劉壽林，《辛亥以後十七年職官年表》影印版（臺北：文海出版社，1974 年）。

附錄二　北京政府駐外使領人員年表（1912～1928）

民國元年（1912）

使　館

年　　　代	1911 年（清末）	1912 年（民國元年）
英　　　國	劉瑞麟	劉玉麟
俄　　　國	陸徵祥	陸徵祥 3.30 改任外長。劉鏡人 9.16 調任
德　　　國	梁　誠	梁　誠
丹　　　麥		
瑞　　　典		
法　　　國	劉式訓	劉式訓（回國）胡惟德 11.22 任。代辦林桐實
西　班　牙	劉式訓（兼）	胡惟德（兼）11.22 兼
葡　萄　牙		胡惟德（兼）
美　　　國	施肇基	施肇基
古　　　巴	施肇基（兼）	施肇基（兼）
墨　西　哥	施肇基（兼）	施肇基（兼）
秘　　　魯	施肇基（兼）	施肇基（兼）
巴　　　西		
日　　　本	汪大燮	汪大燮
義　大　利	吳宗濂	吳宗濂
奧　地　利	沈瑞麟	沈瑞麟
比　利　時	李國杰	李國杰（回國）王廣圻 12.29 任。
荷　　　蘭	劉鏡人	劉鏡人 9.16 調駐俄。魏宸組 11.22 任。

領　館

新　嘉　波	譚乾初	胡惟賢 9.21 署
澳　　　洲	黃榮良	黃榮良 7.27 署
坎　拿　大	王斯沅	
海　參　崴		邵恆濬
廟　　　街		張文煥
黑　　　河		稽　鏡

依爾庫次克		魏　渤
赤　　塔		管尙平
墨　西　哥	吳仲賢	
古　　巴	吳壽全	吳壽全
金　　山	黎榮耀	黎榮耀
小　呂　宋	孫士頤	楊書雯 7.5 署
巴　拿　瑪	歐陽庚	
橫　　濱	繼　善	馬廷亮 12.10 署。
朝　　鮮	馬廷亮	馬廷亮 12.10 調署橫濱。富士英 12.10 署。
爪　　哇	蘇銳釗	
檳　榔　嶼	戴春榮	
紐　絲　綸	周　璽	桂　埴 12.9 署。
仰　　光	蕭永熙	蕭永熙
溫　哥　佛	張康仁	林軾垣
紐　　約	楊毓瑩	
檀　香　山	陳慶龢	
神　　戶	王守善	王守善
長　　崎	楊書雯	徐善慶 7.5 署。
仁　　川	賈文燕	賈文燕
元　　山	馬永發	
釜　　山	王邦藩	王邦藩
新　義　州	王克均	王克均
薩　摩　島	林潤釗	
泗　　水	陳恩梓	
把　　東	徐善慶	

民國 2 年（1913）

使　館

英　　國	劉玉麟 12.9 任。	
俄　　國	劉鏡人	
德　　國	梁　誠。顏惠慶 1.29 外交次長改任。	
丹　　麥	顏惠慶 2.3（兼）	

瑞 典	
法 國	胡惟德
西 班 牙	胡惟德（兼）。戴陳霖 12.31 任。
葡 萄 牙	胡惟德（兼）。戴陳霖 12.31（兼）
美 國	施肇基（回國）。夏偕復 12.26 任。
古 巴	施肇基（兼）。夏偕復 12.26（兼）
墨 西 哥	施肇基（兼）。陳籙 12.31 任。
秘 魯	施肇基（兼）。劉式訓 12.31（兼）
巴 西	劉式訓 12.31 任。
日 本	汪大燮（回國，9.11 改教育部長）代辦馬廷亮。陸宗輿 12.9 任。
義 大 利	吳宗濂（回國）。高而謙 12.9 任。
奧 地 利	沈瑞麟 12.9 任。
比 利 時	王廣圻
荷 蘭	魏宸組（回國，12.10 免）代辦王承傳　唐在復 12.9 任。

領 館

新 嘉 波	胡惟賢
澳 洲	黃榮良 11.19 回部。曾宗鑒 11.19 署。
坎 拿 大	楊書雯 8.11 署理。
海 參 崴	
墨 西 哥	
古 巴	吳壽全 1.31 開缺。林實桐 1.31 任。侯良登 2.15 署。
金 山	黎榮耀 2.3 開缺。歐陽祺 2.15 暫署，11.13 開缺。徐勤 11.13 署。
紐 約	楊毓瑩 5.14 署。
檀 香 山	陳慶龢 10.9 任開缺回國。伍璜 10.11 暫署。
小 呂 宋	楊書雯 5.14 開缺。劉毅 5.14 署。
巴 拿 瑪	歐陽庚 11.13 調署爪哇。馮祥光 11.13 署。
橫 濱	馬廷亮 8.6 調。夏詒霆 8.6 署，9.18 免。王守善 9.18 署。
神 戶	王守善 8.6 調部。許同范 8.6 署。
長 崎	徐善慶
朝 鮮	富士英
仁 川	賈文燕 3.14 調署釜山。張鴻 3.14 署。

釜　　　山	王邦藩 3.14 開缺。賈文燕 3.14 署，8.17 免。柯鴻烈 8.17 署。
新　義　州	王克均 4.4 開缺。稽鏡 4.4 署。
元　　　山	副領事馬永發 4.4 署。
爪　　　哇	蘇銳釗 11.13 假。歐陽庚 11.13 署
泗　　　水	林文慶 6.2 署，11.28 免。唐才質 11.28 署。
把　　　東	沈崇勳 6.2 署。余祐蕃 12.22 署。
檳　榔　嶼	
紐　絲　綸	桂　埴
仰　　　光	蕭永熙 8.9 開缺。沈成鵠 8.9 署。
溫　哥　佛	張康仁 2.17 免。林軾垣 2.17 任。
薩　摩　島	
鎮　南　浦	副領事張國威署
南　斐　洲	劉毅 2.3 留部任用

民國 3 年（1914）

使　館

英　　　國	劉玉麟（6.20 召回）。施肇基（6.20 任）
俄　　　國	劉鏡人
德　　　國	顏惠慶
丹　　　麥	顏惠慶（兼）。代辦翟青松
瑞　　　典	
法　　　國	胡惟德
西　班　牙	戴陳霖
葡　萄　牙	戴陳霖（兼）
美　　　國	夏偕復。代辦張康仁
古　　　巴	夏偕復（兼）。代辦林桐實
墨　西　哥	陳籙　代辦吳仲賢、胡振平
秘　　　魯	劉式訓（兼）。代辦吳振麟
巴　　　西	劉式訓
日　　　本	陸宗輿
義　大　利	高而謙
奧　地　利	沈瑞麟

比 利 時	王廣圻　汪榮寶（2.19任）
荷　　蘭	唐在復

領　館

新　嘉　波	胡惟賢5.4任。
澳　　　洲	曾宗鑒。
坎　拿　大	楊書雯5.4任。
海　參　崴	陸是元1.31署。5.4任。
金　　　山	徐　勤。徐善慶5.4任。
小　呂　宋	劉　毅5.4任。
巴　拿　瑪	馮祥光5.4任。
橫　　　濱	王守善。
朝　　　鮮	富士英5.4任。
爪　　　哇	歐陽庚
檳　榔　嶼	戴培元1.31署。
紐　絲　綸	桂埴5.4任。
仰　　　光	沈成鵠5.4任。5.16免。賈文燕5.16署。（未到任前楊鎮昌代）
溫　哥　佛	林軾垣5.4任。
紐　　　約	楊毓瑩5.4任。
檀　香　山	伍　璜5.4任。
橫　　　濱	王守善5.4任。
神　　　戶	許同范5.4調新義州。稽鏡5.4任。
長　　　崎	徐善慶
仁　　　川	張　鴻5.4任。
元　　　山	副領事馬永發5.4署。
釜　　　山	柯鴻烈5.4任。
新　義　州	稽　鏡5.4調神戶。許同范5.4任。
薩　摩　島	林潤釗1.31署。5.4任。7.9患病回國。秦汝欽7.9代。
泗　　　水	唐才質
把　　　東	余祐蕃
鎮　南　浦	副領事張國威5.4署
古　　　巴	林桐實5.4任。

民國 4 年（1915）

使　館

英	國	施肇基
俄	國	劉鏡人
德	國	顏惠慶
丹	麥	顏惠慶（兼）
瑞	典	
法	國	胡惟德
西 班	牙	戴陳霖
葡 萄	牙	戴陳霖（兼）
美	國	夏偕復（10.25 免）代辦容揆。顧維鈞（10.25 任）
古	巴	夏偕復（兼，10.25 免）代辦廖恩燾。顧維鈞（10.25 兼）
墨 西	哥	陳　籙（6.16 調蒙古都護使）。顧維鈞（7.11 任。10.25 調駐美、古）
秘	魯	劉式訓
巴	西	劉式訓（兼）
日	本	陸宗輿
義 大	利	高而謙（9.30 辭免）代辦李向濬。王廣圻（9.30 任）
奧 地	利	沈瑞麟
比 利	時	汪榮寶（7.4 爲憲法起草委員）。代辦岳昭燏
荷	蘭	唐在復

領　館

新 嘉	波	胡惟賢
澳 大 利	亞	曾宗鑒 3.14 任。
坎 拿	大	楊書雯
檳 榔	嶼	戴培元
紐 絲	綸	桂　埴
仰	光	賈文燕 3.14 任。
溫 哥	佛	林軾垣
薩 摩	島	林潤釗
海 參	崴	陸是元

依爾庫次克	管尚平 11.15 任。
古　　　巴	林桐實
金　　　山	徐善慶
斐　利　濱	劉毅 3.17 免。施紹常 3.17 任。
紐　　　約	楊毓瑩
檀　香　山	伍璜
巴　拿　瑪	馮祥光
横　　　濱	王守善
神戶兼大阪	稽鏡
長　　　崎	胡礽泰 3.14 任。
朝　　　鮮	富士英
仁　　　川	張鴻
釜　　　山	柯鴻烈
新　義　州	許同范
元　　　山	馬永發
鎮　南　浦	張國威 9.26 免。胡襄 9.29 署。
爪　　　哇	歐陽庚 3.14 任。
泗　　　水	唐才質 10.9 開缺回國。王樹善 10.9 署。
把　　　東	余祐蕃 3.14 任。

民國 5 年（1916）

使　館

英　　　國	施肇基
俄　　　國	劉鏡人
德　　　國	顏惠慶（4.13 兼駐瑞典使節）
丹　　　麥	顏惠慶（兼）
瑞　　　典	顏惠慶（4.13 兼）
法　　　國	胡惟德
西　班　牙	戴陳霖
葡　萄　牙	戴陳霖（兼）
美　　　國	顧維鈞

古　　　巴	顧維鈞（兼）。代辦廖恩燾
墨　西　哥	代辦胡振平
秘　　　魯	劉式訓（12.20 調外交次長）。代辦吳振麟
巴　　　西	劉式訓（兼，12.20 調外交次長）。代辦林桐實
日　　　本	陸宗輿（6.30 免）代辦劉崇杰。章宗祥（6.30 任）
義　大　利	王廣圻
奧　地　利	沈瑞麟
比　利　時	汪榮寶
荷　　　蘭	唐在復

領　館

新　嘉　波	胡惟賢
澳 大 利 亞	曾宗鑒
坎　拿　大	楊書雯
檳　榔　嶼	戴培元
紐　絲　綸	桂埴
仰　　　光	賈文燕
溫　哥　佛	林軾垣
北 婆 羅 洲	謝天保 2.25 任。
薩　摩　島	林潤釗
海　參　崴	陸是元
依 爾 庫 次 克	管尚平
古　　　巴	林桐實
金　　　山	徐善慶
斐　利　濱	施紹常
紐　　　約	楊毓瑩
檀　香　山	伍璜
巴　拿　瑪	馮祥光
橫　　　濱	王守善
神 戶 兼 大 阪	稽鏡
長　　　崎	胡礽泰

朝		鮮	富士英
仁		川	張鴻 5.28 免。張國威 9.8 署。
釜		山	柯鴻烈
新	義	州	許同范
元		山	馬永發
鎮	南	浦	胡襄
爪		哇	歐陽庚
泗		水	王樹善
把		東	余祐蕃
棉		蘭	張步青

民國 6 年（1917）

使　館

英		國	施肇基
俄		國	劉鏡人
德		國	顏惠慶（3.14 宣佈絕交）
丹		麥	顏惠慶（兼）
瑞		典	顏惠慶（兼）
法		國	胡惟德
西	班	牙	戴陳霖
葡	萄	牙	戴陳霖（兼）
美		國	顧維鈞
古		巴	顧維鈞（兼）。代辦廖恩燾
墨	西	哥	代辦胡振平
秘		魯	代辦吳振麟
巴		西	代辦林桐實、吳克偉
日		本	章宗祥
義	大	利	王廣圻
奧	地	利	沈瑞麟（8.14 宣戰，11.27 回國）
比	利	時	汪榮寶
荷		蘭	唐在復

領　館

倫　　　敦	曹雲祥 8.25 任。
新　嘉　波	胡惟賢
澳 大 利 亞	曾宗鑒 8.23 回國。魏子京 8.23 任。
紐　絲　綸	林軾垣 10.15 任。
坎　拿　大	楊書雯
北 婆 羅 洲	謝天保
薩　摩　島	林潤釗
檳　榔　嶼	戴培元
仰　　　光	賈文燕
溫　哥　佛	林軾垣 10.15 調署紐絲綸領事。王麟閣 10.15 署。
海　參　崴	陸是元 9.1 假回國。李家鏊 9.1 署。9.14 免。邵恒濬 9.14 任。
依 爾 庫 次 克	管尚平 8.30 開缺回國。
古　　　巴	林桐實 8.23 假。廖恩燾 8.23 任。11.16 開缺回國。孫士頤 11.16 署。
金　　　山	馮祥光 11.30 調署墨西哥使館二等秘書。王廷章 11.30 署。
斐　利　濱	施紹常 2.21 免。桂埴 2.21 任。
紐　　　約	楊毓瑩
檀　香　山	伍璜
巴　拿　瑪	徐善慶
橫　　　濱	王守善
神 戶 兼 大 阪	稽　鏡
長　　　崎	胡礽泰。馮冕 7.24 署。
朝　　　鮮	富士英
仁　　　川	張國威
釜　　　山	柯鴻烈
新　義　州	許同范
元　　　山	馬永發
鎮　南　浦	胡襄
爪　　　哇	歐陽庚 5.3 免。歐陽祺 5.7 任。
泗　　　水	王樹善
把　　　東	余祐蕃
棉　　　蘭	張步青

民國 7 年（1918）

使 館

英　　　國	施肇基
俄　　　國	劉鏡人（3.6 離去俄京；改任駐西伯利亞高級委員）
德　　　國	
丹　　麥	顏惠慶（兼）
瑞　　典	顏惠慶（兼）
法　　　國	胡惟德
西　班　牙	戴陳霖（7.17 兼駐羅馬教廷；8.5 法國抗議；8.24 延期）
葡　萄　牙	戴陳霖（兼）
美　　　國	顧維鈞
古　　巴	顧維鈞（兼）。代辦沈成鵠
墨　西　哥	代辦馮祥光
秘　　魯	夏詒霆（2.11 任）
巴　　西	夏詒霆（2.11 兼）
日　　本	章宗祥
義　大　利	王廣圻
奧　地　利	
比　利　時	汪榮寶
荷　　蘭	唐在復

領 館

倫　　敦	曹雲祥
新　嘉　波	胡惟賢 10.19 調回國任廈門交涉員。羅昌 10.19 署。11.10 任。
澳　大　利　亞	魏子京 5.23 任。
紐　絲　綸	林軾垣 5.23 任。
坎　拿　大	楊書雯
北　婆　羅　洲	謝天保 8.9 有事回國。楊毓瑩 8.9 署。
薩　摩　島	林潤釗
檳　榔　嶼	戴培元
仰　　光	周國賢 5.23 任。

溫　哥　佛	王麟閣 5.23 任。11.6 調署美使館二等秘書。葉可樑 11.6 署。
海　參　崴	邵恒濬 5.23 任。
依爾庫次克	魏渤 5.23 任。
古　　　巴	孫士頤 5.23 任。沈成鵠 9.14 署。10.26 任。
金　　　山	王廷章 5.31 回部辦事。朱兆莘 5.23 任。
斐　利　濱	桂埴
紐　　　約	楊毓瑩 8.9 調署北婆羅洲。周啓濂 8.19 署。10.26 任。
檀　香　山	伍璜
巴　拿　瑪	徐善慶 5.23 任。11.29 調署橫濱總領事。吳佩洸 11.29 署。
橫　　　濱	王守善 11.29 回國。徐善慶 11.29 署。
神戶兼大阪	稽鏡
長　　　崎	馮冕
朝　　　鮮	富士英
仁　　　川	張國威
釜　　　山	柯鴻烈
新　義　州	許同范
元　　　山	馬永發
鎮　南　浦	胡襄 5.23 任。
爪　　　哇	歐陽庚
泗　　　水	賈文燕 5.23 任。
把　　　東	余祐蕃
棉　　　蘭	張步青

民國 8 年（1919）

使　館

英　　　國	施肇基
俄　　　國	劉鏡人（9.3 調駐日）
德　　　國	
丹　　　麥	顏惠慶（兼）
瑞　　　典	顏惠慶（兼）
法　　　國	胡惟德（4.17 假）。代辦岳昭燏
西　班　牙	戴陳霖

葡 萄 牙	戴陳霖（兼）
美 國	顧維鈞
古 巴	顧維鈞（兼）。代辦沈成鵠
墨 西 哥	顧維鈞（兼）。代辦馮祥光
秘 魯	夏詒霆
巴 西	夏詒霆（兼）
日 本	章宗祥（4.17 假，6.10 免）。劉鏡人（9.3 任，未就）。代辦莊景珂
義 大 利	王廣圻
奧 地 利	
比 利 時	汪榮寶（1.5 調駐瑞士）。魏宸組（1.5 任）
荷 蘭	唐在復
瑞 士	汪榮寶（1.5 駐比調）

領 館

倫 敦	羅昌 1.25 署。2.14 任。
新 嘉 波	伍璜 1.25 署。2.14 任。
澳 大 利 亞	魏子京
紐 絲 綸	林軾垣
坎 拿 大	楊書雯
北 婆 羅 洲	楊毓瑩（1.17 未到任前由余祐蕃暫署）2.19 回部辦事。余祐蕃 7.23 任。
檳 榔 嶼	戴培元
仰 光	周國賢
溫 哥 華	葉可樑 1.7 任。
南 斐 洲	劉毅 10.18 署。12.17 任。
巴 黎	廖世功 1.20 署。2.14 任。
薩 摩 島	林潤釗 8.18 免。李方 8.18 署。10.18 任。
海 參 崴	邵恒濬
廟 街 副 領 館	張文煥 9.26 署。
俄 穆 斯 克 總 館	范其光 6.17 署。
依 爾 庫 次 克	魏 渤
古 巴	沈成鵠 11.25 回部辦事。吳克倬 11.25 署。
金 山	朱兆莘

斐　利　濱	桂　埴
紐　　　約	周啓濂 12.5 假。史悠明 12.5 署。
檀　香　山	譚學徐 1.25 署。2.14 任。
巴　拿　瑪	吳佩洸 1.7 任。
橫　　　濱	徐善慶 1.7 任。
神 戶 兼 大 阪	稽鏡 5.10 免。柯鴻烈 5.10 署。
長　　　崎	馮晃
朝　　　鮮	富士英 5.10 假。王鴻年 5.10 暫署。
仁　　　川	張國威 10.18 任。
釜　　　山	柯鴻烈 5.10 調署神戶領事。辛寶慈 5.10 署。
新　義　州	許同范
元　　　山	馬永發
鎮　南　浦	胡襄
爪　　　哇	歐陽祺 6.13 任。
泗　　　水	賈文燕
把　　　東	余祐蕃 1.17 暫署北婆羅洲領事。陳炳武 1.17 暫代。趙詒璹 1.21 暫署。陳以復 6.16 暫署。
棉　　　蘭	張步青
順　拏　臘	胡襄 12.31 任。

民國 9 年（1920）

使　館

英　　　國	施肇基。顧維鈞（9.29 駐英、駐美互調）
俄　　　國	
德　　　國	
丹　　　麥	顏惠慶（兼；8.11 回國任外交總長）。代辦曹雲祥
瑞　　　典	顏惠慶（兼；8.11 回國任外交總長）。章祖申（10.3 任）
挪　　　威	章祖申（10.3 兼）
法　　　國	胡惟德（9.10 調駐日）。陳籙（9.17 任）。代辦岳昭燏
西　班　牙	戴陳霖（6.19 免）。劉崇杰（9.9 任）
葡　萄　牙	戴陳霖（兼 6.19 免）。劉崇杰（9.9 兼）。代辦劉家驥
美　　　國	顧維鈞。施肇基（9.29 駐美、駐英互調）

古　　　巴	顧維鈞。王繼曾（9.11 兼）。代辦吳克倬
墨　西　哥	代辦馮光祥。王繼曾（9.11 任）
秘　　　魯	夏詒霆（兼）。代辦吳振麟、羅忠詒
巴　　　西	夏詒霆
日　　　本	劉鏡人（9.10 免）。胡惟德（9.10 駐法調）。代辦王鴻年
義　大　利	王廣圻。唐在復（12.29 駐義、駐荷互調）
奧　地　利	黃榮良（10.10 任）
比　利　時	魏宸組
荷　　　蘭	唐在復　王廣圻（12.29 駐荷、駐義互調）
瑞　　　士	汪榮寶

領　館

倫　　　敦	羅　昌
新　嘉　波	伍　瓛
澳　大　利　亞	魏子京
紐　絲　綸	林軾垣
坎　拿　大	楊書雯
北　婆　羅　洲	余祐蕃
檳　榔　嶼	戴培元
仰　　　光	周國賢 9.8 調任斐利濱。張國威 9.8 任。
溫　哥　華	葉可樑
南　斐　洲	劉　毅
巴　　　黎	廖世功
薩　摩　島	李　方
海　參　崴	邵恒濬
雙　子　城	畢文啓 7.17 任。
伯利副領館	權世恩
廟街副領館	張文煥 10.20 開缺回國。
俄穆斯克總館	范其光 7.31 免。
依爾庫次克	魏渤 4.19 免。朱紹陽 5.24 署。
黑河總領館	稽　鏡。程福慶 10.27 署。
赤　　　塔	管尚平

古　　　　巴	吳克倬 8.18 任。
金　　　　山	朱兆莘
斐　利　濱	桂埴 9.8 免。周國賢 9.8 任。
紐　　　　約	周啓濂 6.15 留部任用。史悠明 6.15 任。
檀　香　山	譚學徐
巴　拿　瑪	吳佩洸
橫　　　　濱	徐善慶
神 戶 兼 大 阪	柯鴻烈 9.17 任。
長　　　　崎	馮冕 12.15 回部辦事。郭則濟 12.15 署。
朝　　　　鮮	富士英 8.31 免。9.7 回部辦事。馬廷亮 8.31 任。
仁　　　　川	張國威 9.8 調任仰光。許同范 9.8 任。
釜　　　　山	辛寶慈
新　義　州	許同范 9.8 調任仁川。胡襄 9.8 任。
元　　　　山	馬永發
鎮　南　浦	陳鎈 9.17 任。
爪　　　　哇	歐陽祺
泗　　　　水	賈文燕
把　　　　東	陳以復
棉　　　　蘭	張步青
脫 利 斯 脫	陳鴻鑫 9.8 署。
順　拏　臘	胡襄 3.8 回部辦事。李向澧 3.8 署。8.18 任。
昂　維　斯	許熊章 4.23 署。5.6 任。

民國 10 年（1921）

使　館

英　　　　國	顧維鈞（11.2 加大使銜；4.25 回國一行）
俄　　　　國	
德　　　　國	代辦張允凱。魏宸組（7.24 駐比調）
丹　　　　麥	代辦王承傳
瑞　　　　典	章祖申
挪　　　　威	章祖申（兼）。代辦朱誦韓
法　　　　國	陳籙

西　班　牙	劉崇杰
葡　萄　牙	劉崇杰（兼）。代辦李世中
美　　　國	施肇基（11.2 加大使銜；4.25 回國一行）
古　　　巴	王繼曾（兼，4.28 改爲專任）。刁作謙（8.14 任）
墨　西　哥	王繼曾
秘　　　魯	夏詒霆（兼，4.25 回國一行）。代辦羅忠詒
巴　　　西	夏詒霆（兼，4.25 回國一行）
日　　　本	胡惟德
義　大　利	唐在復（4.25 回國一行）
奧　地　利	黃榮良（4.25 回國一行）
比　利　時	魏宸組（7.24 調駐德）。王景岐（8.2 任）
荷　　　蘭	王廣圻（4.25 回國一行）
瑞　　　士	汪榮寶（4.25 回國一行）
巴　拿　馬	（12.28 增設）代辦史悠明
智　　　利	歐陽庚（2.24 任）
芬　　　蘭	

領　館

倫　　　敦	羅　昌 9.21 調署新加坡。伍　瑛 9.21 署。
新　嘉　波	伍　瑛 9.21 調署倫敦。羅　昌 9.21 署。
澳 大 利 亞	魏子京
紐　絲　綸	李光亨 6.15 代。
坎　拿　大	楊書雯 6.13 調署薩摩島。徐善慶 6.13 署。
北　婆　羅　洲	余祐蕃 4.28 回部辦事。李　方 4.28 署。9.19 回部辦事。桂　埴 9.19 署。
檳　榔　嶼	戴培元
仰　　　光	張國威
溫　哥　華	葉可樑 2.24 調署金山。陳維城 2.24 署。
南　斐　洲	劉　毅
薩　摩　島	李　方 4.28 調署北婆羅洲。潘承福 4.28 代。李照松 10.20 署。
巴　　　黎	廖世功 9.27 回京面詢。趙詒壽 9.27 署。
金　　　山	朱兆莘調署英一等秘書。葉可樑 2.24 署。
斐　利　濱	周國賢
紐　　　約	史悠明 11.25 調署巴拿馬。張祥麟 11.25 署。

檀　香　山	譚學徐
巴　拿　瑪	吳佩洸 6.13 回部辦事。楊書雯 6.13 署。史悠明 11.25 署。
橫　　　濱	徐善慶 6.13 調署坎拿大。長福 6.13 署。
神戶兼大阪	柯鴻烈
長　　　崎	郭則濟
朝　　　鮮	馬廷亮
仁　　　川	許同范
釜　　　山	辛寶慈
新　義　州	胡　襄
元山副領館	馬永發 5.21 加領事銜
鎮南浦副領館	陳　錢
爪　　　哇	歐陽祺
泗　　　水	賈文燕
把　　　東	陳以復
棉　　　蘭	張步青
脫　利　斯　脫	陳鴻鑫
昂　維　斯	許熊章 3.10 調署比二等秘書。趙詒璹 3.10 署。9.27 調署巴黎。許熊章 9.27 署。
順　筡　臘	李向瀗
海　參　崴	邵恒濬 3.31 調部任用。范其光 3.31 署。
雙　子　城	畢文啓
伯　利　領　館	權世恩 10.12 回部辦事。賈鴻墀 10.24 署。
廟　街　副領館	
依　爾　庫　次　克	朱紹陽 5.7 開缺。
黑河總領館	程福慶
赤　　　塔	管尚平 5.25 開缺。沈崇勳

民國 11 年（1922）

使　館

英　　　國	顧維鈞（5.8 回國，調署外交總長）。代辦朱兆莘
俄　　　國	
德　　　國	魏宸組
丹　　　麥	戴陳霖（6.16 兼）。代辦王承傳

瑞　　　典	章祖申（6.17 留京）。戴陳霖（6.17 任）
挪　　　威	章祖申（6.17 留京）。戴陳霖（6.17 兼）。代辦余祐蕃、蕭永熙
法　　　國	陳　籙
西　班　牙	劉崇杰
葡　萄　牙	劉崇杰（兼）
美　　　國	施肇基（回國）
古　　　巴	刁作謙（1.20 兼駐巴拿馬）
墨　西　哥	王繼曾
秘　　　魯	夏詒霆（兼）　　代辦羅忠詒
巴　　　西	夏詒霆（兼）
日　　　本	胡惟德（6.2 調毛革改良會長）。汪榮寶（6.2 駐瑞士調任）
義　大　利	唐在復
奧　地　利	黃榮良
比　利　時	王景岐
荷　　　蘭	王廣圻
瑞　　　士	汪榮寶（6.2 調駐日本）。陸徵祥（6.15 任）
巴　拿　馬	刁作謙（1.20 兼）。代辦史悠明
智　　　利	代辦歐陽庚
芬　　　蘭	

領　館

倫　　　敦	伍　瑍 4.5 任。
新　嘉　波	羅　昌 4.5 任。
澳　大　利　亞	魏子京
紐　絲　綸	林軾垣 8.5 回部辦事。李光亨 8.5 署。12.24 任。
坎　拿　大	周啓濂 4.5 任。
北　婆　羅　洲	桂埴 4.5 任。
檳　榔　嶼	戴培元 12.24 任。
仰　　　光	張國威
溫　哥　華	陳維城。林葆恒 8.23 署。
南　斐　洲	劉　毅
薩　摩　島	李照松 12.24 任。

巴　　　黎	趙詒璹 12.24 任。
金　　　山	葉可樑 12.24 任。
斐　利　濱	周國賢
紐　　　約	張祥麟 5.10 署。12.24 任。
檀　香　山	譚學徐
橫　　　濱	長　福
神戶兼大阪	柯鴻烈
長　　　崎	郭則濟
朝　　　鮮	馬廷亮 2.22 暫調署日本一等秘書。（廖恩燾代）5.20 回任。
仁　　　川	許同范 6.28 調署新義州。吳台 6.28 署。12.24 任。
釜　　　山	辛寶慈 12.24 任。
新　義　州	胡　襄 6.28 調署順㩧臘。許同范 6.28 署。12.24 任。
元　　　山	馬永發
鎮　南　浦	陳　籛
爪　　　哇	歐陽祺
泗　　　水	賈文燕
把　　　東	陳以復
棉　　　蘭	張步青 12.24 任。
脫　利斯脫	陳鴻鑫 12.24 任。
昂　維　斯	許熊章
順　㩧　臘	李向瀍 7.7 免。胡　襄 6.28 署。
巴　拏　馬	史悠明 4.5 任。
海　參　崴	范其光
雙　子　城	畢文啓
伯利領館	賛鴻墀 12.19 開缺回國。袁汾齡 12.19 署。
廟街副領館	
依爾庫次克	
黑河總領館	程福慶
莫　斯　科	沈崇勳
赤　　　塔	陳廣平 2.15 回部辦事。
阿姆斯得達姆	徐乃謙 9.2 署。12.24 任。

民國 12 年（1923）

使　館

英	國	代辦朱兆莘
蘇	聯	李家鏊（10.6 外交代表；11.22 加全權公使銜）
德	國	魏宸組
丹	麥	戴陳霖（兼）。代辦王承傳
瑞	典	戴陳霖
挪	威	戴陳霖（兼）
法	國	陳籙
西　班　牙		劉崇杰
葡　萄　牙		劉崇杰（兼）
美	國	施肇基（1.4 調署外長；未就）
古	巴	刁作謙
墨　西　哥		王繼曾。代辦徐善慶
秘	魯	夏詒霆（兼）。代辦羅忠詒、史悠明
巴	西	夏詒霆
日	本	汪榮寶（不願赴任）。代辦施履本 1.19 回部辦事。
義　大　利		唐在復
奧　地　利		黃榮良
比　利　時		王景岐
荷	蘭	王廣圻
瑞	士	陸徵祥
巴　拿　馬		刁作謙（兼）。代辦張國威
智	利	代辦歐陽庚
芬	蘭	王賚祺（3.9 代辦）

領　館

倫	敦	伍 璜 10.4 免。蘇銳釗 9.26 署。
新　嘉　波		羅 昌 11.13 調署坎拿大。周國賢 11.13 署。
澳　大　利　亞		魏子京
紐　絲　綸		李光亨

坎　拿　大	周啓濂 11.13 回部辦事。羅　昌 11.13 署。
北　婆　羅　洲	桂　埴
檳　榔　嶼	戴培元
仰　　　光	張國威 8.29 調署巴拿馬一等秘書。陸　震 8.29 署。
溫　哥　華	林葆恒
南　斐　洲	劉　毅
薩　摩　島	李照松
巴　　　黎	趙詒璹
金　　　山	葉可樑
斐　利　濱	周國賢 11.13 調署新加坡。謝天保 11.13 署。
紐　　　約	張祥麟
檀　香　山	譚學徐
橫　　　濱	長　福。周　玨 11.13 署。
神戶兼大阪	柯鴻烈
長　　　崎	郭則濟
朝　　　鮮	馬廷亮
仁　　　川	吳　台
釜　　　山	辛寶慈
新　義　州	許同范
元　　　山	馬永發
鎮　南　浦	陳　籛
爪　　　哇	歐陽祺
阿姆斯得達姆	徐乃謙
泗　　　水	賈文燕
把　　　東	陳以復
棉　　　蘭	張步青
脫　利　斯　脫	陳鴻鑫
昂　維　斯	許熊章
順　羍　臘	胡　襄
巴　羍　馬	史悠明
海　參　崴	范其光
雙　子　城	畢文啓

伯 利 領 館	裘汾齡
廟 街 副 領 館	
依 爾 庫 次 克	
黑 河 總 領 館	程福慶 1.16 開缺回國。鄭延禧 1.16 署。
莫 斯 科	沈崇勳
赤 塔	王鴻年

民國 13 年（1924）

使 館

英 國	代辦朱兆莘
蘇 聯	外交代表李家鏊
德 國	魏宸組（5.27 留京）。代辦胡世澤
丹 麥	戴陳霖（兼）。代辦徐兆熊
瑞 典	戴陳霖
挪 威	戴陳霖（兼）
法 國	陳 籙
西 班 牙	劉崇杰
葡 萄 牙	劉崇杰（兼）
美 國	施肇基
古 巴	刁作謙
墨 西 哥	王繼曾（5.12 調秘書長）。岳昭燏（5.12 任）
秘 魯	夏詒霆（兼）。代辦史悠明
巴 西	夏詒霆
日 本	汪榮寶
義 大 利	唐在復
奧 地 利	黃榮良
比 利 時	王景岐
荷 蘭	王廣圻
瑞 士	陸徵祥
巴 拿 馬	刁作謙（兼）
智 利	張孝若（5.12 任）
芬 蘭	王賡祺代辦

領　館

倫　　敦	蘇銳釗
新　嘉　波	周國賢（未到任前派賈文燕代）11.22 調部辦事。馬廷亮 11.22 署。
澳　大　利　亞	魏子京
紐　絲　綸	李光亨
坎　拿　大	羅　昌
北　婆　羅　洲	桂　埴
檳　榔　嶼	戴培元
仰　　光	陸　震
溫　哥　華	林葆恒
南　斐　洲	劉　毅
薩　摩　島	李照松
巴　　黎	趙詒璹
金　　山	葉可樑
斐　利　濱	謝天保 11.22 開缺回國。王麟閣 11.22 署。
紐　　約	張祥麟
檀　香　山	譚學徐
橫　　濱	周　玨
神　戶　兼　大　阪	柯鴻烈
長　　崎	郭則濟
朝　　鮮	馬廷亮 11.22 調署新加坡。王守善 11.22 署。
仁　　川	吳　台
釜　　山	辛寶慈
新　義　州	許同范
元　　山	馬永發
鎮　南　浦	陳　籛
爪　　哇	歐陽祺
阿姆斯得達姆	徐乃謙 6.27 回部辦事。路　潙 6.27 署。
泗　　水	賈文燕 3.22 代署新加坡。（陳錫璋代）
把　　東	施紹曾

棉　　　　蘭	張步青
脫 利 斯 脫	陳鴻鑫 6.27 回部辦事。陳以復 6.27 署。
昂　維　斯	許熊章
順　拏　臘	胡襄 4.11 回部辦事。王天木 4.11 署。
巴　拏　馬	張國威
海　參　崴	犯其光 2.9 開缺回國。邵恆濬 2.9 署。5.12 免。吳佩洸 5.12 署。
雙　子　城	畢文啓 6.27 回部辦事。傅仰賢 6.27 署。
伯 利 領 館	裘汾齡
廟 街 副 領 館	
依 爾 庫 次 克	
黑 河 總 領 館	程福慶
莫　斯　科	沈崇勳
赤　　　　塔	王鴻年 1.17 免。張瑋 1.17 代。8.4 署。

民國 14 年（1925）

使　館

英　　　　國	朱兆莘代理（10.31 調駐義）。顏惠慶（10.7 任；加全權大使銜；未就）
蘇　　　　聯	李家鏊（外交代表；8.29 調駐芬蘭）。孫寶琦（大使；8.3 任，未就）臨時代辦鄭延禧
德　　　　國	魏宸組（11.24 調督辦全國鐵道籌措事宜）。黃郛（11.24 任；加大使銜）
丹　　　　麥	戴陳霖（兼；5.11 留京；10.24 辭免）。代辦胡襄
瑞　　　　典	戴陳霖（5.11 留京；10.24 辭免）
挪　　　　威	戴陳霖（兼；5.11 留京；10.24 辭免）
法　　　　國	陳籙
西　班　牙	劉崇杰
葡　萄　牙	劉崇杰（兼）
美　　　　國	施肇基
古　　　　巴	刁作謙
墨　西　哥	岳昭燏
秘　　　　魯	夏詒霆（兼；10.22 留京；調關稅特別會議委員會高等顧問）
巴　　　　西	夏詒霆（10.22 留京；調關稅特別會議委員會高等顧問）

日　　　本	汪榮寶（1.27 假；4.15 留京）。代辦張元節
義　大　利	唐在復（10.31 辭）。朱兆莘（10.31 代駐英調）。代辦沈覲宸
奧　地　利	黃榮良
比　利　時	王景岐
荷　　　蘭	王廣圻
瑞　　　士	陸徵祥
巴　拿　馬	刁作謙（兼）
智　　　利	張孝若。代辦歐陽庚 12.3 回部辦事。廖恩燾 12.3 代辦。
芬　　　蘭	李家鏊（8.29 任）。代辦龔惠慶

領　館

倫　　　敦	蘇銳釗
新　嘉　波	馬廷亮 1.19 回部辦事。賈文燕 1.19 署。
澳　大　利　亞	魏子京
紐　絲　綸	李光亨
坎　拿　大	羅昌 1.6 回國辦事。周國賢 1.6 署。
北　婆　羅　洲	桂埴
檳　榔　嶼	戴培元
仰　　　光	陸震 3.4 回部辦事。沈艾孫 3.4 署。
溫　哥　華	林葆恒 1.19 調署泗水。何纘 1.19 署。
南　斐　洲	劉毅
薩　摩　島	李照松 7.18 回部辦事。居之敬 7.18 署。
巴　　　黎	趙詒璹
漢　　　堡	馮祥光 4.17 署。
金　　　山	葉可樑
斐　利　濱	王麟閣
約	張祥麟
檀　香　山	譚學徐 12.31 回部辦事。曹恭翊 12.31 署。
橫　　　濱	周玨 9.23 調署神戶。汪楊寶 9.23 署。
神　　　戶	柯鴻烈 9.23 回部辦事。周玨 9.23 署。
長　　　崎	郭則濟

朝　　　鮮	王守善
仁　　　川	吳　台
釜　　　山	辛寶慈
新　義　州	許同范 1.16 調署廟街。孫蔭蘭 1.16 署。
元　　　山	馬永發
鎮　南　浦	陳　鑅
爪　　　哇	歐陽祺
阿姆斯得達姆	路　潘
泗　　　水	賈文燕 1.19 調署新加坡。林葆恒 1.19 署。
把　　　東	施紹曾
棉　　　蘭	張步青
脫　利　斯　脫	陳以復
昂　維　斯	許熊章
順　拏　臘	王天木
覃　必　古	陳天駿 6.27 署。
米市加利副館	陳以益
巴　拿　馬	張國威 4.1 免。李　琛 4.1 署。
列甯格拉特	水鈞韶 8.26 署。
海　參　崴	伍璜 4.10 暫留部辦事。9.23 回部辦事。王之相 9.23 署。
雙　子　城	傅仰賢 11.12 回部辦事。申作霖 11.12 署。
伯利總領館	袠汾齡 1.19 署。
廟街領館	許同范 1.16 署。3.18 回部辦事。伍步翔 3.18 署。
依爾庫次克	張　瑋 9.4 署。
黑河總領館	鄭延禧 8.18 調署蘇聯大使館參事。陳廣平 8.18 署。
赤　　　塔	張瑋 9.4 調署依爾庫次克。權世恩 9.4 任。
特　羅　邑	申作霖 1.16 任。11.12 調署雙子城。毛以亨 11.12 署。
斜　　　米	劉長炳 2.3 代。
阿　拉　木　圖	孝　昌 7.14 代。
塔　什　干	張紹伯 10.13 代。
安　集　延	陳德立 11.9 代。
宰　　　桑	楊應乾 11.9 代。

民國 15 年（1926）

使　館

英　　　國	代辦朱兆莘
蘇　　　聯	臨時代辦鄭延禧
德　　　國	黃郛（未到任）
丹　　　麥	羅忠詒（2.4 任）
瑞　　　典	曾宗鑒（2.23 任）
挪　　　威	曾宗鑒（2.23 兼）
法　　　國	陳　籙
西　班　牙	劉崇杰（回國）。代辦宋善良
葡　萄　牙	劉崇杰（兼；回國）。王廷璋（2.4 任）
美　　　國	施肇基（5.13 調外長；未就）
古　　　巴	刁作謙（3.14 辭）。廖恩燾（3.14 任；兼駐巴拿馬）
墨　西　哥	岳昭燏
秘　　　魯	施紹常（2.14 任）
巴　　　西	
日　　　本	汪榮寶　　代辦張元節
義　大　利	朱兆莘
奧　地　利	黃榮良
比　利　時	王景岐
荷　　　蘭	王廣圻
瑞　　　士	陸徵祥
巴　拿　馬	刁作謙（3.14 辭）。廖恩燾（3.14 任；駐古巴兼）
智　　　利	張孝若。代辦王天木
芬　　　蘭	李家鏊（9月死）代辦龔惠慶

領　館

倫　　　敦	蘇銳釗 1.19 回部辦事。楊永清 1.19 署。關菁麟 11.1 任。
新　嘉　波	賈文燕 2.4 調署爪哇。馮祥光 2.4 署。6.22 暫留署漢堡。賈文燕署。歐陽祺 7.19 署。
澳　大　利　亞	魏子京

紐　絲　綸	李光亨
坎　拿　大	周國賢
北　婆　羅　洲	桂埴
檳　榔　嶼	戴培元
仰　　　光	沈艾孫 11.3 免。陳鴻鑫 11.3 署。
溫　哥　華	何纘 3.4 調署紐約。魏子良 3.4 署。
南　斐　洲	劉　毅
薩　摩　島	居之敬
巴　　　黎	趙詒璹
漢　　　堡	馮祥光 2.4 調署新加坡。袁昌運 2.4 署。6.22 回部辦事。馮祥光 6.22 署。
金　　　山	葉可樑 6.22 回部辦事。龔安慶 6.22 署。
斐　利　濱	王麟閣
紐　　　約	張祥麟 3.4 回部辦事。何　纘 3.4 署。張祥麟 6.22 署。
檀　香　山	曹恭翊
橫　　　濱	汪楊寶
神　　　戶	周珏
長　　　崎	郭則濟
朝　　　鮮	王守善
仁　　　川	吳台
釜　　　山	辛寶慈 3.4 回部辦事。蔣道南 3.4 署。
新　義　州	孫蔭蘭
元　　　山	馬永發
鎮　南　浦	陳籛
爪　　　哇	歐陽祺 2.4 回部辦事。賈文燕 2.4 署。6.22 留署新加坡。何　纘 6.22 署。8.27 回國開缺。伍　瑍 8.27 署。
阿姆斯得達姆	路潘
泗　　　水	林葆恒
把　　　東	施紹曾 12.10 回國待命。唐榴 12.10 署。
棉　　　蘭	張步青
脫　利　斯　脫	陳以復
昂　維　斯	許熊章
順　拏　臘	王天木。李世桂 3.4 署。

覃　必　古	陳天駿 6.22 免。李體乾 6.22 署。
米市加利副館	陳以益
巴　拿　馬	李　琛
列甯格拉特	水鈞韶 4.7 回部辦事。傅仰賢 4.14 署。
海　參　崴	王之相
雙　子　城	申作霖 7.21 調署特羅邑。韓述曾 7.21 署。
伯利總領館	裘汾齡
廟　街　領　館	伍步翔
依爾庫次克	張　瑋
黑河總領館	陳廣平
赤　　　塔	權世恩
特　羅　邑	毛以亨 7.21 開缺回國。申作林 7.21 署。
斜　　　米	劉長炳
阿　拉　木　圖	孝　昌。薩拉春 8.20 署。
塔　什　干	張紹伯
安　集　延	陳德立
宰　　　桑	楊應乾

民國 16 年（1927）

使　館

英　　　國	代辦朱兆莘（7.4 接受南京政府命令）
蘇　　　聯	臨時代辦鄭延禧
德　　　國	黃　郛（未到任）。代辦蔣兆鈺
丹　　　麥	羅忠詒（5.15 裁）
瑞　　　典	曾宗鑒
挪　　　威	曾宗鑒（兼）
法　　　國	陳　籙（7.12 辭，傾向南方）
西　班　牙	代辦宋善良
葡　萄　牙	王廷璋（5.15 裁）
美　　　國	施肇基（3.19 欠薪，請假）
古　　　巴	廖恩燾（5.15 裁）

墨 西 哥	岳昭燏
秘 魯	施紹常（5.15 裁）
巴 西	
日 本	汪榮寶（3.19 欠薪，請假）
義 大 利	朱兆莘（7.4 接受南京政府命令）
奧 地 利	黃榮良（3.19 回國索款，7.12 辭。傾向南方；5.15 裁）
比 利 時	王景岐（3.19 欠薪 20 個月，回國索款）
荷 蘭	王廣圻（7.12 辭，傾向南方）。代辦戴明輔
瑞 士	陸徵祥（辭免）。蕭繼榮（二等秘書代事，7.12 辭，傾向南方）
巴 拿 馬	廖恩燾（兼）
智 利	代辦吳克倬（5.15 裁）
芬 蘭	代辦龔惠慶（5.15 裁）

領 館

倫 敦	關菁麟
新 嘉 波	歐陽祺 5.26 回國辦事。李駿 5.26 署。
澳 大 利 亞	魏子京
紐 絲 綸	李光亨
坎 拿 大	周國賢
北 婆 羅 洲	桂埴
檳 榔 嶼	戴培元
仰 光	陳鴻鑫 7.15 回部辦事。陳應榮 10.11 署。
溫 哥 華	魏子良 7.2 請假回國（保君睪暫署）
南 斐 洲	劉毅
薩 摩 島	居之敬 6.9 回國開缺。
巴 黎	趙詒璹
漢 堡	馮祥光
金 山	龔安慶
斐 利 濱	王麟閣 12.10 調署爪哇。葉可樑 12.10 署。
紐 約	張祥麟 6.8 回部辦事。熊崇志 6.8 署。
檀 香 山	曹恭翊

橫　　　　濱	汪楊寶
神　　　　戶	周　玨
長　　　　崎	郭則濟 12.14 調署泗水。唐榴 12.14 署。
朝　　　　鮮	王守善
仁　　　　川	吳　台
釜　　　　山	蔣道南
新　義　州	孫蔭蘭
元　　　　山	馬永發
鎭　南　浦	陳　錢
爪　　　　哇	伍璜 11.21 回部辦事。葉可樑 11.21 署。12.10 調署菲律賓。 王麟閣 12.10 署。
阿姆斯得達姆	路　濬
泗　　　　水	林葆恒 10.28 回部辦事。唐榴 10.28 署。12.14 調署長崎。 郭則濟 12.14 署。
把　　　　東	唐榴 7.15 回部辦事。潘蕃孫 7.15 署。
棉　　　　蘭	張步青
脫　利　斯　脫	陳以復 9.6 回部辦事。
昂　維　斯	許熊章
順　挐　臘	李世桂
覃　必　古	李體乾
米市加利副館	陳以益
巴　拿　馬	李琛
列　甯　格　拉　特	傅仰賢 12.20 回國辦事。
海　參　崴	王之相 3.11 回國辦事。李紹庚 3.11 署。（未到任前廣尚平代）
雙　子　城	韓述曾
伯　利　總　領　館	裘汾齡 4.16 回部辦事。
廟　街　領　館	伍步翔
依　爾　庫　次　克	張瑋。陳廣平 3.11 署。
黑河總領館	陳廣平 3.11 調署依爾庫次客。鄒尚友 3.11 署。
赤　　　　塔	音德善
特　羅　邑	申作霖
斜　　　　米	劉長炳

阿 拉 木 圖	薩拉春
塔 什 干	張紹伯
安 集 延	陳德立
宰 桑	楊應乾 1.11 免。馬普 1.11 代。

民國 17 年（1928）

使 館

英 國	
蘇 聯	臨時代辦鄭延禧
德 國	代辦蔣兆鈺。蔣作賓（10.19，兼駐奧）
丹 麥	羅忠詒
瑞 典	曾宗鑒
挪 威	
法 國	高 魯（10.19 任）
西 班 牙	宋善良
葡 萄 牙	王廷璋
美 國	施肇基
古 巴	廖恩燾
墨 西 哥	岳昭燏。李錦綸（10.19 任）
秘 魯	施紹常
巴 西	
日 本	汪榮寶
義 大 利	朱兆莘
奧 地 利	代辦童德乾。蔣作賓（10.19 任，兼駐德）
比 利 時	王景岐
荷 蘭	代辦戴明輔
瑞 士	
巴 拿 馬	廖恩燾（兼）
智 利	代辦吳克倬
芬 蘭	代辦朱紹陽

領　館

倫　　　敦	關菁麟
新　嘉　波	李　駿
澳　大　利　亞	魏子京。吳勤訓 4.19 代。
紐　絲　綸	李光亨
加　拿　大	周國賢
北　婆　羅　洲	桂　埴
檳　榔　嶼	戴培元
仰　　　光	陳應榮
溫　哥　華	魏子良 1.25 開缺。潘蕃孫 2.25 署。
南　斐　洲	劉　毅
薩　摩　島	潘承福 4.19 署。
巴　　　黎	趙詒璹
漢　　　堡	馮祥光
金　　　山	龔安慶
斐　利　濱	葉可樑
紐　　　約	熊崇志
檀　香　山	曹恭翊
橫　　　濱	汪楊寶
神　　　戶	周　玨
長　　　崎	唐　榴
朝　　　鮮	王守善
仁　　　川	吳　台 2.25 回部辦事。黃承壽 4.19 署。
釜　　　山	蔣道南
新　義　州	孫蔭蘭
元　　　山	馬永發
鎮　南　浦	陳　籛
爪　　　哇	王麟閣
阿姆斯得達姆	路　潘
泗　　　水	郭則濟

把　　　東	施紹曾 1.21 留部辦事。保君晦 2.25 署。
棉　　　蘭	張步青
脫 利 斯 脫	
昂　維　斯	許熊章 4.19 署。
順　拏　臘	李世桂 2.11 開缺。章守默 4.19 署。
覃　必　古	李體乾
米市加利副館	陳以益
巴　拿　馬	李　琛。史悠明 4.19 署。
列 甯 格 拉 特	
海　參　崴	李紹庚
雙　子　城	韓述曾 3.23 調署黑河。姚亞英 4.19 署。
伯 利 總 領 館	管尚平 3.23 署。
廟 街 領 館	伍步翔 3.7 開缺回國。
依 爾 庫 次 克	陳廣平
黑 河 總 領 館	管尚友 3.23 調署伯利。韓述曾 3.23 署。
赤　　　塔	音德善 1.11 留部辦事。
特　羅　邑	申作霖
斜　　　米	劉長炳
阿 拉 木 圖	薩拉春
塔　什　干	張紹伯
安　集　延	陳德立
宰　　　桑	馬普

參考資料：1.《政府公報》影印版（洪憲前）第一號至第一三一〇號及（洪憲後）第一號至
　　　　　　第一八九三號（臺北：文海出版社，1971 年）。
　　　　　2.《外交公報》影印版第一期至第八十二期（臺北：文海出版社，1985 年）。
　　　　　3. 錢實甫編，《北洋政府職官年表》（江蘇：華東師範大學出版社，1991 年）。
　　　　　4. 石源華主編，《中華民國外交辭典》（江蘇：上海古籍出版社，1996 年）。
　　　　　5. 東方雜誌社編，《民國職官表》影印本（臺北：文海出版社，1981 年）。
　　　　　6. 劉壽林，《辛亥以後十七年職官年表》影印版（臺北：文海出版社，1974 年）。

附錄三　北京政府時期交涉員年表（1913～1928）

民國2年（1913年）

特派直隸交涉員	徐沅（津海關監督兼）
特派奉天交涉員	于沖漢
奉天營口交涉員	王鴻年10.6調部任用。夏偕復10.6任。
奉天安東交涉員	王孝絪11.9免。朱淑薪11.9任（奉天東路觀察使）。
特派吉林交涉員	傅彊4.25任。
吉林長春交涉員	連文澂4.25任。11.9免。孟憲彝11.9任（吉林西南路觀察使）。
吉林哈爾濱交涉員	宋春鰲4.25任。李家鏊10.13任（吉林西北路觀察使）。
特派黑龍江交涉員	張慶桐4.25任。
黑龍江愛琿交涉員	管尚平4.30任。張壽增（黑龍江黑河觀察使）
特派江蘇交涉員	張煜全6.26任。10.13調任安徽交涉員。楊晟10.13任。
江蘇江寧交涉員	曹復賡8.10免。汪思振8.10任。9.27免。馮國勳9.27任。
江蘇蘇州交涉員	陳天麒10.3免。楊士晟10.3任（署蘇州關監督）。
江蘇鎮江交涉員	鄭汝騤
特派安徽交涉員	畢　煒。張煜全10.13任（署蕪湖關監督）。
特派江西交涉員	胡　蕙10.3免。毛昌嗣10.3任。
江西九江交涉員	鄧邦述11.20任（九江關監督）。
特派浙江交涉員	溫世珍
浙江寧波交涉員	周昌壽。孫寶瑄（浙海關監督）
浙江溫州交涉員	湯鼎梅。冒廣生（甌海關監督）
特派福建交涉員	王壽昌4.25任。
福建廈門交涉員	高莊凱4.25任。陳恩燾9.29任（廈門關監督）。
特派湖北交涉員	胡朝宗6.24任。
湖北宜昌交涉員	劉鳳書11.9免。劉道仁11.9任（宜昌關監督）。
湖北沙市交涉員	盧本權
特派湖南交涉員	陳安良。汪詒書9.30任（長沙關監督）。
特派山東交涉員	蔡序東
山東煙台交涉員	孫錫純6.7免。王麟閣6.7任，11.9免。 吳永11.9任（山東膠東觀察使）。
特派河南交涉員	許　沅

特 派 四 川 交 涉 員	柯鴻烈 5.31 任。（未到任由游漢章代理）8.17 免。
四 川 成 都 交 涉 員	游漢章
四 川 重 慶 交 涉 員	顏錫慶 10.15 任（重慶關監督）。
特 派 新 疆 交 涉 員	張紹伯 4.25 任。
新 疆 喀 什 通 商 事 宜	常永慶（新疆喀什觀察使）
新疆塔爾巴哈台交涉員	常儒慶 4.25 任。
特 派 廣 東 交 涉 員	羅泮輝 4.25 任，9.16 免。薩福懋 9.16 任。
廣 東 汕 頭 交 涉 員	陳永善 4.25 任，11.9 免。朱孝威 11.9 任（潮海關監督）。

廣 東 北 海 交 涉 員	李亦楡 4.25 任。	瓊洲北海交涉員 （11.9 合） 程福慶 11.9 任 （瓊海關監督）。
廣 東 瓊 州 交 涉 員	楊 芳 4.25 任。	

特 派 廣 西 交 涉 員	唐 鎧 4.7 任（未到任），12.4 免。王懋 12.4 兼（梧州關監督）。
廣 西 南 寧 交 涉 員	崔肇琳 4.7 任。
特 派 雲 南 交 涉 員	張翼樞
特 派 陝 西 交 涉 員	康 任 5.31 任。

民國 3 年（1914）

特 派 直 隸 交 涉 員	王麟閣
特 派 奉 天 交 涉 員	于沖漢 7.1 赴京，7.22 免。馮國勳 7.22 任。田潛 11.6 署。
奉 天 營 口 交 涉 員	王樹翰 2.19 任（奉天南路觀察使）。 沈致堅 6.18 任（署山海關監督）。
奉 天 安 東 交 涉 員	朱淑薪（奉天東路觀察使）譚國楫 10.17 署（奉天東邊道道尹）。
特 派 吉 林 交 涉 員	傅 彊
吉 林 長 春 交 涉 員	孟憲彝（吉林西南路觀察使）郭宗熙 7.24 任（署吉林吉長道道尹）
吉 林 哈 爾 濱 交 涉 員	李家鏊（吉林西北路觀察使）。李鴻謨（署吉林濱江道道尹）
吉 林 延 吉 交 涉 員	陶 彬 7.27 任（吉林延吉道道尹）。
吉 林 依 蘭 交 涉 員	阮忠植 7.27 任（吉林伊蘭道道尹）。
特 派 黑 龍 江 交 涉 員	張慶桐
黑 龍 江 愛 琿 交 涉 員	張壽增（黑龍江黑河觀察使）
特 派 江 蘇 交 涉 員	楊 晟（江蘇上海觀察使）
江 蘇 江 寧 交 涉 員	馮國勳 7.22 調署奉天交涉署。陳懋鼎 7.22 署。
江 蘇 蘇 州 交 涉 員	楊士晟（署蘇州關監督）
江 蘇 鎮 江 交 涉 員	鄭汝駿 5.8 免。袁思永 5.8 任（鎮江關監督）。
特 派 安 徽 交 涉 員	張煜全（署蕪州關監督）

特派江西交涉員	毛昌嗣 5.8 裁。
江西九江交涉員	邵福瀛 4.26 任（九江關監督）。
特派浙江交涉員	溫世珍
浙江寧波交涉員	孫寶瑄（浙海關監督）
浙江溫州交涉員	冒廣生（甌海關監督）
特派福建交涉員	王壽昌
福建廈門交涉員	陳恩燾（廈門關監督）
特派湖北交涉員	胡朝宗 6.13 到京另候任用。丁士源 6.13 任（江漢關監督）。
湖北沙市交涉員	盧本權 5.6 免。劉道仁 5.6 任（宜昌關監督）。
特派湖南交涉員	汪詒書（長沙關監督）朱彭壽（長沙關監督）
特派山東交涉員	羅昌
山東煙台交涉員	吳永（山東膠東觀察使）
特派河南交涉員	許沅
特派陝西交涉員	康任 8.8 免。陳友璋 8.8 任（陝西關中道道尹）。
特派四川交涉員	游漢章（代）
四川成都交涉員	游漢章
重慶通商事宜	顏錫慶（重慶關監督）
特派新疆交涉員	張紹伯
新疆喀什交涉員	常永慶 7.11 任（新疆喀什噶爾道道尹）。
新疆伊犁交涉員	許國楨 7.11 任（新疆伊犁道道尹）。
廣東汕頭交涉員	朱孝威（潮海關監督）
廣東瓊州北海交涉員	程福慶 2.22 免。程鎮瀛 2.22 任（瓊海關監督）。
特派廣西交涉員	王懋（梧州關監督）
特派雲南交涉員	張翼樞

民國 4 年（1915）

特派直隸交涉員	王麟閣
特派奉天交涉員	田潛 3.7 任，8.5 免。馬廷亮 8.5 任。
奉天營口交涉員	曲卓新 3.22 任（署山海關監督），5.23 免。 榮厚 5.23 任（奉天遼瀋道道尹）。
奉天安東交涉員	談國楫（奉天東邊道道尹）方大英 12.29 任（奉天東邊道道尹）
特派吉林交涉員	傅彊
吉林長春交涉員	郭宗熙 2.10 任（吉林吉長道道尹）。

吉林哈爾濱交涉員	王樹翰（署吉林濱江道道尹）
吉林延吉交涉事宜	陶　彬（吉林延吉道道尹）
吉林依蘭交涉事宜	阮忠植（吉林依蘭道道尹）
特派黑龍江交涉員	張慶桐
黑龍江愛琿交涉員	張壽增（黑龍江黑河道道尹）王　杜 9.23 任（黑龍江黑河道道尹）
特派江蘇交涉員	楊　晟（江蘇滬海道道尹）
江蘇江寧交涉員	馮國勳 3.15 任（金陵關監督）。
江蘇蘇州交涉員	楊士晟（署蘇州關監督）
江蘇鎮江交涉員	袁思永（鎮江關監督）
特派安徽交涉員	徐鼎襄 4.1 任（署蕪湖關監督）。
安徽九江交涉員	郭葆昌 2.5 任（九江關監督）。
特派浙江交涉員	溫世珍
浙江寧波交涉員	孫寶瑄（浙海關監督）
浙江溫州交涉員	冒廣生（甌海關監督）
特派福建交涉員	王壽昌
福建廈門交涉員	陳恩燾（廈門關監督）
特派湖北交涉員	丁士源（江漢關監督）
湖北宜昌沙市交涉員	劉道仁（宜昌關監督）10.17 調。朱壽彭 10.17 任（長沙關監督）。
特派湖南交涉員	朱壽彭（長沙關監督）10.17 調。劉道仁 10.17 任（宜昌關監督）。
特派山東交涉員	羅　昌 2.5 免。陳懋鼎 2.5 任（山東濟南道道尹），7.30 開缺。楊慶鋆 7.30 任（山東濟南道道尹）。
山東煙台交涉員	吳　永（山東膠東道道尹）
特派河南交涉員	許　沅
特派陝西交涉員	陳友璋（陝西關中道道尹）
特派四川交涉員	游漢章（代）。周澤春 8.23 任。
四川成都交涉員	游漢章 8.23 免。
四川重慶交涉員	陳同紀 3.8 任（重慶關監督）。
特派新疆交涉員	張紹伯
新疆喀什交涉員	常永慶（新疆喀什噶爾道道尹）
新疆伊犁交涉事宜	許國楨（新疆伊犁道道尹）
廣東汕頭交涉員	邵福瀛 2.5 任（潮海關監督）。
廣東瓊州北海交涉員	程鎮瀛（瓊海關監督）1.28 免。朱孝威 2.5 任（瓊海關監督）。
特派廣西交涉員	王　懋（梧州關監督）
特派雲南交涉員	張翼樞 10.8 免。魏子京 10.14 任。

民國 5 年（1916）

特 派 直 隸 交 涉 員	王麟閣 11.4 免。黃榮良 11.4 任。
特 派 奉 天 交 涉 員	馬廷亮
奉 天 營 口 交 涉 員	榮　厚（奉天遼瀋道道尹）
奉 天 安 東 交 涉 員	方大英（奉天東邊道道尹）
特 派 吉 林 交 涉 員	傅彊 11.2 開缺。吳宗濂 11.2 任。
吉 林 長 春 交 涉 員	郭宗熙（吉林吉長道道尹）柴維桐 6.2 任（吉林吉長道道尹）。 熊正琦 7.10 任（吉林吉長道道尹）。 陶彬 9.16 任（吉林吉長道道尹）。
吉 林 哈 爾 濱 交 涉 員	李鴻謨（吉林濱江道道尹）
吉 林 延 吉 交 涉 事 宜	陶　彬（吉林延吉道道尹）9.16 調。張世銓 9.16 任。
吉 林 依 蘭 交 涉 事 宜	阮忠植（吉林依蘭道道尹）
特 派 黑 龍 江 交 涉 員	張壽增。范其光 5.28 任。
黑 龍 江 愛 琿 交 涉 員	王　杜（黑龍江黑河道道尹）
特 派 江 蘇 交 涉 員	楊晟 1.28 任。
江 蘇 江 寧 交 涉 員	馮國勳（金陵關監督）
江 蘇 蘇 州 交 涉 員	楊士晟（署蘇州關監督）
江 蘇 鎮 江 交 涉 員	袁思永（鎮江關監督）
特 派 安 徽 交 涉 員	徐鼎襄（署蕪州關監督）
安 徽 九 江 交 涉 員	郭葆昌（九江關監督）景啓 10.27 任（九江關監督）。
特 派 浙 江 交 涉 員	溫世珍 10.7 免。林昆翔 10.7 任。
浙 江 寧 波 交 涉 員	孫寶瑄（浙海關監督）
浙 江 溫 州 交 涉 員	冒廣生（甌海關監督）
特 派 福 建 交 涉 員	王壽昌
福 建 廈 門 交 涉 員	陳恩燾（廈門關監督）9.15 免。羅昌 9.15 任（廈門關監督）。
特 派 湖 北 交 涉 員	丁士源（江漢關監督）7.30 開缺。吳仲賢 7.30 任（江漢關監督）。
湖北宜昌沙市交涉員	朱壽彭（宜昌關監督）6.20 免。沈式筍 6.20 任。
特 派 湖 南 交 涉 員	劉道仁（長沙關監督）5.12 免。陸恩長 5.12 任（長沙關監督）。 粟戡時 9.15 任（長沙關監督）。
特 派 山 東 交 涉 員	楊慶鋆（山東濟南道道尹）
山 東 煙 台 交 涉 員	吳　永（山東膠東道道尹）
特 派 河 南 交 涉 員	許　沆

特 派 陜 西 交 涉 員	陳友璋（陝西關中道道尹）
特 派 四 川 交 涉 員	周澤春。錢爲善9.8任。
四 川 重 慶 交 涉 員	陳同紀（重慶關監督）
特 派 新 疆 交 涉 員	張紹伯
新 疆 喀 什 交 涉 員	常永慶
新 疆 伊 犁 交 涉 事 宜	許國楨（新疆伊犁道道尹）
特 派 廣 東 交 涉 員	梁瀾勳8.26任（粵海關監督）。
廣 東 汕 頭 交 涉 員	邵福瀛（潮海關監督）
廣 東 瓊 州 北 海 交 涉 員	朱孝威（瓊海關監督）1.31免。王　懋1.31任（瓊海關監督）。
特 派 廣 西 交 涉 員	王　懋（梧州關監督）1.31調。趙曾蕃1.31任（梧州關監督）。羅誠9.22任（梧州關監督）。
特 派 雲 南 交 涉 員	魏子京。張翼樞10.2任。

民國6年（1917）

特 派 直 隸 交 涉 員	黃榮良
特 派 奉 天 交 涉 員	馬廷亮
奉 天 營 口 交 涉 員	榮　厚（奉天遼瀋道道尹）
奉 天 安 東 交 涉 員	方大英（奉天東邊道道尹）
奉 天 遼 源 交 涉 員	金　梁8.12任（署洮昌道道尹）。
特 派 吉 林 交 涉 員	吳宗濂10.17調京。王嘉澤10.17任。
吉 林 長 春 交 涉 員	陶　彬（吉林吉長道道尹）
吉 林 哈 爾 濱 交 涉 員	李鴻謨（吉林濱江道道尹）施紹常10.15任（濱江道道尹）。
特 派 黑 龍 江 交 涉 員	范其光
黑 龍 江 愛 琿 交 涉 員	王　杜（黑龍江黑河道道尹）谷芝瑞12.7任。
特 派 山 東 交 涉 員	唐柯三（山東濟南道道尹）
山 東 煙 台 交 涉 員	吳　永（山東膠東道道尹）
特 派 河 南 交 涉 員	許　沅
特 派 江 蘇 交 涉 員	楊晟2.15免。朱兆莘2.15任。7.20免。薩福楙7.20任。11.24免。曾宗鑒11.24任。
江 蘇 江 寧 交 涉 員	馮國勳（金陵關監督）曹豫謙9.4任（金陵關監督）。
江 蘇 蘇 州 交 涉 員	楊士晟（蘇州關監督）
江 蘇 鎮 江 交 涉 員	周嗣培2.12署，9.20任（代理鎮江關監督）。
特 派 安 徽 交 涉 員	徐鼎襄（署蕪湖關監督）

特 派 福 建 交 涉 員	王壽昌
福 建 廈 門 交 涉 員	羅　昌（廈門關監督）
特 派 浙 江 交 涉 員	林鷗翔
浙 江 寧 波 交 涉 員	孫寶瑄（浙海關監督）
浙 江 溫 州 交 涉 員	冒廣生（甌海關監督）徐錫麟 10.12 任。
特 派 湖 北 交 涉 員	吳仲賢（江漢關監督）
湖北宜昌沙市交涉員	沈式荀（宜昌關監督）馬宙伯 11.21 任。
特 派 湖 南 交 涉 員	栗戡時（長沙關監督）蕭堃 9.29 任（長沙關監督）。
特 派 山 東 交 涉 員	楊慶鋆
特 派 新 疆 交 涉 員	張紹伯
新 疆 喀 什 交 涉 事 宜	朱瑞墀 2.12 任（未到任前由楊增炳兼署）
特 派 陝 西 交 涉 員	陳友璋 3.8 免。幷勿幕 3.8 任。
特 派 四 川 交 涉 員	錢爲善
特 派 廣 東 交 涉 員	梁瀾勳（粵海關監督）羅　誠 9.24 任（粵海關監督）。
廣 東 汕 頭 交 涉 員	陳華岳（潮海關監督）黃孝覺 8.21 任（潮循道道尹）。
廣東瓊州北海交涉員	王　懋（瓊海關監督）張學璟 9.13 任（瓊海關監督）。
特 派 廣 西 交 涉 員	羅　誠（梧州關監督）關冕鈞 9.24 任（梧州關監督）。
特 派 雲 南 交 涉 員	張翼樞

民國 7 年（1918）

特 派 雲 南 交 涉 員	張翼樞
特 派 廣 西 交 涉 員	關冕鈞（梧州關監督）
特 派 廣 東 交 涉 員	羅誠（粵海關監督）8.21 免。林昆翔 8.31 任（粵海關監督）。
廣 東 汕 頭 交 涉 員	
廣東瓊州北海交涉員	周沆 2.13 任（瓊崖道道尹）。
特 派 四 川 交 涉 員	錢爲善
特 派 新 疆 交 涉 員	張紹伯
特 派 湖 南 交 涉 員	蕭　堃（長沙關監督）劉　淇 4.25 任。顏世清 10.19 任。
特 派 湖 北 交 涉 員	吳仲賢（江漢關監督）
湖北宜昌沙市交涉員	馬宙伯（宜昌關監督）
特 派 浙 江 交 涉 員	林鷗翔
浙 江 寧 波 交 涉 員	孫寶瑄（浙海關監督）

浙 江 溫 州 交 涉 員	徐錫麒（甌海關監督）冒廣生 12.6 任。
特 派 福 建 交 涉 員	王壽昌
福 建 廈 門 交 涉 員	羅昌（廈門關監督）10.19 調署新加坡領事。 胡惟賢 10.19 任。
特 派 安 徽 交 涉 員	徐鼎襄（署蕪湖關監督）王守善 12.1 任。
安 徽 九 江 交 涉 員	景　啓 1.9 任。
特 派 江 蘇 交 涉 員	陳貽範 1.4 任。
江 蘇 江 寧 交 涉 員	曹豫謙（金陵關監督）
特 派 河 南 交 涉 員	許　沅
特 派 山 東 交 涉 員	唐柯三（濟南道道尹）
山 東 煙 台 交 涉 員	吳　永（膠東道道尹）
特 派 黑 龍 江 交 涉 員	范其光
黑 龍 江 愛 琿 交 涉 員	張壽增（黑河道道尹）馬廷亮 11.7 任。12.26 回部辦事。 施紹常 12.19 任。
特 派 吉 林 交 涉 員	王嘉澤
吉 林 長 春 交 涉 員	陶　彬（吉長道道尹）
吉 林 哈 爾 濱 交 涉 員	施紹常（濱江道道尹）4.29 免。李家鏊 4.29 任。
特 派 奉 天 交 涉 員	馬廷亮 4.2 免。關海清 4.2 任。
奉 天 營 口 交 涉 員	榮　厚（遼瀋道道尹）
奉 天 安 東 交 涉 員	方大英（東邊道道尹）
奉 天 遼 源 交 涉 員	金　梁（洮昌道道尹）都林布 10.15 任。
四 川 重 慶 交 涉 員	陳同紀
特 派 直 隸 交 涉 員	黃榮良
特 派 陝 西 交 涉 員	賈濟川 8.15 任。
熱 河 赤 峰 交 涉 員	張翼廷 4.20 任。

民國 8 年（1919）

特 派 雲 南 交 涉 員	張翼樞
特 派 廣 西 交 涉 員	關冕鈞（梧州關監督）
特 派 廣 東 交 涉 員	林鷗翔（粵海關監督）
廣 東 汕 頭 交 涉 員	
廣 東 瓊 州 北 海 交 涉 員	周　沆（瓊崖道道尹）

特 派 四 川 交 涉 員	錢爲善
特 派 新 疆 交 涉 員	張紹伯
新 疆 阿 山 交 涉 員	周務學 6.13 任。
特 派 直 隸 交 涉 員	黃榮良 8.14 任。
特 派 湖 南 交 涉 員	朱孝威 1.21 任（長沙關監督）。
特 派 湖 北 交 涉 員	吳仲賢（江漢關監督）
湖北宜昌沙市交涉員	易洒謙（宜昌關監督）周英杰 10.11 任。
特 派 浙 江 交 涉 員	王豐鎬
浙 江 寧 波 交 涉 員	孫寶瑄（浙海關監督）
浙 江 溫 州 交 涉 員	周嗣培 1.22 任（甌海關監督），9.19 調任蘇州交涉員。 楊士晟 9.19 任。
特 派 福 建 交 涉 員	王壽昌
福 建 廈 門 交 涉 員	胡惟賢（廈門關監督）
特 派 安 徽 交 涉 員	王守善（蕪湖關監督）王潛剛 11.13 任。
特 派 江 蘇 交 涉 員	陳貽範 3.8 假，（楊晟暫署）6.8 免。楊晟 6.8 任。
江 蘇 江 寧 交 涉 員	曹豫謙（金陵關監督）
江 蘇 蘇 州 交 涉 員	楊士晟（蘇州關監督）9.19 調署溫州交涉員。周嗣培 9.19 任。
江 蘇 鎮 江 交 涉 員	冒廣生（鎮江關監督）1.22 任。
特 派 河 南 交 涉 員	許　沅
特 派 山 東 交 涉 員	唐柯三（濟南道道尹）7.27 免。張仁濤 7.27 任。8.18 免。 施履本 8.18 任。
山 東 煙 台 交 涉 員	吳　永（膠東道道尹）
特 派 黑 龍 江 交 涉 員	范其光 3.13 免。鍾毓 3.13 任。
黑 龍 江 愛 琿 交 涉 員	施紹常（黑河道道尹）
特 派 吉 林 交 涉 員	王嘉澤
吉 林 長 春 交 涉 員	陶　彬（吉長道道尹）
吉 林 哈 爾 濱 交 涉 員	傅彊 1.26 任（濱江道道尹）。 （前交涉員李家鏊 4 月調部辦事）董士恩 12.4 任。
特 派 奉 天 交 涉 員	關海清
奉 天 營 口 交 涉 員	榮厚（遼瀋道道尹）史紀常 9.4 任。
奉 天 安 東 交 涉 員	方大英（東邊道道尹）
奉 天 遼 源 交 涉 員	都林布（洮昌道道尹）
熱 河 赤 峰 交 涉 員	張翼廷

民國 9 年（1920）

特 派 雲 南 交 涉 員	張翼樞
特 派 廣 西 交 涉 員	
特 派 廣 東 交 涉 員	
廣 東 汕 頭 交 涉 員	
廣東瓊州北海交涉員	周　沆（瓊崖道道尹）
四 川 特 派 交 涉 員	錢爲善
特 派 新 疆 交 涉 員	張紹伯
新 疆 阿 山 交 涉 員	周務學（署阿山道道尹）
特 派 直 隸 交 涉 員	黃榮良 10.10 調任奧國公使。祝惺元 10.13 任。
特 派 湖 南 交 涉 員	朱孝威（長沙關監督）
特 派 湖 北 交 涉 員	吳仲賢（江漢關監督）
湖北宜昌沙市交涉員	周英杰 5.22 任（署宜昌關監督）。
特 派 浙 江 交 涉 員	王豐鎬
浙 江 寧 波 交 涉 員	孫寶瑄（浙海關監督）溫世珍 11.4 任。
浙 江 溫 州 交 涉 員	楊士晟（甌海關監督）4.15 調署蘇州。周嗣培 4.15 署。
特 派 福 建 交 涉 員	王壽昌
福 建 廈 門 交 涉 員	胡惟賢（廈門關監督）
特 派 安 徽 交 涉 員	王潛剛（蕪湖關監督）9.9 免。胡惟賢 9.9 任。
特 派 江 蘇 交 涉 員	楊　晟 5.21 免。許　沆 5.21 任。
江 蘇 江 寧 交 涉 員	曹豫謙（金陵關監督）
江 蘇 蘇 州 交 涉 員	周嗣培（蘇州關監督）4.15 調署溫州。楊士晟 4.15 署。
江 蘇 鎮 江 交 涉 員	冒廣生（鎮江關監督）賈士毅 11.4 任。
特 派 河 南 交 涉 員	許　沆 5.21 調任江蘇。謝傳安 5.21 任。12.9 免。謝銓庭 12.9 署。
特 派 山 東 交 涉 員	施履本
山 東 煙 台 交 涉 員	吳　永（膠東道道尹）
特 派 黑 龍 江 交 涉 員	鍾毓。施紹常 2.26 任，7.22 免。譚士先 7.22 任。
黑 龍 江 愛 琿 交 涉 員	施紹常（黑河道道尹）2.26 調任特派黑龍江交涉員。張壽增 2.10 任。
黑龍江呼倫貝爾交涉員	鍾毓 4.10 任。
特 派 吉 林 交 涉 員	王嘉澤
吉 林 長 春 交 涉 員	陶　彬（吉長道道尹）6.19 調任延吉。蔡運升 6.19 任。
吉 林 哈 爾 濱 交 涉 員	董士恩（濱江道道尹）

吉林延吉交涉事宜	張世銓 6.19 免。陶彬 6.19 任。
吉林依蘭交涉事宜	尹邴克 7.29 任。
特派奉天交涉員	關海清
奉天營口交涉員	史紀常（遼瀋道道尹）
奉天安東交涉員	方大英（東邊道道尹）6.4 免。何厚琦 6.4 任。
奉天遼源交涉員	都林布（洮昌道道尹）
熱河赤峰交涉員	張翼廷

民國 10 年（1921）

特派雲南交涉員	張翼樞
特派廣西交涉員	蘇希詢（梧州關監督）
特派廣東交涉員	
廣東汕頭交涉員	
廣東瓊州北海交涉員	
四川特派交涉員	錢爲善
特派新疆交涉員	張紹伯
新疆阿山交涉員	周務學（阿山道道尹）
特派直隸交涉員	祝惺元
特派湖南交涉員	朱孝威（長沙關監督）
特派湖北交涉員	陳　介 1.8 任（江漢關監督）。
湖北宜昌沙市交涉員	魏宗蓮（宜昌關監督）
特派浙江交涉員	王豐鎬
浙江寧波交涉員	孫寶琯（浙海關監督）
浙江溫州交涉員	周嗣培（甌海關監督）胡惟賢 12.24 任。
特派福建交涉員	王壽昌
福建廈門交涉員	馮祥光 5.21 任。
特派安徽交涉員	胡惟賢（蕪湖關監督）12.24 調署溫州。何炳麟 12.27 任。
特派江蘇交涉員	許　沅
江蘇江寧交涉員	溫世珍（金陵關監督）
江蘇蘇州交涉員	楊士晟（蘇州關監督）
江蘇鎮江交涉員	賈士毅（鎮江關監督）
特派河南交涉員	謝銓庭 5.9 任。
特派山東交涉員	施履本

山 東 煙 台 交 涉 員	吳　永（膠東道道尹）
特 派 黑 龍 江 交 涉 員	譚士先
黑 龍 江 愛 琿 交 涉 員	張壽增（黑河道道尹）宋文郁 11.31 任。
黑龍江呼倫貝爾交涉員	程廷恆 2.23 任（督辦呼倫貝爾交涉事宜）。
特 派 吉 林 交 涉 員	王嘉澤 6.19 免。孫其昌 7.9 任。
吉 林 長 春 交 涉 員	蔡運升（署吉長道道尹）
吉 林 哈 爾 濱 交 涉 員	董士恩（濱江道道尹）
吉 林 延 吉 交 涉 事 宜	陶　彬 10.17 任。
吉 林 依 蘭 交 涉 事 宜	尹邴克
特 派 熱 河 交 涉 員 （5.21 改）	張翼廷 5.28 任。
特 派 奉 天 交 涉 員	關海清（奉天關監督）10.4 免。
奉 天 營 口 交 涉 員	何厚琦 4.28 任（遼瀋道道尹）。
奉 天 安 東 交 涉 員	王順存 4.28 任（東邊道道尹）。
奉 天 遼 源 交 涉 員	都林布 8.18 任（洮昌道道尹）。

民國 11 年（1922）

特 派 雲 南 交 涉 員	張翼樞
特 派 廣 西 交 涉 員	蘇希詢（梧州關監督）
特 派 廣 東 交 涉 員	
廣 東 汕 頭 交 涉 員	
廣東瓊州北海交涉員	
四 川 特 派 交 涉 員	錢爲善
特 派 新 疆 交 涉 員	張紹伯
新 疆 阿 山 交 涉 員	張鳴遠 5.27 任。（阿山道道尹）
特 派 直 隸 交 涉 員	祝惺元
特 派 湖 南 交 涉 員	
特 派 湖 北 交 涉 員	陳介（江漢關監督）
湖北宜昌沙市交涉員	周光熊 5.5 任。魏宗蓮 8.10 任（宜昌關監督）。
特 派 浙 江 交 涉 員	王豐鎬
浙 江 寧 波 交 涉 員	孫寶瑄（浙海關監督）袁思永 3.5 任。
浙 江 溫 州 交 涉 員	胡惟賢（甌海關監督）
特 派 福 建 交 涉 員	王壽昌

福建廈門交涉員	馮祥光 1.13 免。劉光謙 1.13 任。
特派安徽交涉員	何炳麟（蕪湖關監督）
特派江蘇交涉員	許　沅
江蘇江寧交涉員	溫世珍（金陵關監督）
江蘇蘇州交涉員	楊士晟（蘇州關監督）陳瑞章 12.8 任。
江蘇鎮江交涉員	賈士毅（鎮江關監督）
特派河南交涉員	謝銓庭
特派山東交涉員	施履本
山東煙台交涉員	吳　永（膠東道道尹）陶思澄 3.10 任。
特派黑龍江交涉員	譚士先
黑龍江愛琿交涉員	宋文郁（愛琿關監督）
黑龍江呼倫貝爾交涉員	程廷恆
特派吉林交涉員	孫其昌
吉林長春交涉員	蔡運升（吉長道道尹）
吉林哈爾濱交涉員	張壽增（濱江道道尹）
吉林延吉交涉事宜	陶　彬（延吉道道尹）
吉林依蘭交涉事宜	尹邴克
特派察哈爾交涉員	張紹曾 6.27 任。
特派熱河交涉員	張翼廷 4.19 免。張炳彝 4.19 任。
特派奉天交涉員	佟兆元
奉天營口交涉員	何厚琦（遼瀋道道尹）
奉天安東交涉員	王順存（東邊道道尹）
奉天遼源交涉員	都林布（洮昌道道尹）

民國 12 年（1923）

特派雲南交涉員	張翼樞
特派廣西交涉員	蘇希詢（梧州關監督）岑德廣 2.10 任（梧州關監督）。
特派廣東交涉員	劉玉麟
廣東汕頭交涉員	
廣東瓊州北海交涉員	
特派四川交涉員	劉照青
四川重慶交涉事宜	江　潘 9.20 任。
特派新疆交涉員	張紹伯

新 疆 阿 山 交 涉 員	張鳴遠（阿山道道尹）
特 派 湖 南 交 涉 員	
特 派 湖 北 交 涉 員	陳 介（江漢關監督）
湖北宜昌沙市交涉員	魏宗蓮（宜昌關監督）
特 派 浙 江 交 涉 員	王豐鎬
浙 江 寧 波 交 涉 員	袁思永（浙海關監督）
浙 江 溫 州 交 涉 員	胡惟賢（甌海關監督）
特 派 福 建 交 涉 員	王壽昌
福 建 廈 門 交 涉 員	劉光謙
特 派 安 徽 交 涉 員	馬振憲 3.8 任。何炳麟 7.6 任。
特 派 江 蘇 交 涉 員	許 沅
江 蘇 江 寧 交 涉 員	溫世珍（金陵關監督）
江 蘇 蘇 州 交 涉 員	陳瑞章（蘇州關監督）劉鍾璘 3.3 任（蘇州關監督）。
江 蘇 鎮 江 交 涉 員	賈士毅（鎮江關監督）
特 派 河 南 交 涉 員	謝銓庭
特 派 山 東 交 涉 員	施履本 2.15 調部任用。馮國勳 2.15 任。
山 東 膠 澳 交 涉 員	馮國勳 3.1 兼任。7.9 免。吳錫永 7.9 任。
山 東 煙 台 交 涉 員	陶思澄（膠東道道尹）
特 派 黑 龍 江 交 涉 員	譚士先
黑 龍 江 愛 琿 交 涉 員	宋文郁（愛琿關監督）
黑龍江呼倫貝爾交涉員	程廷恆（督辦呼倫貝爾善後事宜）
特 派 吉 林 交 涉 員	孫其昌
吉 林 長 春 交 涉 員	蔡運升（吉長道道尹）
吉 林 哈 爾 濱 交 涉 員	張壽增（濱江道道尹）
吉 林 延 吉 交 涉 事 宜	陶 彬（延吉道道尹）
吉 林 依 蘭 交 涉 事 宜	尹邴克
特 派 奉 天 交 涉 員	佟兆元
奉 天 營 口 交 涉 員	何厚琦（遼瀋道道尹）
奉 天 安 東 交 涉 員	王順存（東邊道道尹）
奉 天 遼 源 交 涉 員	都林布（洮昌道道尹）
特 派 察 哈 爾 交 涉 員	張紹曾 5.29 免。沈庸 5.29 任。
特 派 熱 河 交 涉 員	張秉彝
特 派 陝 西 交 涉 員	南岳峻 5.19 任。
特 派 直 隸 交 涉 員	祝惺元

民國 13 年（1924）

特 派 雲 南 交 涉 員	張翼樞
特 派 廣 西 交 涉 員	岑德廣（梧州關監督）
特 派 廣 東 交 涉 員	
廣 東 汕 頭 交 涉 員	
廣 東 瓊 州 北 海 交 涉 員	
特 派 四 川 交 涉 員	季宗孟 10.13 任。
四 川 重 慶 交 涉 事 宜	江　潘
特 派 新 疆 交 涉 員	張紹伯
新 疆 阿 山 交 涉 員	張鳴遠（阿山道道尹）
特 派 湖 南 交 涉 員	
特 派 湖 北 交 涉 員	沈子良 3.1 任（江漢關監督）。吳靄宸 7.27 任。
湖 北 宜 昌 沙 市 交 涉 員	魏宗蓮（宜昌關監督）
特 派 浙 江 交 涉 員	王豐鎬
浙 江 寧 波 交 涉 員	袁思永（浙海關監督）李厚祺 12.20 任。
浙 江 溫 州 交 涉 員	蔣邦彥 8.12 任（甌海關監督）
特 派 福 建 交 涉 員	王壽昌 6.3 免。羅忠誠 6.3 任。
福 建 廈 門 交 涉 員	劉光謙
特 派 安 徽 交 涉 員	何炳麟（蕪湖關監督）12.17 免。張汝鈞 12.16 任。
特 派 江 蘇 交 涉 員	許　沅 10.8 免。溫世珍 10.8 任。11.11 免。陳世光 11.11 任。
江 蘇 江 寧 交 涉 員	溫世珍（金陵關監督）10.8 調。姚煜 10.16 任。
江 蘇 蘇 州 交 涉 員	劉鍾璘（蘇州關監督）
江 蘇 鎮 江 交 涉 員	賈士毅（鎮江關監督）
特 派 河 南 交 涉 員	謝銓庭 2.17 免。李心靈 2.17 任，12.19 免。林實 12.19 任。
特 派 山 東 交 涉 員	馮國勳 11.12 免。徐東藩 11.12 任。
山 東 煙 台 交 涉 員	許鍾璐（膠東道道尹）
特 派 黑 龍 江 交 涉 員	譚士先
黑 龍 江 愛 琿 交 涉 員	宋文郁（愛琿關監督）
黑 龍 江 呼 倫 貝 爾 交 涉 員	程廷恆（督辦呼倫貝爾善後事宜）
特 派 吉 林 交 涉 員	孫其昌
吉 林 長 春 交 涉 員	蔡運升（吉長道道尹）

吉林哈爾濱交涉員	張壽增（濱江道道尹）
吉林延吉交涉事宜	陶　彬（延吉關監督）
吉林依蘭交涉事宜	尹邴克
特派奉天交涉員	佟兆元
奉天營口交涉員	何厚琦（遼瀋道道尹）
奉天安東交涉員	王順存（東邊道道尹）
奉天遼源交涉員	都林布（洮昌道道尹）
特派察哈爾交涉員	沈　庸
特派熱河交涉員	張秉彝
特派陝西交涉員	南岳峻
特派直隸交涉員	祝惺元 12.19 免。熊少豪 12.19 任。

民國 14 年（1925）

特派雲南交涉員	張翼樞
特派廣西交涉員	
特派廣東交涉員	
廣東汕頭交涉員	
廣東瓊州北海交涉員	
特派四川交涉員	季宗孟
四川重慶交涉事宜	江　潘
特派新疆交涉員	張紹伯
新疆阿山交涉員	張鳴遠（阿山道道尹）
特派湖南交涉員	
特派湖北交涉員	胡　鈞 2.5 任，12.27 免。陳　介 12.27 任。
湖北宜昌沙市交涉員	魏宗蓮（宜昌關監督）王彭年 8.12 任。（宜昌關監督）
特派浙江交涉員	王豐鎬 3.17 免。程學鑾 3.17 任。
浙江寧波交涉員	李厚祺（浙海關監督）
浙江溫州交涉員	蔣邦彥（甌海關監督）高爾望 4.19 任。
特派福建交涉員	羅忠詒
福建廈門交涉員	劉光謙
特派安徽交涉員	張汝鈞（蕪湖關監督）7.16 免。朱榮漢 7.16 任。（蕪湖關監督）
安徽九江通商事宜	景啓 3.19 任。高培樞 8.24 任。

特 派 江 蘇 交 涉 員	陳世光 2.5 任，6.1 免。許沉 6.1 任。
江 蘇 江 寧 交 涉 員	姚煜（金陵關監督）1.23 免。廖恩燾 1.23 任（金陵關監督）。
江 蘇 蘇 州 交 涉 員	楊士晟 2.21 任（蘇州關監督），7.11 免。李維源 7.11 任。
江 蘇 鎮 江 交 涉 員	賈士毅（鎮江關監督）
特 派 河 南 交 涉 員	林　實
特 派 山 東 交 涉 員	徐東藩
山 東 煙 台 交 涉 員	許鍾璐（膠東道道尹）張仁濤 4.12 任（膠東道道尹）。
特 派 黑 龍 江 交 涉 員	譚士先
黑 龍 江 愛 琿 交 涉 員	宋文郁（愛琿關監督）
黑龍江呼倫貝爾交涉員	程廷恆（呼倫道道尹）
特 派 吉 林 交 涉 員	鍾毓 6.19 署
吉 林 長 春 交 涉 員	蔡運升（吉長道道尹）
吉 林 哈 爾 濱 交 涉 員	張壽增（濱江道道尹）
吉 林 延 吉 交 涉 事 宜	陶　彬（延吉道道尹）
吉 林 依 蘭 交 涉 事 宜	尹邴克
特 派 奉 天 交 涉 員	佟兆元
奉 天 營 口 交 涉 員	何厚琦（遼瀋道道尹）
奉 天 安 東 交 涉 員	王順存（東邊道道尹）
奉 天 遼 源 交 涉 員	都林布（洮昌道道尹）
特 派 察 哈 爾 交 涉 員	沈庸 6.24 免。包世傑 6.24 任。
特 派 熱 河 交 涉 員	張秉彝 2.16 免。劉明源 2.16 任。
特 派 陝 西 交 涉 員	南岳峻。王子初 12.8 任。
特 派 直 隸 交 涉 員	熊少豪

民國 15 年（1926）

特 派 雲 南 交 涉 員	張翼樞
特 派 廣 西 交 涉 員	
特 派 廣 東 交 涉 員	
廣 東 汕 頭 交 涉 員	
廣 東 瓊 州 北 海 交 涉 員	
特 派 四 川 交 涉 員	季宗孟
四 川 重 慶 交 涉 事 宜	江　潘

特 派 新 疆 交 涉 員	樊耀南 1.30 免。李　溶 1.30 任。
新 疆 阿 山 交 涉 員	張鳴遠（阿山道道尹）
特 派 湖 南 交 涉 員	
特 派 湖 北 交 涉 員	陳　介
湖北宜昌沙市交涉員	王彭年（宜昌關監督）
特 派 浙 江 交 涉 員	程學鑾
浙 江 寧 波 交 涉 員	李厚祺（浙海關監督）
浙 江 溫 州 交 涉 員	高爾望（甌海關監督）
特 派 福 建 交 涉 員	羅忠誠
建 廈 門 交 涉 員	劉光謙
特 派 安 徽 交 涉 員	朱榮漢（蕪湖關監督）
安 徽 九 江 通 商 事 宜	高培樞
特 派 江 蘇 交 涉 員	
江 蘇 江 寧 交 涉 員	
江 蘇 蘇 州 交 涉 員	
江 蘇 鎮 江 交 涉 員	
特 派 河 南 交 涉 員	林　實
特 派 山 東 交 涉 員	徐東藩
山 東 煙 台 交 涉 員	張仁濤（膠東道道尹）
特 派 黑 龍 江 交 涉 員	譚士先
黑 龍 江 愛 琿 交 涉 員	宋文郁
黑龍江呼倫貝爾交涉員	程廷恆
特 派 吉 林 交 涉 員	王莘林
吉 林 長 春 交 涉 員	蔡運升（吉長道道尹）
吉 林 哈 爾 濱 交 涉 員	張壽增（濱江道道尹）
吉 林 延 吉 交 涉 事 宜	陶　彬（延吉道道尹）
吉 林 依 蘭 交 涉 事 宜	尹邴克（依蘭道道尹）
特 派 奉 天 交 涉 員	佟兆元
奉 天 營 口 交 涉 員	何厚琦（瀋遼道道尹）
奉 天 安 東 交 涉 員	王順存（東邊道道尹）
奉 天 遼 源 交 涉 員	都林布（洮昌道道尹）
特 派 察 哈 爾 交 涉 員	包世傑

特 派 熱 河 交 涉 員	劉明源 2.4 免。王守德 2.4 任。
特 派 陝 西 交 涉 員	王子初
特 派 直 隸 交 涉 員	熊少豪 1.15 免。祝惺元 1.15 任。

民國 16 年（1927）

特 派 雲 南 交 涉 員	張翼樞
特 派 廣 西 交 涉 員	
特 派 廣 東 交 涉 員	
廣 東 汕 頭 交 涉 員	
廣 東 瓊 州 北 海 交 涉 員	
特 派 四 川 交 涉 員	季宗孟
四 川 重 慶 交 涉 事 宜	江　潘
特 派 新 疆 交 涉 員	李　溶
新 疆 阿 山 交 涉 員	張鳴遠（阿山道道尹）
特 派 湖 南 交 涉 員	
特 派 湖 北 交 涉 員	
湖 北 宜 昌 沙 市 交 涉 員	
特 派 浙 江 交 涉 員	
浙 江 寧 波 交 涉 員	
浙 江 溫 州 交 涉 員	
特 派 福 建 交 涉 員	
福 建 廈 門 交 涉 員	
特 派 安 徽 交 涉 員	
安 徽 九 江 通 商 事 宜	
特 派 江 蘇 交 涉 員	
江 蘇 江 寧 交 涉 員	
江 蘇 蘇 州 交 涉 員	
江 蘇 鎮 江 交 涉 員	
特 派 河 南 交 涉 員	林　實
特 派 山 東 交 涉 員	陳家麟 8.1 任。
山 東 煙 台 交 涉 員	高鳳和（東海道道尹） 8.16 任。
特 派 黑 龍 江 交 涉 員	譚士先 3.18 免。常蔭庭 3.18 任。

黑龍江愛琿交涉員	宋文郁（愛琿關監督）張壽增 3.17 兼（愛琿關監督）
黑龍江呼倫貝爾交涉員	程廷恆（呼倫道道尹）3.17 免。趙仲人 3.17 任（呼倫道道尹）
特派吉林交涉員	王莘林。鍾毓 5.2 任。
吉林長春交涉員	蔡運升（吉長道道尹）5.2 免。孫其昌（吉長道道尹）5.2 任。
吉林哈爾濱交涉員	張壽增（濱江道道尹）5.2 免。蔡運升（濱江道道尹）5.2 任。
吉林延吉交涉事宜	陶彬（延吉道道尹）
吉林依蘭交涉事宜	尹邴克（依蘭道道尹）5.2 免。章啓槐（依蘭道道尹）5.2 任。
特派奉天交涉員	佟兆元 7.14 任營口交涉員。高清和 7.7 任。
奉天營口交涉員	何厚琦（瀋遼道道尹）。佟兆元 7.14 任。（瀋遼道道尹）
奉天安東交涉員	王順存（東邊道道尹）。陃克莊 7.14 任。（東邊道道尹）
奉天遼源交涉員	都林布（洮昌道道尹）。戰滌塵 7.14 任。（洮昌道道尹）
特派察哈爾交涉員	張國性 3.8 任
特派熱河交涉員	斐子晏 9.13 任
特派陝西交涉員	
特派直隸交涉員	祝惺元。薛學海 7.30 任。
特派綏遠交涉員	史靖寰 12.10 任。

民國 17 年（1928）

特派雲南交涉員	張翼樞
特派廣西交涉員	
特派廣東交涉員	
廣東汕頭交涉員	
廣東瓊州北海交涉員	
特派四川交涉員	
四川重慶交涉事宜	江潘
特派新疆交涉員	李溶
新疆阿山交涉員	張鳴遠（阿山道道尹）
特派湖南交涉員	
特派湖北交涉員	
湖北宜昌沙市交涉員	
特派浙江交涉員	
特派福建交涉員	

福 建 廈 門 交 涉 員	
特 派 安 徽 交 涉 員	
安 徽 九 江 通 商 事 宜	
特 派 江 蘇 交 涉 員	
江 蘇 江 寧 交 涉 員	
江 蘇 蘇 州 交 涉 員	
江 蘇 鎮 江 交 涉 員	
特 派 河 南 交 涉 員	
特 派 山 東 交 涉 員	陳家麟
山 東 煙 台 交 涉 員	高鳳和（東海道道尹）
特 派 黑 龍 江 交 涉 員	常蔭庭
黑 龍 江 愛 琿 交 涉 員	張壽增（愛琿關監督）
黑 龍 江 呼 倫 貝 爾 交 涉 員	趙仲人（呼倫道道尹）
特 派 吉 林 交 涉 員	鍾　毓
吉 林 長 春 交 涉 員	孫其昌（吉長道道尹）
吉 林 哈 爾 濱 交 涉 員	蔡運升（濱江道道尹）
吉 林 延 吉 交 涉 事 宜	陶　彬（延吉道道尹）
吉 林 依 蘭 交 涉 事 宜	章啓槐（依蘭道道尹）
特 派 奉 天 交 涉 員	高清和
奉 天 營 口 交 涉 員	佟兆元（瀋遼道道尹）
奉 天 安 東 交 涉 員	陑克莊（東邊道道尹）
奉 天 遼 源 交 涉 員	戰滌塵（洮昌道道尹）
特 派 察 哈 爾 交 涉 員	張國性
特 派 熱 河 交 涉 員	斐子晏
特 派 陝 西 交 涉 員	
特 派 直 隸 交 涉 員	薛學海
特 派 綏 遠 交 涉 員	史靖寰

參考資料：1. 《政府公報》影印版（洪憲前）第一號至第一三一〇號及（洪憲後）第一號至
　　　　　　　第一八九三號（臺北：文海出版社，1971年）。
　　　　　2. 《外交公報》影印版第一期至第八十二期（臺北：文海出版社，1985年）。
　　　　　3. 錢實甫編，《北洋政府職官年表》（江蘇：華東師範大學出版社，1991年）。
　　　　　4. 石源華主編，《中華民國外交辭典》（江蘇：上海古籍出版社，1996年）。
　　　　　5. 東方雜誌社編，《民國職官表》影印本（臺北：文海出版社，1981年）。
　　　　　6. 劉壽林，《辛亥以後十七年職官年表》影印版（臺北：文海出版社，1974年）。